SYLVAIN BLOT

NAPOLÉON III

1808-1873

PARIS
SOCIÉTÉ D'ÉDITIONS SCIENTIFIQUES
PLACE DE L'ÉCOLE DE MÉDECINE
4, RUE ANTOINE-DUBOIS, 4
1898
Tous droits réservés.

NAPOLÉON III

1808-1873

A LA MÊME SOCIÉTÉ D'ÉDITIONS

LITTÉRATURE, ROMANS, NOUVELLES
DERNIÈRES PUBLICATIONS

ABAUR (Paul). — **Madame Mazurel**. Contes physiologiques, un volume in-18, prix.................................. 3 fr. 50
AMAUDRU (Noël). — **L'Abbé Watteville**, un volume in-18, prix.. 3 fr. 50
BERNARDOT (F.). — **Kiriquette**, un vol. in-8 avec illustrations, prix.. 8 fr. »
                        relié............. 10 fr. »
BOULANGER. — **Notes de voyage en Sibérie**, un vol. gr. in-8 illustré de nombreuses gravures, prix...... 7 fr. 50
BIGEON (Armand). — **Suzette** (*Scènes du Quartier Latin*), un vol. in-18, prix...................................... 3 fr. 50
BIGEON (Armant). — **Daniel**, roman in-18, prix...... 3 fr. 50
BLANCHARD. — **Pierre Guiffort**, drame en cinq actes, prix.. 4 fr. »
CONTENT (Victor). — **Une Spoliation**, un vol. in-18, prix. 3 fr. 50
DATIN (Henri). — **Sur la plage**, un vol. in-18, prix... 3 fr. 50
DATIN (Henri). — **Une Femme fin de siècle**, un volume in-18, prix.. 3 fr. 50
DUBUS. — **Les Trois Noblesses**, un vol. in-18, prix.. 3 fr. 50
DROMART. — **Quelques Vérités**, œuvre populaire, prix. 3 fr. 50
LACOUR (Paul). — **L'Épouse**, un vol. in-18, prix..... 3 fr. 50
LACOUR (Paul). — **Chagrins d'amour**, un vol. in-18, p. 3 fr. 50
LACOUR (Paul). — **Eva**, un volume in-18, prix....... 3 fr. 50
LAUR (Paul). — **Le Roman de l'Humanité**, un volume in-18, prix.. 4 fr. »
LESTOC (Pierre). — **Cœurs vaillants**, un vol. in-18, prix. 2 fr. 50
LUTAUD (Le Dr). — **Les Etats-Unis en 1900**. Livre des plus intéressants, prix......................... 4 fr. »
MONNIOT (A.). — **Souvenirs d'un Bleu**, un vol. in-18, pr. 3 fr. 50
MONNIOT (A.). — **Coqs et Corbeaux**, un vol. in-18, pr. 3 fr. 50
NATTUS (J.). — **Contes graves et légers**, un volume in-18, prix.. 3 fr. 50
PLEMEUR. — **Aveuglé**, un vol. in-18, prix........... 3 fr. 50
NIEWENGLOWSKI. — **Pour nos soldats**, un vol. in-18 broché, prix.. 1 fr. 25
VATEL. — **Mémoires d'un garçon d'hôtel**, un vol. in-18 illustré de nombreuses gravures, prix............ 3 fr. 50
VIAULT. — **Ultramar, Voyages et sensations d'Amérique**, un vol. in-18, prix.. 3 fr. 50

VIENT DE PARAITRE

BERTHAUT. — **Quand même ! Vive la France**, un vol. in-18, prix.. 3 fr. 50
SÉNÉCHAL. — **Haine aux Anglais**, un vol. in-18 illust. 3 fr. 50
VAUDEMONT. — **Confession d'une Orpheline**, un vol. in-18, prix.. 3 fr. 50
D'ENJOY (Paul). — **La Colonisation en Cochinchine**, un vol. in-12. Ouvrage honoré d'une souscription. Prix....... 7 fr. 50

NOTA. — Sous le nom de Société d'Editions *littéraires*, nous publions, avec nos mêmes conditions de *mutualité*, les œuvres appartenant à toute les branches des belles-lettres.

Châteauroux. — Impr. et Stéréot. A. MAJESTÉ ET L. BOUCHARDEAU.

SYLVAIN-BLOT

NAPOLÉON III
1808-1873

PARIS
SOCIÉTÉ D'ÉDITIONS SCIENTIFIQUES
PLACE DE L'ÉCOLE DE MÉDECINE
4, RUE ANTOINE-DUBOIS, 4
1898
Tous droits réservés.

NAPOLÉON III

(1808-1873)

> « L'origine d'un pouvoir influe sur toute sa durée. »
> NAPOLÉON III.
> *(Extrait des : « Pensées napoléoniennes ».)*

I

LOUIS-NAPOLÉON-BONAPARTE

Sa jeunesse. — Les échauffourées de Strasbourg et de Boulogne. — La candidature. — L'élection à la présidence de la République. — Le serment de fidélité à la Constitution.

Charles-Louis-Napoléon Bonaparte naquit à Paris, au château des Tuileries, le 20 avril 1808 ; il était le troisième fils de *Louis Bonaparte*, roi de Hollande, et de *Hortense de Beauharnais*. La reine Hortense, séparée de son mari depuis 1810, avait obtenu du gouvernement de la Restauration le titre de duchesse de Saint-Leu et une pension. Elle vécut tour à tour à Rome, en Allemagne et en Suisse où elle se fixa définitivement, en 1826, au château d'Arenenberg. Son fils Charles-Louis-Napoléon eut pour gouverneur l'abbé Bertrand, pour précepteurs l'historien Le Bas et le colonel Armandi, et il étudia l'art militaire en Suisse, sous la direction du général Dufour. En 1831, il prit part avec son frère aîné, Napoléon-Charles, à l'insurrection des Etats Romains, où il fut atteint de la même maladie qui emporta son frère. Il réussit à s'enfuir quand l'Autriche intervint en faveur du pape Grégoire XVI, et vint, avec sa mère, se réfugier à Paris. Invité, par le gouvernement de Louis-Philippe, à quitter la France, il retourna en Suisse et s'y livra à la rédaction de différents ouvrages: *Rêveries politiques;* — *Projet de Constitution;* — *Considérations politiques et militaires sur la Suisse,* écrit qui lui valut le droit de bourgeoisie dans le canton de Thurgovie ; il publia encore un *Manuel d'artillerie* qui lui fit obtenir un brevet de capitaine dans l'artillerie bernoise. La mort du duc de Reichstadt, fils de Napoléon Ier, en 1832, ayant fait de Louis-Napoléon l'héritier de l'Empire, en vertu du sénatus-consulte du 28 floréal an XII, il se considéra dès lors comme le chef du parti bonapartiste, et entra en relations suivies avec les hommes politiques et les généraux français qu'il savait être disposés à le seconder dans les projets ambitieux que sa nouvelle situation avait fait naître en lui. Les difficultés avec lesquelles le gouvernement de Louis-Philippe fut aux prises, en 1836, firent croire à Louis-Napoléon que l'heure d'une restauration impériale était arrivée. Il gagna à sa cause le colonel Vaudrey, du 4e régiment d'artillerie, et quelques autres officiers de la garnison de Strasbourg, et se présenta dans cette ville le 31 octobre, avec l'espoir de pouvoir entraîner tous les régiments qui y étaient casernés. La tentative échoua piteusement. Louis-Bonaparte fut fait prisonnier et conduit à Paris, d'où le gouvernement l'expédia à Lorient et l'embarqua pour les Etats-Unis. Il revint peu de temps après en Europe et se rendit auprès de sa mère, qui mourut en 1837. Il retourna alors en Angleterre d'où il renoua sa correspondance avec ses partisans et subventionna en même temps deux journaux français dévoués au bonapartisme : *Le Capitole* et *Le Journal du Commerce*. En 1840, moins de trois mois avant le retour des cendres de Napoléon Ier, Louis-Bonaparte, croyant cette fois encore que les esprits étaient préparés à l'avènement de la dynastie napoléonienne, fait une nouvelle tentative de restauration. Débarquant près de Boulogne-sur-Mer, le 6 août, avec un aigle vivant figurant l'emblème impérial, il parvient, grâce à la complicité d'un lieutenant, à pénétrer dans la cour du 42e de ligne, en compagnie de quelques partisans revêtus d'uniformes militaires. Déjà les soldats criaient : « Vive l'Empereur ! » quand l'arrivée d'un capitaine troubla la manifestation. Sans se laisser intimider par les menaces des agitateurs et le coup de pistolet que Louis-Bonaparte tira sur lui, cet officier réussit à rallier ses hommes et à chasser de la caserne le chef de la bande et ses compagnons. Poursuivis par les soldats et les gardes nationaux, ils se jettent à la mer et essaient de se sauver à la nage ; mais tous furent pris, sauf un qui se noya, et un autre qui fut tué d'un coup de feu. Cette échauffourée ne servit qu'à ridiculiser son auteur. Louis-Philippe prit, toutefois, l'affaire au sérieux, et estimant que cette deuxième tentative ne devait pas rester impunie, fit traduire Louis-Napoléon devant la Chambre des Pairs qui le condamna à la détention perpétuelle. Le prétendant subit sa peine au fort de Ham, dans le département de la Somme, avec le général Montholon et le docteur Conneau, deux de ses complices, et y occupa ses loisirs à composer divers écrits : *Notes sur les amorces fulminantes et sur les attelages* (1841) ; — *Fragments historiques sur la chute des Stuarts* (1841) ; — *Analyse de la question des sucres* (1842) ; — *Réponse à M. de Lamartine* (1843) ; — *Extinction du paupérisme* (1844). En 1846, le gouvernement lui ayant refusé l'autorisation d'aller voir son père qui se mourait en Italie, il s'évada, déguisé en maçon, et réussit à gagner la Belgique, puis l'Angleterre ; mais le grand-duc de Toscane lui interdit l'entrée de ses États, et il ne put se rendre auprès de son père.

Louis-Bonaparte était à Londres quand, le 24 février 1848, le gouvernement de Juillet fut renversé et la République proclamée. Sans perdre de temps, il accourt à Paris et, aussitôt, adresse au Gouvernement provisoire une lettre, afin de lui annoncer « qu'il arrive de l'exil pour se ranger sous le drapeau de la République, sans autre ambition que celle de servir son pays ». Le Gouvernement provisoire ne crut pas, toutefois, devoir autoriser le prince à séjourner en France, et le pria de s'éloigner en attendant que l'Assemblée nationale eût pris une résolution à l'égard des familles ayant régné. Louis

Bonaparte se résigna et retourna en Angleterre.

Les élections pour la Constituante avaient été fixées au 23 avril. Louis Bonaparte, soumis à la demande du Gouvernement provisoire, attendit la réunion de la nouvelle Assemblée, et n'accepta aucune candidature. Ses partisans, loin d'observer la même réserve, profitèrent de la période électorale pour réveiller le souvenir de *l'Empereur,* et pour créer une agitation en faveur de celui que l'on présentait comme son héritier. Cette propagande n'ayant pas été sans émouvoir un certain nombre des nouveaux élus, une proposition fut faite à la Constituante pour inviter le gouvernement à appliquer à Louis Bonaparte la loi de bannissement votée en 1832 contre les dynasties déchues. Louis Bonaparte adressa aussitôt à l'Assemblée nationale une lettre de protestation contre une mesure qui serait prise contre lui seul; puis, faisant de nouveau acte de soumission à la République, déclara dans sa lettre ne pouvoir et ne vouloir « revendiquer que ses droits de citoyen français ».

Pendant la période qui précéda les élections partielles de juin, Louis-Bonaparte resta en Angleterre, se contentant de laisser agir ses partisans. Ceux-ci posèrent sa candidature dans plusieurs départements où ils organisèrent une propagande effrénée. Des brochures, des lithographies, des médailles à l'effigie du candidat, répandirent partout la physionomie de l'héritier de l'Empire ; des chanteurs des rues furent payés pour célébrer les gloires napoléoniennes dont le souvenir, du reste, était loin d'être effacé. Une propagande aussi ardente devait porter ses fruits ; Louis Bonaparte fut élu dans quatre départements : la Seine, l'Yonne, la Charente-Inférieure et la Corse. Dès lors, toute une armée de déclassés et de besogneux s'attacha à la fortune de celui qui avait rêvé « l'extinction du paupérisme ».

Cette quadruple élection ne fut pas sans inquiéter le gouvernement. La proposition de Louis Blanc demandant l'abrogation de la loi de bannissement n'avait pas encore été votée par l'Assemblée quand vinrent en discussion les élections de Louis Bonaparte. Lamartine, au nom de la Commission exécutive, donna lecture à l'Assemblée de la déclaration suivante : « Considérant que la France veut fonder en paix le gouvernement républicain, sans être troublée dans son œuvre par les prétentions dynastiques, et que Louis Bonaparte a fait deux fois acte de prétendant,... déclare qu'elle fera exécuter ce qui concerne Louis Bonaparte dans la loi de 1832, jusqu'au jour où l'Assemblée nationale en aura autrement décidé ». Cette déclaration fut très applaudie par la majorité de l'Assemblée ; malheureusement, elle resta sans effet, l'Assemblée ayant le lendemain même 13 juin, par une de ces inconséquences assez fréquentes dans les assemblées, reconnu la validité des élections de Louis Bonaparte, et voté son admission.

Le succès électoral remporté le 8 juin avait surexcité le zèle des agents du bonapartisme. Les bruyantes manifestations auxquelles ils s'étaient livrés, les cris de : « Vive l'Empereur ! », qui s'étaient fait entendre à Paris et en province, inquiétèrent l'opinion publique. Louis Bonaparte fut pris de scrupule, et ne voulant pas paraître approuver ces manifestations, adressa, le 14 juin, de Londres où il était encore, une lettre ainsi conçue, au président de l'Assemblée :

« Monsieur le président,

« Je partais pour me rendre à mon poste, lorsque j'apprends que mon élection sert de prétexte à des troubles déplorables et à des erreurs funestes. Je n'ai pas recherché l'honneur d'être représentant du peuple, parce que je savais les soupçons injustes dont j'étais l'objet ; je rechercherai encore moins le pouvoir.

« Si le peuple m'impose des devoirs, je saurai les remplir ; mais je désavoue tous ceux qui me prêteraient des intentions ambitieuses, que je n'ai pas. »

Et il terminait en se déclarant prêt à rester en exil, s'il le fallait pour le bonheur de la France.

Cette lettre excita l'indignation de l'Assemblée et provoqua une vive discussion. Le général Cavaignac, ministre de la guerre, eut de la peine à se contenir :

« L'émotion qui m'agite, dit-il, ne me permet pas d'exprimer comme je le désirerais toute ma pensée. Mais ce que je remarque, c'est que, dans cette pièce, qui devient historique, le mot de République n'est pas prononcé. »

Devant un coup aussi droit, Louis Bonaparte n'hésita pas, et adressa au président de l'Assemblée une lettre qui fut lue à l'ouverture de la séance du 16 juin, et par laquelle il donnait sa démission de représentant du peuple dans les termes suivants : « J'étais fier d'avoir été élu représentant du peuple à Paris et dans d'autres départements. C'était à mes yeux une ample réparation pour trente années d'exil et six ans de captivité. Mais les soupçons injurieux qu'a fait naître mon élection, mais les troubles dont elle a été le prétexte, mais l'hostilité du pouvoir exécutif, m'imposent le devoir de refuser un honneur qu'on croit avoir été obtenu par l'intrigue ».

Réélu en septembre par cinq départements (les quatre qui l'avaient déjà nommé et celui de la Meuse), Louis Bonaparte vint prendre possession de son siège le 26, et, le même jour, exprima ses sentiments de reconnaissance à l'Assemblée : « Après trente-trois années de proscription et d'exil, dit-il, je retrouve enfin ma patrie et tous mes droits de citoyen ! La République m'a fait ce bonheur ; que la République reçoive mon serment de reconnaissance, mon serment de dévouement......... Longtemps je n'ai pu consacrer à la France que les méditations de l'exil et de la captivité. Aujourd'hui, la carrière où vous marchez m'est ouverte : recevez-moi dans vos rangs avec le même sentiment d'affectueuse confiance que j'y apporte. Ma conduite, toujours inspirée par le devoir, toujours animée par le respect de la loi, prouvera, à l'encontre des passions qui ont essayé de me noircir pour me proscrire encore, que nul ici plus que moi n'est résolu à se dévouer à la défense de l'ordre et à l'affermissement de la République ».

Louis Bonaparte renouvela ces protestations dans le manifeste qu'il adressa au peuple, le 27 novembre, quand il posa sa candidature à la présidence de la République : « Je ne suis pas un ambitieux qui rêve tantôt l'empire et la guerre, tantôt l'application des théories subversives, disait-il. Si j'étais nommé Président,... je me dévouerais tout entier, sans arrière-pensée, à l'affermissement d'une République sage par ses lois, honnête par ses intentions, grande et forte par ses actes. Je mettrais mon honneur à laisser, au bout de quatre ans, à mon successeur, le pouvoir affermi, la liberté intacte ».

L'élection eut lieu le 10 décembre. Louis-Napoléon Bonaparte obtint 5,434,226 suffrages ; le général Cavaignac 1,448,107 ; Ledru-Rollin 370,119. Le succès de Louis Bonaparte fut dû en partie au prestige qu'avait conservé le nom de Napoléon, prestige que les républicains eux-mêmes avaient contribué à entretenir en faisant cause commune avec les bonapartistes contre le gouvernement oppresseur de la Restauration et la monarchie de Juillet. Mais il était dû aussi à la frayeur qui s'était emparée de la bourgeoisie à la suite de l'insurrection de juin 1848, et à l'espoir de voir Louis-Napoléon établir un *gouvernement fort*. Tous les comités électoraux du « parti de l'ordre », coalition des partis de toute la réaction, avaient appuyé sa candidature.

A la séance du 20 décembre 1848, le président de l'Assemblée nationale proclama Louis-Napoléon Bonaparte président de la République française jusqu'au deuxième dimanche de mai 1852 ; puis le citoyen Louis-Napoléon Bonaparte monta à la tribune, et prêta le serment suivant :

« En présence de Dieu et devant le Peuple français représenté par l'Assemblée nationale, je jure de rester fidèle à la République démocratique, une et indivisible, et de remplir tous les devoirs que m'impose la Constitution. »

Le président de l'Assemblée prit acte du serment. Louis Bonaparte demanda ensuite la parole, et fit un discours qu'il termina ainsi : « Nous avons, citoyens représentants, une grande mission à remplir : c'est de fonder une République dans l'intérêt de tous, et un gouvernement juste, ferme, qui soit animé d'un sincère amour du progrès, sans être réactionnaire ou utopiste ».

Serment et promesses furent bientôt oubliés.

II

LA PRÉSIDENCE DE LA RÉPUBLIQUE

L'expédition de Rome. — L'Assemblée législative. — Mutilation du suffrage universel. — La revision de la Constitution. — « Vive l'Empereur! » — Préparatifs de coup d'Etat.

L'Assemblée constituante, dont les pouvoirs étaient souverains, devait-elle se retirer et céder la place à une Assemblée législative chargée d'appliquer la Constitution? Telle fut la question qui se posa après l'élection du président de la République. L'opinion semblait se prononcer en faveur de la dissolution : c'était également l'avis du ministère que Louis-Napoléon venait de former. La Constituante, au contraire, n'aurait voulu se séparer qu'après avoir achevé l'organisation de la République par le vote des lois qui étaient encore à l'ordre du jour. La dissolution, proposée par un député de la droite, fut repoussée le 28 décembre 1848, mais prise en considération le 12 janvier suivant, après une vive discussion.

A ce moment les affaires d'Italie préoccupaient

sérieusement notre gouvernement. Le pape Pie IX, effrayé par l'assassinat de son premier ministre, Rossi, avait abandonné Rome et s'était réfugié à Gaëte, dans les Etats de Ferdinand II, roi de Naples. Le parlement romain avait envoyé une députation auprès du Saint-Père pour le décider à revenir; mais Pie IX s'y étant refusé, le parlement avait organisé le suffrage universel et fait élire une Constituante qui avait proclamé la République (9 février 1849).

Les monarchies catholiques n'étaient alors nullement disposées à laisser dépouiller le pape de son pouvoir temporel. Déjà les troupes autrichiennes menaçaient Bologne, et annonçaient qu'elles marcheraient sur Rome. L'Espagne et Naples de leur côté se préparaient à intervenir; Louis-Napoléon hésitait. Il se décida pourtant à faire demander par ses ministres un crédit de 1,200,000 francs, qui lui fut accordé par l'Assemblée malgré les protestations des membres de la gauche. Dans la discussion passionnée que cette demande provoqua, le gouvernement déclara que son intention n'était ni de défendre, ni de reconnaître la République romaine, mais qu'il ne voulait pas laisser l'Autriche exercer seule son influence en Italie.

Le 25 avril (1849) sept mille soldats français, commandés par le général Oudinot, débarquaient en Italie, et, malgré les protestations de l'Assemblée romaine, fermement résolue à résister à « cette invasion inattendue », essaient de pénétrer dans Rome. Reçu à coups de canon, le petit corps expéditionnaire, après une attaque infructueuse, est obligé de se replier à quatre lieues de la ville. Nos troupes n'étaient pas en nombre pour soutenir une lutte que rendait encore plus inégale la présence à Rome d'une légion de volontaires sous le commandement de Garibaldi. Nos pertes s'élevaient à quelques centaines d'hommes (30 avril).

Cet échec impressionna profondément le pays. L'Assemblée constituante n'avait accordé les crédits pour cette expédition que dans le but de ne pas laisser l'Autriche seule maîtresse en Italie, et voilà que l'on se trouvait en guerre ouverte avec la République romaine.

Les membres de la majorité ne dissimulèrent pas leur indignation, et à la suite d'une discussion très mouvementée, et malgré l'opposition des ministres, le gouvernement fut invité à prendre les mesures nécessaires pour que l'expédition d'Italie ne fût pas plus longtemps détournée de son but. Louis-Napoléon ne tint aucun compte de ce vote, et, inaugurant déjà le pouvoir personnel, fit annoncer le lendemain par le *Moniteur* que le ministère conservait sa confiance. C'était braver ouvertement la volonté nettement exprimée par l'Assemblée constituante, à quatre-vingt-sept voix de majorité. En même temps, le Président fit publier dans un journal officieux la lettre qu'il venait d'adresser au général Oudinot pour lui annoncer l'envoi de nouveaux renforts. Le ministère cherchait surtout à gagner du temps, les élections pour la nouvelle Assemblée devant avoir lieu quelques jours après. Elles se firent en effet le 13 mai. Trois cents membres seulement sur les sept cents que comptait la Constituante, furent réélus, et, chose plus grave, le plus grand nombre des nouveaux élus étaient des partisans de la monarchie. L'impression déplorable produite à Paris et dans les départements par les journées de juin 1848 fut la cause principale de l'envoi à la Législative de nombreux candidats du « parti de l'ordre ».

La Constituante se réunit pour la dernière fois le 27 mai 1849, et la Législative entra en session le lendemain 28.

Ainsi qu'on l'a vu, la Constituante, dans sa séance du 7 mai 1849, avait formellement déclaré que les troupes de la République française ne combattraient pas la République romaine. Louis-Napoléon n'en envoya pas moins au général Oudinot les renforts qu'il lui avait promis par lettre, et porta le corps expéditionnaire à 25.000 hommes. Les opérations militaires reprirent aussitôt, et, le 3 juin, Rome était assiégée.

Les députés républicains ne pouvaient laisser commettre une infraction aussi grave aux règles parlementaires, sans faire entendre leurs protestations. Le 11 juin, Ledru-Rollin, se faisant l'interprète de tout le parti démocratique, monta à la tribune pour demander la mise en accusation du président de la République et de ses ministres ; la demande, naturellement, fut repoussée par la majorité réactionnaire de l'Assemblée. Malheureusement, Ledru-Rollin laissa échapper des paroles imprudentes : « La Constitution a été violée, dit-il en terminant, nous la défendrons par tous les moyens, même par les armes ! » Cet appel fut entendu par tous les groupes démocratiques, et une manifestation publique fut décidée.

Le matin du 13 juin, 20.000 citoyens, gardes nationaux et autres, se réunirent sur la place du Château-d'Eau, et, à midi, se dirigèrent vers le Palais-Bourbon, par les Boulevards, aux cris de : « Vive la République ! Vive la Constitution ! Vive la République romaine ! » Le gouvernement, prévenu, avait pris ses mesures, et les manifestants furent dispersés au coin de la rue de la Paix. Un certain nombre de représentants du peuple, dont Ledru-Rollin, escortés de gardes nationaux, gagnèrent le Conservatoire des Arts-et-Métiers, d'où ils espéraient pouvoir entraîner la population du centre. Quelques barricades furent élevées, mais le mouvement ne s'étendit point. Le Conservatoire fut bientôt envahi par la troupe, et de nombreuses arrestations furent opérées ; Ledru-Rollin réussit à s'échapper et à quitter la France. L'agitation parisienne avait gagné plusieurs villes de province, mais il n'y eut de troubles sérieux qu'à Lyon, où il fallut employer l'artillerie pour se rendre maître de l'insurrection. Paris et Lyon furent mis en état de siège ; le droit de réunion fut suspendu pour un an sur tout le territoire, même pour les réunions électorales ; une loi restreignant la liberté de la presse fut votée.

Le 2 juillet, après un siège de trente jours, les troupes françaises pénétrèrent dans Rome, détruisirent la République romaine, et rétablirent le pouvoir temporel du pape. En outre, afin d'assurer au Saint-Père la possession de ses Etats, une garnison française fut maintenue à Rome jusqu'en 1864, époque où elle en fut retirée à la demande du gouvernement italien.

Les tendances rétrogrades dont l'Assemblée législative avait fait preuve en ne désapprouvant pas l'expédition de Rome, s'accentuèrent encore après la journée du 13 juin. Et alors commença cette fameuse « expédition de Rome à l'intérieur », à laquelle la Législative préluda par le vote d'une loi attribuant aux préfets un droit de surveillance sur les instituteurs primaires, car, aux yeux de la réaction, ceux-ci constituaient un élément dangereux pour l'ordre social. Le gouvernement, de son côté, suivit le mouvement en se livrant à une soigneuse épuration des administrations publiques : tous les fonctionnaires suspects de républicanisme furent destitués, mesure dont furent surtout victimes les instituteurs. Ensuite s'ouvrirent les débats de la loi organique (votée le 15 mars 1850) qui, en proclamant la liberté de l'enseignement, mit pendant trente ans l'instruction secondaire et primaire dans la dépendance du clergé. C'est cette loi (appelée *loi Falloux*, du nom du ministre qui l'avait préparée) qui obligea de nouveau l'instituteur à enseigner le catéchisme, et à subir par là le contrôle des ministres du culte. Ce que l'on voulait, surtout, c'était supprimer l'indépendance de l'instituteur vis-à-vis du curé. La loi Falloux y réussit pleinement, car il a fallu les lois scolaires de 1880 pour écarter de nos écoles l'influence du clergé.

L'œuvre de réaction entreprise par la Législative ne tarda pas à avoir son contre-coup à Paris, aux élections partielles du 10 mars 1850, où républicains modérés et démocrates-socialistes unirent leurs voix pour faire triompher les candidats de la démocratie. L'élection de Carnot, ministre de l'instruction publique en 1848, celle des démocrates-socialistes Vidal et de Flotte, puis celle d'Eugène Sue, élu le 28 avril, effrayèrent les monarchistes, et justifièrent, à leurs yeux, les défiances qu'ils n'avaient cessé de manifester vis-à-vis du corps électoral. Le moment leur semblait donc venu de remanier cette loi électorale qui, suivant l'expression malheureuse de Thiers, admettait « la vile multitude » au scrutin. Poussés par les chefs de la majorité et d'accord avec eux, le gouvernement fit nommer une commission « chargée de préparer un projet de loi sur les réformes qu'il serait nécessaire d'apporter à la loi électorale ». Cette commission entra en fonctions immédiatement, et le 31 mai l'Assemblée législative put voter une loi exigeant trois ans de domicile au lieu de six mois, et n'admettant comme preuve de domicile que l'inscription au rôle de la taxe personnelle ou de la prestation en nature, supprimant ainsi d'un coup trois millions d'électeurs. Œuvre mauvaise, dont allait singulièrement profiter Louis-Napoléon. En effet, pendant que l'Assemblée s'aliénait de plus en plus le parti républicain, lui s'efforçait au contraire de gagner la faveur populaire, car sa présidence devait prendre fin en 1852, et la Constitution ne permettait la réélection du président de la République qu'après un intervalle de quatre années.

Toutefois, la bonne harmonie qui régnait alors entre Louis Bonaparte et la Législative ne fut pas de longue durée. Des froissements se produisirent à l'occasion d'un supplément de crédit de trois millions, demandé par le Président pour ses frais de représentation, crédit qui ne fut voté, après une longue discussion, qu'à une vingtaine de voix de majorité ; l'Assemblée, en outre, lui refusa le droit de nomination des maires. C'est sous ces impressions qu'au commencement d'août la Législative entra en vacances.

Dans son manifeste du 29 novembre 1848, Louis Bonaparte, alors candidat à la présidence de la République, avait déclaré vouloir « mettre son honneur à laisser, au bout de quatre ans, à son successeur, le pouvoir affermi, la liberté intacte ». Les agissements du Président, à la fin de l'année 1850, n'étaient plus guère en rapport avec la déclaration solennelle du candidat. Mettant à profit les vacances de l'Assemblée, il entreprit une série de voyages dans différentes parties de la France, et partout se présenta aux populations comme l'homme du devoir, prêt à « sauver par l'ordre les grands principes de la Révolution française ». Sans vouloir encore se démasquer, il laisse aux journaux dévoués à la cause de l'empire, le soin de préparer l'opinion en demandant la prorogation des pouvoirs présidentiels. Le pays cependant ne s'y trompa point, et l'incertitude du lendemain jeta un trouble profond dans les transactions commerciales. Louis Bonaparte crut prudent de rassurer l'opinion, et, dans un discours qu'il prononça à Lyon, n'hésita pas à tenir un langage que les événements devaient si cruellement démentir. « Des bruits de coup d'Etat sont peut-être venus jusqu'à vous, dit-il ; mais vous n'y avez pas ajouté foi ; je vous en remercie. Les surprises et les usurpations peuvent être le rêve des partis sans appui dans la nation ; mais l'élu de six millions de suffrages exécute les volontés du peuple, il ne les trahit pas. » En même temps qu'il faisait cette déclaration, le Président fit agir par ses préfets auprès des conseils généraux, pour leur faire émettre des vœux en faveur de la revision de l'article de la Constitution interdisant la réélection du président de la république avant un intervalle de quatre ans. Six conseils généraux seulement consentirent à émettre ce vœu, mais cela fut suffisant pour faire organiser, par les partisans du prince, un vaste pétitionnement demandant la revision de la Constitution. Cependant, craignant malgré tout que cette revision ne lui fût refusée par l'Assemblée législative, Louis-Napoléon prépara en même temps l'armée à lui prêter son concours pour un coup de force, dans le cas où il ne parviendrait pas à obtenir de l'Assemblée le vote de la revision légale. Une première revue suivie d'un banquet fut organisée à Saint-Maur ; des régiments crièrent : « Vive Napoléon ! Vive l'Empereur ! » Le fait fut considéré comme assez grave pour que la Commission de permanence, qui siégeait pendant l'intervalle des sessions de l'Assemblée, convoquât le général d'Hautpoul, ministre de la guerre. Le ministre prétendit, devant la Commission, que les faits avaient été exagérés, et qu'en réalité ils ne valaient pas la peine qu'on s'y arrêtât, tandis que le général Changarnier, commandant de l'armée de Paris, n'hésita pas à déclarer que les acclamations avaient été « non seulement encouragées, mais provoquées ». Les mêmes incidents se reproduisirent quelque temps après à Satory où, pendant une revue passée par le Président, les officiers de cavalerie encouragèrent leurs soldats à crier, les uns : « Vive Napoléon ! » d'autres : « Vive l'Empereur ! »

En présence de manifestations aussi caractérisées, l'opinion s'inquiéta, et les bruits de coup d'Etat s'accréditèrent d'autant plus facilement que le général Changarnier, connu comme un adversaire de Louis Bonaparte, avait été destitué. Le président de la République, dans son message d'ouverture de la session législative (12 novembre 1850), essaya de dissiper ces craintes : « La règle invariable de ma vie politique sera, dans toutes les circonstances, de faire mon devoir, rien que mon devoir. — Il est aujourd'hui permis à tout le monde, excepté à moi, de vouloir hâter la revision de notre loi fondamentale. Si la Constitution renferme des vices et des dangers, vous êtes tous libres de les faire ressortir aux yeux du pays. *Moi seul, lié par mon serment*, je me renferme dans les strictes limites qu'elle a tracées. — L'incertitude de l'avenir fait naître, je le sais, bien des appréhensions, en réveillant bien des espérances. Sachons tous faire à la Patrie le sacrifice de ces espérances, et ne nous occupons que de ses intérêts. Si, dans cette session, vous votez la revision de la Constitution, une Constituante viendra refaire nos lois fondamentales, et régler le sort du pouvoir exécutif. Si vous ne la votez pas, le peuple, en 1852, manifestera solennellement l'expression de sa volonté nouvelle. — Ce qui me préoccupe surtout, soyez-en persuadés, ce n'est pas de savoir qui gouvernera la France en 1852, c'est d'employer le temps dont je dispose, de manière que la transition, quelle qu'elle soit, se fasse sans agitation et sans trouble ». Tel fut alors le langage de celui qui, un an après, au mépris de toutes ses promesses, porta une main criminelle sur les institutions qu'il avait eu pour mission de défendre.

Pendant ce temps, l'agitation en faveur de la revision de la Constitution avait continué de s'étendre. En mai 1851, une proposition de revision totale, signée par un grand nombre de représentants, fut faite à l'Assemblée. En juillet, le mouvement revisionniste avait réuni 1,366,000 signatures et adhésions. La plus grande partie des membres de la droite étaient partisans de la revision : les uns, parce qu'ils espéraient ainsi favoriser la monarchie ; d'autres, parce qu'ils voyaient dans la revision légale le seul moyen d'échapper à un coup d'Etat. Différente était l'attitude de la gauche : « Républicains modérés, montagnards, socialistes, considéraient comme un devoir étroit de s'opposer à la revision, aussi longtemps que la loi du 31 mai ne serait pas abrogée. « Ils ne pouvaient en effet, dit Eugène Ténot dans son *Etude sur le Coup d'Etat,* sans trahir la cause de la souveraineté du peuple, consentir à ce que la Constitution de 1848, élaborée par une Constituante issue du suffrage universel, fût revisée par une Assemblée qui aurait été le produit d'un mode de suffrage édicté en violation formelle de la Constitution elle-même. Le parti républicain n'aurait pu, sans renier son principe fondamental, accepter de transaction à ce sujet. » Une autre idée dominait encore le débat : la crainte des républicains, de voir les royalistes profiter de la revision pour préparer le rétablissement de la monarchie. Les explications embarrassées de ces derniers démontrèrent du reste clairement le but qu'ils poursuivaient. Le résultat de cette division fut le rejet du projet de revision.

Il ne restait dès lors, à Louis-Napoléon, qu'un seul moyen pour conserver le pouvoir : le recours à un coup d'Etat. Un premier projet, préparé par le préfet de police Carlier, et soumis au prince dans le courant du mois d'août, avait été écarté. L'Assemblée étant alors en vacances, on craignait que les députés présents dans leurs départements ne parvinssent à organiser des centres de résistance sur plusieurs points du territoire. On préféra attendre l'ouverture de la session. Elle eut lieu le 4 novembre. Dans son message, Louis-Napoléon se contenta de rappeler les termes des promesses qu'il avait faites l'année précédente (message du 12 novembre 1850), et ajouta cette phrase, destinée à leur donner une nouvelle force : « Aujourd'hui, les questions sont les mêmes, et mon devoir n'a pas changé ». Le document se terminait par une demande d'abrogation de la loi électorale du 31 mai. En revenant ainsi, de son propre gré, sur une loi qui avait été faite de connivence avec ses ministres, le Président gagna immédiatement à sa cause les trois millions d'électeurs que cette loi avait privés du droit de vote. L'Assemblée, au contraire, commit la faute de se les aliéner à nouveau, en repoussant la proposition.

Le général Saint-Arnaud, qui avait remplacé le général Randon au ministère de la guerre, inaugura ses fonctions par un ordre du jour à l'armée dans lequel on releva cette phrase : « Sous les armes, *le règlement militaire est l'unique loi* ». En opposition à cette doctrine qui met le pouvoir législatif à la discrétion du premier général venu, les questeurs, dont la fonction consiste à veiller à la sûreté des Assemblées, proposèrent de transformer en loi le décret de mai 1848, qui donnait au président de l'Assemblée nationale le droit de requérir la force armée. La proposition fut repoussée (17 novembre 1851) grâce aux voix de la gauche, celle-ci ayant refusé de mettre le droit de requérir l'armée entre les mains d'une Assemblée dont la majorité était monarchique. Si elle avait était votée, le Coup d'Etat se serait fait le même jour. « Pendant toute la journée du 17 novembre, raconte le docteur Véron, le président de la République se tint prêt à marcher sur la Chambre. Depuis le matin, il portait même un pantalon garance, pour pouvoir revêtir au plus vite l'uniforme de général. Deux régiments dévoués se tenaient prêts dans leurs casernes; trois cent cinquante gardes nationaux du 2° bataillon de la première légion s'étaient offerts aussi à marcher contre la Chambre. — Pendant toute la durée de la discussion, le président de la République resta à l'Elysée. Le prince était calme, et attendait avec aussi peu d'anxiété que d'impatience le dénouement de la journée. A l'arrivée du ministre de la guerre, de MM. le comte de Morny et Edgar Ney (ils venaient du Palais-Bourbon rendre compte des incidents peu favorables de la séance), le prince se montra résolu. Des ordres immédiats allaient être expédiés, lorsque M. Rouher vint apporter à l'Elysée le résultat du vote. Le Président ne montra aucune émotion, et il se contenta de dire avec la plus complète indifférence, à tous ceux qui l'entouraient : « Ça vaut peut-être mieux »[1]. Ce n'était que partie remise. Louis-Napoléon voulait attendre, pour agir, la date du 2 décembre, déjà historique par le couronnement de Napoléon Ier (1804) et par la bataille d'Austerlitz (1805).

---

1. *Mémoires d'un Bourgeois de Paris.*

III

LE COUP D'ÉTAT

La résistance. — La mort de Baudin. — Les massacres du Boulevard. - Les commissions mixtes. — Le plébiscite.

Le 1ᵉʳ décembre au soir, il y eut dîner et réception à l'Elysée ; rien n'y pouvait faire soupçonner les dispositions prises. Louis Bonaparte, dès la veille, avait recommandé à Mocquart, son secrétaire particulier, de rassembler en un seul dossier toutes les pièces relatives au coup d'Etat. Sur la chemise de ce dossier, si nous en croyons le docteur Véron, le prince aurait écrit au crayon : *Rubicon*.

La soirée avait été sans animation, et les salons se vidaient peu à peu, lorsque, vers onze heures, Louis-Napoléon, Mocquart, le comte de Morny, l'âme du coup de main, lequel avait passé la soirée au théâtre de l'Opéra-Comique, de Maupas, préfet de police, et Saint-Arnaud, ministre de la guerre, se réunirent en vue des dernières dispositions à prendre. Les quarante commissaires de police de Paris avaient été invités à se trouver à minuit dans le cabinet du préfet où des mandats d'arrêt leur furent remis contre les généraux et les principaux membres de l'Assemblée. Les arrestations devaient être faites « très secrètement, avant le lever du jour » ; ces instructions furent fidèlement exécutées. Seize représentants, parmi lesquels les généraux Cavaignac, Changarnier, Lamoricière, Leflô, Bedeau, vice-président de l'Assemblée nationale, le colonel Charras, Baze, questeur de l'Assemblée, Thiers, Nadaud, furent arrêtés chez eux dans la nuit, et conduits à Mazas. Un certain nombre de citoyens, environ soixante-dix, connus pour l'énergie de leurs convictions républicaines, furent également arrêtés, et à six heures du matin M. de Maupas put écrire à Louis-Napoléon et au comte de Morny : « Nous triomphons sur toute la ligne ». A l'imprimerie nationale, les ouvriers-typographes avaient été consignés la veille, sous le prétexte d'un travail urgent, et dans la nuit on fit occuper militairement la cour de l'imprimerie, afin d'enlever aux ouvriers toute possibilité de communiquer avec l'extérieur. Vers minuit, un officier d'ordonnance apporta les manuscrits à imprimer ; les feuilles furent coupées de manière à empêcher les compositeurs de découvrir le sens de ce qu'ils composaient, et à sept heures du matin les proclamations suivantes purent être affichées sur les murs de Paris :

1° Un décret du président de la République rétablissant le suffrage universel et abrogeant la loi du 31 mai, dissolvant l'Assemblée nationale et le Conseil d'Etat, déclarant Paris en état de siège, et convoquant le peuple français dans ses comices, du 14 au 21 décembre ;

2° Deux proclamations du président de la République, l'une adressée au peuple, l'autre à l'armée ;

3° Une proclamation du préfet de police annonçant que toute tentative de désordre serait rigoureusement réprimée.

Dans sa proclamation au peuple, Louis Bonaparte accusait l'Assemblée d'attenter au pouvoir qu'il tenait directement de la nation, d'encourager les mauvaises passions, et de compromettre le repos de la France : « Les hommes qui ont perdu déjà deux monarchies veulent me lier les mains, afin de renverser la République, disait-il. Mon devoir est de déjouer leurs perfides projets, de maintenir la République, et de sauver le pays en invoquant le jugement solennel du seul souverain que je reconnaisse en France : le Peuple ». En outre, il soumettait au vote du suffrage universel les bases d'une Constitution, que les Assemblées développeraient plus tard.

« Soyez fiers de votre mission, disait-il à l'armée, vous sauverez la Patrie ; car je compte sur vous non pour violer les lois, mais pour faire respecter la première loi du pays : la souveraineté nationale, dont je suis le légitime représentant.. »

Aucun journal républicain ne parut le matin du 2 décembre, les imprimeries ayant été occupées par la troupe. Quant à la population, elle ignorait absolument ce qui s'était passé dans la nuit, et apprit seulement par les affiches que l'Assemblée législative, si détestée pour ses tendances monarchiques, était dissoute « dans l'intérêt du peuple, et pour le maintien de la République ».

Dans la matinée, différents groupes de députés tentèrent de se réunir pour aviser aux moyens de résister au coup d'Etat. Trente ou quarante d'entre eux réussirent à pénétrer au Palais-Bourbon, et en furent expulsés par des gendarmes. Une dizaine, réunis au domicile de M. Crémieux, y sont arrêtés. Un certain nombre se rendirent à la mairie du Xe arrondissement (rue de Grenelle, près de la Croix-Rouge, et démolie depuis), où d'autres vinrent les rejoindre, de sorte que vers onze heures se trouvèrent là deux cent vingt représentants appartenant en grande partie à la droite. M. Benoist d'Azy, vice-président de l'Assemblée, prit la présidence, et aussitôt le bureau constitué Berryer demanda la parole pour proposer à l'Assemblée de voter un décret de déchéance contre le président de la République. Ce décret voté, le pouvoir exécutif, en vertu de l'art. 68 de la Constitution, passait de plein droit à l'Assemblée nationale. Celle-ci, usant de ses prérogatives, nomma sur-le-champ le général Oudinot commandant en chef des troupes, et déclara siéger en permanence, afin de pouvoir prendre immédiatement les résolutions qu'exigeraient les événements. Mais le préfet de police, averti de ce qui se passait rue de Grenelle, fit envahir la mairie par la troupe, et disperser la réunion. Les représentants, décidés à ne céder que devant la force, avaient déjà, à deux reprises, refusé de se retirer devant les injonctions des soldats, et ils étaient encore en séance lorsque deux commissaires de police se présentèrent à la porte de la salle. Sur l'ordre du président, ils s'avancent auprès du bureau : « Nous avons ordre de faire évacuer les salles de la mairie, dit l'un d'eux ; êtes-vous disposés à obtempérer à cet ordre? Nous sommes les mandataires du préfet de police ». En réponse à cette question, le président de la séance donna lecture aux commissaires de l'art. 68 de la Constitution, article ainsi conçu :

« Toute mesure par laquelle le président de la République *dissout l'Assemblée nationale, la proroge, ou met obstacle à l'exercice de son mandat,* est UN CRIME DE HAUTE TRAHISON.

« Par ce seul fait, *le Président est déchu de ses fonctions, les citoyens sont tenus de lui refuser obéissance;* le pouvoir exécutif passe de plein droit à l'Assemblée nationale; les juges de la Haute Cour de justice se réunissent immédiatement, à peine de forfaiture ; ils convoquent les jurés dans le lieu qu'ils désignent, pour procéder au jugement du Président et de ses complices; ils nomment eux-mêmes des magistrats chargés de remplir les fonctions de ministère public. »

Puis le président donna lecture, aux commissaires, du décret suivant.

RÉPUBLIQUE FRANÇAISE

DÉCRET

« L'Assemblée nationale, réunie extraordinairement à la mairie du X⁰ arrondissement,

« Vu l'article 68 de la Constitution ;

« Attendu que l'Assemblée est empêchée par la violence d'exercer son mandat,

« Décrète :

« Louis-Napoléon Bonaparte est déchu de ses fonctions de président de la République ;

« Les citoyens sont tenus de lui refuser obéissance ;

« Le pouvoir exécutif passe de plein droit à l'Assemblée nationale ;

« Les juges de la Haute Cour de justice sont tenus de se réunir immédiatement, sous peine de forfaiture, pour procéder au jugement du président de la République et de ses complices ;

« En conséquence, il est enjoint à tous les fonctionnaires et dépositaires de la force et de l'autorité publique, d'obéir à toutes réquisitions faites au nom de l'Assemblée, sous peine de forfaiture et de trahison.

Fait et arrêté à l'unanimité, en séance publique, le 2 décembre 1851.

« *Pour le président empêché :*

« BENOIST D'AZY, VITET, *vice-présidents ;* GRIMAULT, MOULIN, CHAPOT, *secrétaires;* et tous les membres présents. »

Les commissaires de police, se retranchant derrière les ordres reçus, demandaient aux représentants de se disperser, lorsque survint un officier porteur d'un ordre signé du général Magnan, commandant de l'armée de Paris. Cet ordre commandait à l'officier d'occuper la mairie, « et de faire arrêter, s'il est nécessaire, les représentants qui n'obéiraient pas sur-le-champ à l'injonction de se diviser ».

Sur le refus des représentants de se séparer, les chasseurs pénétrèrent dans la salle, saisirent les membres du bureau, obligèrent les autres représentants à sortir, et entre deux haies de soldats les conduisirent à la caserne du quai d'Orsay.

Les députés républicains restés libres essayèrent d'organiser la résistance et de soulever le peuple. A cet effet, un appel aux armes fut rédigé par Victor Hugo, et signé par les principaux membres de la gauche ; ils décidèrent, en outre, que les représentants se rendraient le lendemain dans les quartiers populeux, et y élèveraient des barricades. Mais les faubourgs ne bougèrent pas ; le peuple ne pouvait avoir de sympathie pour cette Assemblée, qui avait mutilé le suffrage universel et qui voulait renverser la République. Aussi le coup de force entrepris contre la représentation nationale laissa-t-il la population indifférente. D'ailleurs Louis-Napoléon ne se disait-il pas le défenseur des droits du peuple et de la République ?

Le 3 décembre au matin, des députés, aidés de quelques fidèles, réussirent à élever une barricade en travers du faubourg Saint-Antoine. Des groupes d'ouvriers stationnaient là plutôt en curieux que comme acteurs du drame. Vers neuf heures et demie, trois compagnies de ligne, celle de tête commandée par le capitaine Petit, remontèrent lentement le faubourg Saint-Antoine. « Dès qu'elles furent à portée de la barricade, raconte Eugène Ténot, quelques-uns des citoyens qui s'étaient joints aux représentants se retirèrent, considérant la résistance comme un acte de folie, vu l'état d'imperfection de la barricade, et le défaut d'armes : vingt-deux fusils pour une centaine d'hommes.

« Les représentants montèrent sur les voitures renversées, et s'adressant à ceux qui étaient demeurés, M. Schœlcher leur dit : « Amis, pas un
« coup de fusil avant que la Ligne n'ait ouvert le
« feu. Nous allons à elle; si elle tire, la première
« décharge sera pour nous ; si elle nous tue,
« vous nous vengerez. Mais jusque-là, pas un
« de coup fusil ».

« Huit représentants étaient debout sur la barricade : Baudin, Brillier, Bruckner, de Flotte, Dulac, Maigne, Malardier et Schœlcher. Ils firent signe aux soldats de s'arrêter ; le capitaine Petit répondit par un geste négatif. Sept des représentants descendirent alors, et marchèrent vers la troupe. Ils étaient sans armes, en écharpe, sur une seule ligne. Les soldats s'arrêtèrent instinctivement. M. Schœlcher prit la parole : « Nous sommes
« représentants du peuple, s'écria-t-il ; au nom de
« la Constitution, nous réclamons votre concours

« pour faire respecter la loi du pays. Venez à nous,
« ce sera votre gloire. — Taisez-vous, répondit le
« capitaine, je ne veux pas vous entendre, j'obéis
« à mes chefs ; j'ai des ordres ; retirez-vous ou je
« fais tirer. — Vous pouvez nous tuer ; nous ne
« reculerons pas. Vive la République ! Vive la Cons-
« titution ! » répondirent d'une seule voix les sept
représentants. L'officier fit apprêter les armes et
commanda : « En avant ! » Plusieurs des représentants, croyant la dernière heure venue, mirent
le chapeau à la main, comme pour saluer la mort,
en poussant un nouveau cri de : « Vive la Répu-
« blique ! » Mais l'officier ne commanda pas le feu.
Neuf rangs de soldats passèrent successivement,
marchant vers la barricade, et se détournèrent des
représentants, sans les frapper. Ceux-ci continuaient à les adjurer de se joindre à eux. »

Baudin était resté auprès de la barricade, exas-
péré de voir le peuple se désintéresser de ce qui
se passait, et excitant ceux qui se trouvaient là
à se joindre aux représentants pour défendre la
République. Mais les ouvriers manquaient d'enthousiasme, et restèrent insensibles aux paroles de
Baudin ; l'un d'eux alla même jusqu'à lui dire
qu'il ne voulait pas se faire tuer pour lui conserver
ses vingt-cinq francs par jour... « Demeurez là
encore un instant, répondit Baudin, et vous allez
voir comment on meurt pour vingt-cinq francs ! »
En même temps il escalada la barricade.

A ce moment, un des citoyens qui se trouvaient
sur la barricade fit malheureusement partir un
coup de feu sur la troupe, et un soldat fut mortel-

lement atteint. Les fantassins ripostèrent immédiatement, et Baudin, debout, haranguant les soldats, tomba foudroyé.

Cependant, la mort de Baudin, bientôt connue des quartiers du centre, provoque de nombreux rassemblements, qui, rapidement dispersés, se reforment aussitôt ailleurs. L'effervescence gagne de proche en proche, et des barricades se dressent sur plusieurs points simultanément. Les représentants parcourent les arrondissements populeux, et poussent à la résistance ; des appels aux armes sont partout affichés, sans que l'on fasse attention à la proclamation suivante de Saint-Arnaud :

« Le Ministre de la Guerre,
« Vu la loi sur l'état de siège,
« Arrête :
« Tout individu pris construisant et défendant une barricade, ou les armes à la main, SERA FUSILLÉ. »

La situation étant devenue menaçante rue Rambuteau, de la rue Saint-Martin à la rue Saint-Denis, une colonne, composée d'un bataillon de chasseurs à pied et de deux bataillons de ligne avec une pièce de canon, partit vers quatre heures et demie de la place de l'Hôtel-de-Ville, et se dirigea vers la rue Rambuteau par la rue du Temple. Les barricades, facilement enlevées, sont réoccupées par les citoyens, aussitôt les troupes passées.

Place du Château-d'Eau, la foule est chargée par un régiment de lanciers sous les ordres du colonel de Rochefort, parce qu'elle crie : « Vive l'Assemblée nationale! A bas les traîtres! »

« Il resta plusieurs cadavres sur le carreau », raconte un historien militaire du Deux-Décembre. Il n'y eut toutefois, dans la journée du 3, aucun engagement sérieux, mais des escarmouches seulement.

A neuf heures du soir, une centaine de citoyens se retrouvèrent aux barricades des rues Greneta et Beaubourg. Attaqués de deux côtés à la fois, ils ne purent résister longtemps : « Tous les obstacles furent enlevés au pas de course, et ceux qui les défendaient passés par les armes », dit le rapport officiel.

Cependant, dans la nuit du 3 et la matinée du 4, de nouvelles barricades sont élevées, cette fois entre le Château-d'Eau et le théâtre du Gymnase, rues Saint-Denis et Montorgueil, puis dans l'après-midi faubourg Poissonnière, à la Chapelle, et ailleurs, sans que la police ou la troupe cherchât à s'y opposer. Les soldats sont retirés dans leurs quartiers, les ordres étant de laisser faire, afin de pouvoir ensuite « frapper ferme ».

« A midi, j'appris que les barricades devenaient formidables, et que les insurgés s'y retranchaient ; mais j'avais décidé de n'attaquer qu'à deux heures, et, inébranlable dans ma résolution, je n'avançai pas le moment, quelques instances qu'on me fît pour cela. » (Rapport du général Magnan, inséré dans le *Moniteur*.)

Vers deux heures, on aperçoit la division Carrelet débouchant de la place Vendôme et de la

Madeleine : en tête la brigade du général de Bourgon, puis les brigades des généraux de Cotte et Canrobert, suivies de deux régiments de lanciers sous les ordres du général Reibell. Les brigades de Bourgon et Cotte sont désignées pour s'emparer des barricades situées au delà du Gymnase et dans les rues adjacentes, la brigade Canrobert pour occuper la chaussée des boulevards Montmartre, Poissonnière et Bonne-Nouvelle. Des cris de : « Vive la République ! Vive la Constitution ! » sont poussés par la foule qui se presse sur ces boulevards ; quelques cris de : « A bas les prétoriens ! » se font également entendre. Il était alors trois heures, et rien ne faisait prévoir un engagement quelconque de ce côté, lorsque quelques coups de feu furent tirés on ne sait d'où. Les soldats ripostent aussitôt, et la fusillade éclate, s'étendant sur toute la ligne du Boulevard, dans l'espace de quelques secondes. « Après avoir été suspendue un instant excessivement court, raconte un témoin, la fusillade descendit le Boulevard, comme une lance de flamme ondoyante. Mais les décharges étaient si régulières, au début, que la pensée me vint que c'étaient des salves de mousqueterie tirées en réjouissance de la prise de quelque barricade, ou bien un signal donné à quelque autre division. Ce n'est que lorsque la fusillade arriva à cinquante mètres environ de la place où j'étais, que je reconnus le son perçant de la cartouche à balle. Mais alors même, je pouvais à peine en croire le témoignage de mes oreilles, *car mes yeux n'apercevaient pas d'ennemis* sur lesquels on pût faire feu... La fusillade se fit entendre encore pendant plus d'un quart d'heure. Quelques minutes après la première décharge, des canons furent braqués et tirés contre le magasin de M. Sallandrouze, cinq maisons à notre droite (boulevard Poissonnière). L'objet et l'explication de tout cela était une complète énigme pour tous les habitants de l'hôtel, Français ou étrangers. Les uns supposaient que l'armée avait pris parti pour les *rouges ;* les autres suggéraient l'idée qu'on avait dû tirer sur les soldats de quelques maisons du boulevard ; ce ne pouvait être cependant de la nôtre, ni d'aucune autre du boulevard Montmartre, car je l'aurais certainement vu du balcon. En outre, si cela eût été vrai, les soldats, disposés comme ils l'étaient, n'auraient pas attendu pour riposter que la tête de colonne placée à huit cents mètres de distance eût commencé le feu. » (Ce récit est du capitaine anglais Jesse ; il a paru dans le *Times,* du 13 décembre 1851. La traduction est celle donnée par Eugène Ténot, dans son *Etude sur le Coup d'Etat.*)

A la première décharge, les curieux, qui se pressaient en foule sur le boulevard, surpris par cette fusillade inattendue, se sauvèrent affolés, se réfugiant un peu partout, dans les maisons, dans les boutiques, et cherchant à échapper aux soldats qui tuaient ou blessaient tous ceux qui se trouvaient à leur portée ; des habitants furent tués chez eux, dans leur appartement. Pendant cette fusillade horrible, qui dura un quart d'heure sans que quelqu'un ripostât, que d'innocentes victimes !

Le nombre exact n'en fut jamais connu. Les troupes, excitées depuis la veille contre la population parisienne, avaient été l'objet des largesses de Louis Bonaparte. « Lorsque le prince se décida, *le 1er décembre au soir*, à sauver la société par une mesure décisive, dit l'écrivain bonapartiste Granier de Cassagnac, il lui restait, de toute sa fortune personnelle, de tout son patrimoine, une somme de *cinquante mille francs*. Il savait qu'en certaines circonstances mémorables les troupes avaient faibli devant l'émeute faute de vivres, et plus affamées que vaincues. Il prit donc jusqu'au dernier écu tout ce qui lui restait, et il chargea M. le colonel Fleury d'aller, brigade par brigade et homme par homme, distribuer cette dernière obole aux soldats vainqueurs de la démagogie. » — Aucun des chefs qui commandaient les troupes coupables de ces massacres, désirés en haut lieu, ne voulut en assumer la responsabilité; « les hommes ont tiré sans ordre », disaient-ils. Mais le but était atteint, on voulait terroriser la population, on y réussit.

Si les soldats de Canrobert n'eurent devant eux que des promeneurs inoffensifs, il n'en fut pas de même des troupes chargées de s'emparer des barricades. Partout les républicains, malgré le petit nombre de fusils dont ils disposaient, se défendirent bravement, et ne cédèrent qu'à la dernière extrémité; rue Saint-Denis, quatre pièces de canon et plusieurs régiments furent nécessaires pour prendre une barricade défendue par 150 citoyens.

A neuf heures du soir, alors que tout était déjà perdu, on se battait encore rue Montorgueil. Là, avec d'autres braves, défenseurs de la loi, tomba, frappé à mort, au cri de : « Vive la République ! » Denis Dussoubs, cœur vaillant, qui s'était courageusement battu aux barricades du faubourg Saint-Martin, et qui, pour la circonstance, s'était ceint de l'écharpe de son frère, représentant de la Haute-Vienne, retenu au lit par une grave maladie.

Ce fut la fin de la résistance. De nombreuses arrestations avaient été faites dans la journée, plus de 26.000 à en croire certains historiens, mais on n'en connut jamais le nombre, pas plus que celui des citoyens fusillés pris les armes à la main, car les chiffres officiels, qui accusaient 380 tués non militaires, étaient au-dessous de la vérité.

Des tentatives de résistance avaient eu lieu dans plusieurs départements, notamment dans la Nièvre, le Gers, l'Hérault, le Var, les Basses-Alpes, l'Ardèche et la Drôme. Mais tous les efforts furent inutiles, les républicains de la province subirent le sort de ceux de Paris. Trente-deux départements furent mis en état de siège, il y eut près de dix mille arrestations. A Paris, des juges d'instruction vinrent interroger les prisonniers, et suivant les réponses, et surtout d'après les notes de police, les détenus étaient ou jugés sommairement par les conseils de guerre, ou appelés à comparaître devant divers tribunaux, ou déportés sans jugement. Nombreux étaient ceux qui ne furent même pas interrogés. Beaucoup subirent la déportation à Cayenne ou en Algérie ; soixante-six députés de la gauche, dont plusieurs généraux, furent expulsés du territoire « pour cause de sûreté générale » ;

dix-huit autres représentauts exilés momentanément. Les transportés furent dirigés sur le Havre, et là, entassés à fond de cale des navires.

Dans les départements, des tribunaux exceptionnels furent institués ; c'étaient les fameuses « commissions mixtes » qui, composées du préfet, du commandant militaire et du chef du parquet (procureur général ou procureur de la République), avaient le droit de prononcer le renvoi devant le conseil de guerre, la transportation à Cayenne ou en Algérie, l'expulsion de France, l'éloignement momentané du territoire, l'obligation de résider dans une localité déterminée, le renvoi en police correctionnelle, la mise sous la surveillance de la police, la mise en liberté. Il avait été recommandé aux membres de ces commissions de tenir compte « non seulement du degré de culpabilité, mais des antécédents politiques ou privés ».

C'est sous l'impression de ces événements que les électeurs furent appelés à se prononcer par *Oui* ou par *Non* sur les bases d'une Constitution d'après laquelle le président de la République, nommé pour dix ans, était reconnu seul reponsable devant le pays. Les 20 et 21 décembre, 7.439.216 suffrages donnèrent à Louis-Napoléon la mission d'organiser le gouvernement d'après les principes qu'il avait formulés dans sa proclamation du 2 décembre. 647.737 électeurs répondirent *Non*.

Le résultat du plébiscite fut présenté solennellement à Louis-Napoléon, le 31 décembre, par l'ancien ministre Baroche, président de la Commission consultative chargée du recensement des votes.

Des deux discours prononcés à cette occasion, il convient de retenir certaines parties :

« Oui, Prince, dit M. Baroche, la France a confiance en vous ! elle a confiance en votre courage, en votre haute raison, en votre amour pour elle ! et le témoignage qu'elle vient de vous donner est d'autant plus glorieux qu'il est rendu après trois années d'un gouvernement dont il consacre ainsi la sagesse et le patriotisme.

« L'élu du 10 décembre 1848 s'est-il montré digne du mandat que le peuple lui avait conféré ? A-t-il bien compris la mission qu'il avait reçue ?

« Qu'on le demande aux sept millions de voix qui viennent de confirmer ce mandat, en y ajoutant une mission et plus grande et plus belle ?

« Jamais dans aucun pays la volonté nationale s'est-elle aussi solennellement manifestée ? jamais gouvernement obtint-il un assentiment pareil, eut-il une base plus large, une origine plus légitime et *plus digne du respect des peuples!*

« Prenez possession, Prince, de ce pouvoir qui vous est si glorieusement déféré.

. . . .

« Rétablissez en France le principe d'autorité, trop ébranlé depuis soixante ans par nos continuelles agitations.

« Combattez sans relâche ces passions anarchiques qui attaquent la société jusque dans ses fondements.

« Ce ne sont plus seulement des théories odieuses que vous avez à poursuivre et à réprimer ; elles se sont traduites en faits, en horribles attentats.

« Que la France soit enfin délivrée de ces hommes toujours prêts pour le meurtre et le pillage, de ces hommes qui, au dix-neuvième siècle, font horreur à la civilisation et semblent, en réveillant les plus tristes souvenirs, nous reporter à cinq cents ans en arrière. »

Louis-Napoléon prit la parole à son tour :

« La France a répondu à l'appel loyal que je lui avais fait, dit-il. Elle a compris que *je n'étais sorti de la légalité que pour rentrer dans le droit*. Plus de sept millions de suffrages *viennent de m'absoudre* en justifiant un acte qui n'avait d'autre but que d'épargner à la France et à l'Europe peut-être des années de troubles et de malheurs.

. . . .

« Je comprends toute la grandeur de ma mission nouvelle, je ne m'abuse pas sur ses graves difficultés. Mais avec un cœur droit, avec le concours de tous les hommes de bien qui, ainsi que vous, m'éclaireront de leurs lumières et me soutiendront de leur patriotisme, avec le dévouement éprouvé de notre vaillante armée, enfin avec cette protection que demain je prierai solennellement le Ciel de m'accorder encore, j'espère me rendre digne de la confiance que le peuple continue de mettre en moi. J'espère assurer les destinées de la France en fondant des institutions qui répondent à la fois et aux instincts démocratiques de la nation et à ce désir exprimé universellement d'avoir désormais un pouvoir fort et respecté. En effet, donner satisfaction aux exigences du moment en créant un système qui constitue l'autorité sans blesser l'égalité, sans fermer aucune voie d'amélioration, c'est jeter les véritables bases du seul édifice capable de supporter *plus tard* une liberté sage et bienfaisante. »

Après la Commission consultative, le corps diplomatique et le clergé de Paris vinrent présenter leurs félicitations au Prince-Président. « Nous prierons Dieu, dit l'archevêque de Paris, pour le succès de la haute mission qui vous est confiée... » Et le lendemain 1er janvier, l'archevêque fit chanter le *Te Deum* à l'église Notre-Dame, en présence de Louis-Napoléon assis sous un dais.

Le clergé, au lendemain de la révolution de février, avait, avec beaucoup d'empressement, bénit les arbres de la Liberté. Avec le même empressement, il appelait les bénédictions du Ciel sur celui qui, violant le serment solennellement prêté « en présence de Dieu et devant le peuple français », venait, par un crime, de proscrire la liberté. « Le pouvoir vient de Dieu », a dit saint Paul ; le clergé s'en souvint.

IV

L'EMPIRE

La dictature. — Le rétablissement de l'Empire. — Le mariage de l'Empereur. — La question des Lieux-Saints.

Louis-Napoléon rédigea lui-même la nouvelle Constitution : promulguée le 14 janvier 1852, elle donnait au président de la République le droit de commander les forces de terre et de mer, de déclarer la guerre, de faire les traités de paix, d'alliance et de commerce. Les ministres, responsables seulement devant le chef de l'Etat, ne paraissaient pas devant les Chambres. Un conseil d'Etat, nommé par le président de la République, était chargé de la préparation des lois. Le Corps législatif, élu par le suffrage universel, votait l'impôt et les lois, mais il ne pouvait y introduire aucune modification qui ne fût acceptée par le gouvernement. Le président et les vice-présidents du Corps législatif étaient nommés par le président de la République, et un procès-verbal sommaire rédigé par les soins du président rendait seul compte des séances. A côté de ces deux assemblées, un Sénat, « gardien du pacte fondamental et des libertés publiques », et dont les membres étaient nommés par le président de la République, était chargé d'interpréter la Constitution et de régler ce qu'elle n'avait pas prévu. Etaient sénateurs de droit les cardinaux, les maréchaux et les amiraux.

Le 22 janvier, le *Moniteur* publia deux décrets : l'un obligeant les membres de la famille d'Orléans à vendre, dans le délai d'un an, « tous les biens qui leur appartenaient dans l'étendue du territoire de la République »; l'autre annulant, comme contraire à l'ancien droit public de la France, la donation que Louis-Philippe avait faite à ses enfants la veille de son avènement au trône. Le décret déclarait, en outre, réunis de plein droit au domaine de France tous les biens transmis par Louis-Philippe à ses héritiers, et les répartissait de la façon suivante :

Dix millions pour constituer une dotation en faveur des sociétés de secours mutuels (Les intérêts de cette dotation servent encore aujourd'hui à subventionner les sociétés de secours mutuels autorisées);

Dix millions pour l'amélioration des logements d'ouvriers dans les grandes villes manufacturières ;

Dix millions pour l'établissement d'institutions de crédit foncier dans les départements ;

Cinq millions pour l'établissement d'une caisse de retraite au profit des desservants pauvres;

Le surplus, réuni à la dotation de la Légion d'honneur, devait servir à payer des allocations annuelles aux officiers et soldats promus aux divers grades de l'ordre, et à assurer cent francs de rente aux sous-officiers et soldats décorés de la médaille militaire, que le président de la République venait de créer.

Les membres de la famille d'Orléans ne furent pas seuls à être dépouillés de leurs biens : plus de deux cents officiers ministériels, notaires, avoués, etc., coupables d'avoir professé des idées libérales, furent obligés de vendre immédiatement leurs études, ce qui pour eux était la ruine complète.

Personne en dehors des princes d'Orléans n'osa protester contre ces spoliations, et les journaux, livrés à la discrétion de l'Administration, ne pouvaient hasarder aucune critique à l'adresse du gouvernement, sans se voir condamnés à de fortes amendes, puis à la suppression.

C'est dans ces conditions que se firent, le 29 février, les élections législatives. Tous les candidats présentés par le gouvernement furent élus, sauf à Paris où les électeurs envoyèrent au Corps législatif le général Cavaignac et Carnot, le ministre de l'instruction publique de 1848, et à Lyon où fut élu le médecin Hénon. Encore ces trois députés, les seuls républicains, furent-ils déclarés démissionnaires pour avoir refusé de prêter le serment de « fidélité au Président » qui était imposé aux députés et aux sénateurs.

Cependant les élections, quoique partout favobles au gouvernement, n'avaient pas suffi pour ramener la confiance. La situation économique peu brillante où se trouvait alors le pays, remontait déjà aux dernières années du règne de Louis-Philippe, et elle avait été en s'aggravant, en présence des difficultés de toutes sortes qui assaillirent le gouvernement de la République. De plus, le pays n'avait pas été sans inquiétude à l'approche de l'année 1852, où devaient prendre fin en même temps les pouvoirs du président de la République et ceux de l'Assemblée législative. De cet ensemble de circonstances était née une situation peu favorable aux entreprises commerciales, mais dont Louis-Napoléon allait à merveille savoir tirer parti. Comprenant toute l'importance qu'il y avait à améliorer un état de choses aussi préjudiciable au développement de l'industrie et du commerce, il prit, dès le lendemain du Coup d'Etat, une série de mesures propres à donner à ces deux branches de l'activité sociale l'impulsion dont elles avaient besoin.

C'était pour lui le meilleur moyen d'attacher à sa fortune tous ceux que la préoccupation de leurs intérêts matériels éloignaient de la vie politique, et qui préféraient s'en remettre à un seul homme du soin de diriger les affaires du pays.

Il est juste cependant de reconnaître que bon nombre des travaux exécutés après le 2 décembre avaient été décidés sous la Législative, tels le prolongement de la rue de Rivoli jusqu'à l'Hôtel de Ville, et la construction des Halles Centrales. L'établissement de plusieurs lignes de chemins de fer avait également été arrêté en principe, mais le désaccord où l'on était sur le point de savoir si l'Etat s'en chargerait lui-même où s'il en donnerait la concession à des Compagnies financières, en avait retardé l'exécution. Le 1er décembre 1851, veille du Coup d'Etat, la Législative avait voté six millions pour la ligne de Lyon à Avignon ; Louis-Napoléon la concéda à une compagnie le 9 décembre. Le lendemain il donna la concession, à une autre compagnie, du chemin de fer de Ceinture, autour de Paris ; puis parut une série de décrets autorisant l'exécution d'un certain nombre de travaux à Paris et de plusieurs lignes de chemins de fer sur différents points du territoire. Avec le régime inauguré par le coup de force du 2 décembre, le système des sociétés financières devait fatalement l'emporter, et la suite nous fera voir l'Empire accentuant encore davantage la création des grands monopoles.

Tous ces travaux, entrepris simultanément, stimulaient les capitaux et procuraient à l'industrie une activité nouvelle. La confiance renaissait, les opérations financières nécessitées par les nouvelles entreprises attiraient les capitaux à la Bourse, et influencèrent le cours des fonds publics ; le taux de la rente ne tarda pas à dépasser le pair. Louis-Napoléon profita de cette situation favorable pour décider une opération financière qui devait démontrer la confiance que son gouvernement inspirait aux capitalistes. Il décréta la conversion de la rente 5 0/0 en 4 1/2, et procura ainsi au Trésor une économie annuelle d'environ dix-huit millions. De plus, en mars 1852, il créa le *Crédit foncier*. Cet établissement, en avançant aux entrepreneurs les sommes considérables dont ils avaient besoin pour l'exécution des grands travaux, favorisa beaucoup le développement des constructions à Paris et dans les grandes villes. En novembre de la même année fut créé le *Crédit mobilier*, qui fit le prêt sur valeurs mobilières, et dont les *actions* donnèrent lieu à une spéculation éhontée.

Louis-Napoléon apparaît alors comme l'homme providentiel à qui tout réussit. L'Industrie, le Commerce, la Finance, le proclament le sauveur de la société. Si l'Empire n'existe pas encore de nom, il est de fait, car au-dessus de celle du dictateur, aucune voix ne se fait entendre.

Quand la session législative fut close, le Prince-Président (c'est ainsi que depuis le Coup d'Etat on appelait Louis Bonaparte) entreprit une série de voyages dans les départements, afin de se trouver davantage en contact avec les populations, et visita successivement l'est, le centre et l'ouest de la France. Accueilli dans beaucoup de villes aux cris de : « Vive l'Empereur ! » il observa une réserve dont il ne sortit que quelques jours avant la fin du voyage, à Bordeaux, où le président de la Chambre de Commerce réclama nettement le rétablissement de l'Empire. A quoi le Prince-Président répondit : « Pour faire le bien du pays, il n'est pas besoin d'appliquer de nouveaux systèmes, mais de donner confiance dans le présent, sécurité dans l'avenir. Voilà pourquoi la France semble revenir à l'Empire ». Et il termina par cette phrase : « Certaines personnes se disent : L'Empire, c'est la guerre ! Moi je dis : L'Empire, c'est la paix ! »

A Paris, où il revint le 16 octobre, la rentrée fut enthousiaste. Reçu dès son arrivée en gare aux cris de : « Vive l'Empereur ! » poussés par la foule des fonctionnaires qui se pressaient sur le quai, le Prince-Président put traverser la capitale, en suivant les boulevards, sous de nombreux arcs de triomphe dressés sur le parcours. Devant la Madeleine, le curé attendait, en grande pompe, sur les marches de l'église, le triomphateur du jour; il s'inclina devant lui et fit fumer l'encens en son honneur ; place de la Concorde s'élevait un arc de triomphe : « *A Napoléon III, sauveur de la civilisation moderne* ». Enfin, pour que le tableau fût complet, les dames de la Halle attendaient Louis-Napoléon aux Tuileries, pour demander, elles aussi, le rétablissement de l'Empire.

Le lendemain, le *Moniteur* publia une note ainsi conçue : « La manifestation éclatante qui se produit dans toute la France en faveur du rétablissement de l'Empire, impose le devoir au Président de consulter à ce sujet le Sénat ». Cette assemblée fut convoquée pour le 4 novembre, et reçut ce même jour un message du Prince-Président, l'invitant à modifier la Constitution dans le sens indiqué par la volonté du pays.

Trois jours après, le Sénat adopta le sénatus-consulte suivant, qui fut soumis au vote du suffrage universel les 21 et 22 novembre : « Le peuple français veut le rétablissement de la dignité impériale dans la personne de Louis-Napoléon Bonaparte, avec hérédité dans sa descendance directe, légitime ou adoptive, et lui donne le droit de régler l'ordre de succession au trône dans la famille Bonaparte ». Le Corps législatif, convoqué pour le 25 novembre à l'effet de procéder au recensement des votes, constata 7.824.189 *Oui*, 253.135 *Non* et 63.326 bulletins nuls. Le soir même où le dépouillement fut terminé, le Corps législatif, le Sénat et le Conseil d'Etat se rendirent au château de Saint-Cloud, pour annoncer à Louis-Napoléon le résultat du vote.

Le lendemain 2 décembre 1852, le nouvel empereur, entouré de son état-major, fait son entrée à Paris. Un coup de canon est tiré lorsqu'il franchit le seuil des Tuileries, et le drapeau tricolore est hissé sur le faîte du palais. Dix mille hommes sont massés dans la cour, et lorsque Napoléon III vient se montrer au balcon, les tambours battent, les clairons sonnent et les soldats présentent les armes, puis le ministre de la guerre, Saint-Arnaud, donne lecture du plébiscite qui rétablit l'Empire. Quelques heures auparavant, même lecture avait été faite du haut du balcon de l'Hôtel de Ville, par le préfet de la Seine, Berger.

Le fait du rétablissement de l'Empire fut sans influence sur la situation politique du pays, car il avait suffi de modifier un seul article de la Constitution du 14 janvier 1852, pour transformer la République en Empire. Le nom, à ce point de vue, importait peu, puisque, d'une façon comme de l'autre, tous les pouvoirs de la nation se trouvaient réunis dans les mains d'un seul homme ; ni le Corps législatif, ni le Sénat, ne pouvaient avoir d'initiative. Les traités de paix ou de commerce étaient conclus par l'Empereur, les travaux d'utilité publique autorisés par décrets, et le Corps législatif n'avait plus qu'à en approuver les crédits. Quant à la presse, elle était sous la dépendance absolue du gouvernement. Outre le cautionnement exigé pour la fondation d'un journal (50.000 francs à Paris ; 15.000 ou 25.000 francs en province, suivant l'importance des villes), les journaux étaient soumis à un droit de timbre de 6 centimes par exemplaire pour les journaux de Paris, de 3 centimes pour les journaux des départements. Avant de fonder un journal, il fallait obtenir l'autorisation de l'Administration, qui ne l'accordait que si le directeur et le gérant étaient en faveur auprès du gouvernement. Tout journal dont la polémique déplaisait à l'Administration, pouvait être frappé d'un *avertissement* ; deux avertissements en deux ans entraînaient la suspension du journal ; après deux condamnations par les tribunaux, il était supprimé. Un journal suspendu par mesure administrative et par jugement d'un tribunal pouvait être supprimé par le gouvernement. A côté d'une Presse ainsi contenue, le gouvernement ne pouvait laisser les citoyens se réunir pour s'entretenir des affaires du pays. L'autorisation de l'Administration était nécessaire chaque fois que plus de vingt personnes voulaient se réunir, quel que fût d'ailleurs le but qu'elles se proposaient, mais cette autorisation n'était accordée qu'aux personnes dont les opinions n'étaient pas hostiles au gouvernement. Les organisateurs d'une réunion, même électorale, non autorisée, étaient exposés à l'amende et à la prison.

Une fois l'Empire reconnu par les gouvernements de l'Europe, Napoléon III songea à se rendre au vœu exprimé au nom du Sénat, par le rapporteur du sénatus-consulte du 7 novembre, que, « dans un avenir non éloigné, une épouse vînt s'asseoir sur le trône, et qu'elle donnât à l'Empereur des rejetons dignes de ce grand nom ». Napoléon III avait d'abord eu la pensée de chercher femme dans une des nombreuses familles princières de second rang qui existent en Allemagne, et dont quelques-unes fournissent assez fréquemment des épouses aux maisons souveraines de l'Europe ; mais les résistances qu'il rencontra le décidèrent à porter ses vues d'un autre côté.

Les personnes qui avaient assisté aux fêtes données à l'Elysée par le président de la République, n'avaient pas été sans remarquer la présence d'une jeune Espagnole, Mlle de Montijo, dont la beauté éclatante attirait tous les regards et faisait d'elle la reine de toutes les réunions. Les journaux ne manquaient jamais, en rendant compte de ces fêtes, de parler de la grâce et des charmes de Mlle de Montijo. A l'Opéra, dès qu'elle entrait dans sa loge, elle devenait le point de mire de la salle entière. Le public ne fut donc pas trop surpris en apprenant le mariage de l'Empereur avec Mlle de Montijo, comtesse de Téba,

« aussi distinguée par la supériorité de son esprit, que par les charmes d'une beauté accomplie ».

Le 22 janvier 1853, à midi, le bureau du Sénat, celui du Corps législatif, et les membres du Conseil d'Etat, se trouvaient réunis aux Tuileries, pour y recevoir de l'Empereur une communication relative à son mariage. Cette communication fut faite dans des termes qu'il est peut-être intéressant de rappeler :

« Messieurs,

« Je me rends au vœu si souvent manifesté par le pays, en venant vous annoncer mon mariage.

« L'union que je contracte n'est pas d'accord avec les traditions de l'ancienne politique ; c'est là son avantage.

« La France, par ses révolutions successives, s'est toujours brusquement séparée du reste de l'Europe ; tout gouvernement sensé doit chercher à la faire rentrer dans le giron des vieilles monarchies ; mais ce résultat sera bien plus sûrement atteint par une politique droite et franche, par la loyauté des transactions, que par des alliances royales, qui créent de fausses sécurités, et substituent souvent l'intérêt de famille à l'intérêt national.

« D'ailleurs, les exemples du passé ont laissé dans l'esprit du peuple des croyances superstitieuses ; il n'a pas oublié que depuis soixante-dix ans les princesses étrangères n'ont monté les degrés du trône que pour voir leur race dispersée et proscrite par la guerre ou la révolution. Une seule femme a semblé porter bonheur et vivre plus que les autres dans le souvenir du peuple, et cette femme, épouse modeste et bonne du général Bonaparte, n'était pas issue d'un sang royal.

. . . .

« Quand, en face de la vieille Europe, on est porté par la force d'un nouveau principe à la hauteur des anciennes dynasties, ce n'est pas en vieillissant son blason et en cherchant à s'introduire à tout prix dans la famille des Rois, qu'on se fait accepter. C'est bien plutôt en se souvenant toujours de son origine, en conservant son caractère propre et en prenant franchement vis-à-vis de l'Europe la position de parvenu, titre glorieux lorsqu'on parvient par le libre suffrage d'un grand Peuple.

« Ainsi, obligé de s'écarter des précédents suivis jusqu'à ce jour, mon mariage n'était plus qu'une affaire privée. Il restait seulement le choix de la personne. Celle qui est devenue l'objet de ma préférence est d'une naissance élevée. Française par le cœur, par l'éducation, par le souvenir du sang que versa son père pour la cause de l'Empire, elle a, comme Espagnole, l'avantage de ne pas avoir en France de famille à laquelle il faille donner honneurs et dignités. Douée de toutes les qualités de l'âme, elle sera l'ornement du trône, comme, au jour du danger, elle deviendrait un de ses courageux appuis.

« Catholique et pieuse, elle adressera au Ciel les mêmes prières que moi pour le bonheur de la

France; gracieuse et bonne, elle fera revivre, dans la même position, j'en ai le ferme espoir, les vertus de l'impératrice Joséphine.

« Je viens donc, Messieurs, dire à la France : — J'ai préféré une femme que j'aime et que je respecte, à une femme inconnue dont l'alliance eût eu des avantages mêlés de sacrifices. Sans témoigner de dédain pour personne, je cède à mon penchant, mais après avoir consulté ma raison et mes convictions. Enfin, en plaçant l'indépendance, les qualités du cœur, le bonheur de famille au-dessus des préjugés dynastiques et des calculs de l'ambition, je ne serai pas moins fort, puisque je serai plus libre.

« Bientôt, en me rendant à Notre-Dame, je présenterai l'Impératrice au Peuple et à l'Armée ; la confiance qu'ils ont en moi assure leur sympathie à celle que j'aie choisie, et vous, Messieurs, en apprenant à la connaître, vous serez convaincus que cette fois encore j'ai été inspiré par la Providence. »

Le mariage civil fut célébré, aux Tuileries, le 29 janvier, à huit heures du soir ; la cérémonie religieuse, à Notre-Dame, le dimanche 30 janvier.

Pendant que la France portait son attention vers le mariage de son souverain, se préparait un événement qui fut gros de conséquences. Depuis dix-huit mois la question des Lieux-Saints avait été l'objet de négociations suivies entre les gouvernements européens, sans qu'en France on y attachât de l'importance. Mais au commencement de 1853, lorsque les prétentions de la Russie se firent jour, la question prit une gravité qu'elle n'avait pas eue jusque-là.

La situation était celle-ci : la Russie s'était de tout temps considérée comme la protectrice de tous les chrétiens du culte grec, dit orthodoxe ; de son côté, la France, depuis les croisades, accordait son appui aux religieux latins qui habitaient en Terre-Sainte. Divers traités signés par les Ottomans, avec François Ier, Louis XIV, et surtout celui conclu en 1740 avec Louis XV, reconnaissaient cette protection. Mais les moines grecs et latins vivaient depuis longtemps en mauvaise intelligence, et la rivalité s'envenima quand il s'agit de savoir si les Latins auraient la clef de l'église de Bethléem, et l'une des clefs des deux portes de la Crèche ; s'ils avaient le droit de placer une croix d'argent aux armes de France dans le sanctuaire de la Nativité, de construire une armoire et d'allumer une lampe dans le tombeau de la Vierge. Il s'agissait également de savoir qui aurait le droit de réparer la coupole de l'église du Saint-Sépulcre. Ce furent ces « ridicules querelles de moines » qui servirent de prétexte à la guerre de Crimée. L'empereur de Russie vit dans cette querelle un moyen pour affirmer à nouveau sa protection sur les chrétiens orthodoxes, sujets du Sultan. C'était également pour lui une occasion de diminuer l'influence française en Orient. La France réclama, et la Porte se montra disposée à respecter les capitulations signées avec Louis XV, et à reconnaître les droits qu'elles nous donnaient sur les

Lieux-Saints. Mais la Russie ne restait pas inactive.

Le rétablissement de l'Empire français avait été mal accueilli par le Tsar. Nicolas Ier était le seul souverain qui avait montré de l'hésitation à reconnaître le nouvel empereur, et, au lieu de l'appeler : *mon frère*, comme il est d'usage entre monarques, il s'était contenté de lui donner le titre de : *bon ami*. Les relations entre les deux gouvernements s'en étaient ressenties, et, en janvier 1853, le Tsar, sans s'inquiéter de ce que dirait la France, essaya d'obtenir de l'Angleterre qu'elle consentît au partage de la Turquie. Le but poursuivi par la Russie était l'occupation de Constantinople, et l'acquiescement de l'Angleterre était indispensable. Pour l'obtenir, Nicolas Ier proposa de partager les dépouilles de « l'Homme malade » (C'est ainsi qu'il appelait la Turquie) entre la Russie, l'Angleterre et l'Autriche. C'était vouloir former une coalition contre Napoléon III qui, à son avènement, comme gage de paix donné à l'Europe, avait déclaré vouloir maintenir les traités de 1815. Cependant l'Angleterre accueillit mal les propositions de la Russie ; elle répondit qu'il fallait aider « l'Homme malade à vivre, et non pas le tuer ».

Mais le Tsar, décidé à agir quand même, envoya un ambassadeur extraordinaire, le prince Menchikoff, à Constantinople, pour reprendre les négociations au sujet des Lieux-Saints, et en même temps fit avancer ses corps d'armée vers les frontières sud-ouest, de manière à menacer en première ligne les provinces roumaines, placées alors sous la protection directe de la Turquie. Le prince Menchikoff réclama du Sultan un engagement solennel qu'aucun changement ne serait jamais apporté aux droits et privilèges dont jouissaient les églises et les institutions du rite grec dans les pays turcs. C'était demander la reconnaissance catégorique de la protection officielle que le Tsar prétendait vouloir exercer sur les sujets chrétiens du Sultan. Celui-ci, sachant qu'il pouvait compter sur l'appui de la France et de l'Angleterre, refusa.

De son côté le prince Menchikoff, depuis son arrivée à Constantinople, avait pris vis-à-vis des ministres de la Porte une attitude hautaine qui s'accordait mal avec la mission dont il était chargé; contrairement à tous les usages diplomatiques, il essaya même de traiter directement avec le Sultan, sans l'intermédiaire de ses ministres; il n'y réussit pas. Les ministres démissionnèrent en masse, et leurs successeurs ne s'étant pas montrés plus disposés à céder devant les prétentions de la Russie, le prince Menchikoff déclara les négociations rompues, et quitta Constantinople (18-21 mai).

V

LA GUERRE D'ORIENT

Alliance de la France et de l'Angleterre. — Prise de Bomarsund. — La campagne de Crimée. — Bataille de l'Alma. — Prise de Balaklava. — Bataille d'Inkermann.

Lorsque le gouvernement anglais apprit que les troupes russes étaient prêtes à passer la frontière, il donna ordre à son escadre de la Méditerranée de joindre la nôtre qui déjà mouillait dans les eaux de la Grèce, à Salamine, prête à tout événement. Les deux escadres se trouvèrent à l'entrée des Dardanelles le 14 juin 1853. Le 3 juillet, l'armée russe franchit le Pruth, et le Tsar ayant déclaré qu'il occuperait les provinces du Danube jusqu'à ce que le Sultan eût fait droit à ses réclamations, les négociations entre Constantinople et Saint-Pétersbourg furent reprises. L'Autriche offrit inutilement sa médiation, car l'attitude de la Russie rendait toute solution pacifique impossible. La Turquie, contre ses habitudes, se décida alors, sous la pression des manifestations qui eurent lieu à Constantinople, à brusquer les choses, et, le 8 octobre, invita le gouvernement russe à retirer ses troupes avant le 23. La Russie ne s'étant pas exécutée, le Sultan demanda aux flottes anglaise et française de franchir les Dardanelles. C'était la guerre ouverte entre la Russie et la Turquie, en attendant l'entrée en scène de la France et de l'Angleterre.

Les hostilités s'ouvrirent par deux engagements sans importance où les Turcs eurent l'avantage, sans que les négociations entre la Russie, la France et l'Angleterre fussent rompues. Mais la situation s'aggrava quand, à la fin de novembre, une escadre ottomane, composée de douze navires de guerre portant 4.000 hommes, fut attaquée par une escadre russe, et entièrement détruite dans le port de Sinope (Turquie d'Asie).

« Le coup frappé à Sinope n'a pas atteint la Turquie seule », disait, le 13 décembre, notre ministre des affaires étrangères, Drouyn de Lhuys, et dès le lendemain il envoya des instructions afin que les escadres française et anglaise pénétrassent dans la mer Noire. En même temps il écrivait au comte Walewski, notre ambassadeur à Londres : « Ou l'armée russe repassera le Pruth, ou nos vaisseaux, autant que la saison le permettra, croiseront dans l'Euxin et intercepteront toutes les communications maritimes de la Russie avec ses provinces asiatiques. Nous conserverons ainsi la mer Noire comme un gage, jusqu'à l'évacuation des principautés et le rétablissement de la paix ». En outre, afin de garder le commandement de la mer Noire, les alliés convinrent que tout bâtiment de guerre russe rencontré en mer par les croiseurs français ou anglais serait invité à rentrer à Sébastopol ou dans le port le plus rapproché. Pour éviter toute surprise, et afin de prévenir le retour d'un désastre comme celui de Sinope, la décision prise par les alliés fut portée à la connaissance du gouvernement russe. La guerre était devenue inévitable, et le 4 février les relations diplomatiques furent rompues ; les ambassadeurs français et anglais reçurent l'ordre de quitter Saint-Pétersbourg.

En France, le 7 mars, un emprunt de 250 millions fut autorisé par le Corps législatif ; le 27, l'état de guerre fut annoncé aux Chambres par un message de Napoléon III ; le 10 avril, un traité d'alliance fut signé entre la France et l'Angleterre ; le 12, les deux puissances, par un autre traité, assurèrent leur concours à la Porte. Déjà nos premières troupes, environ un millier d'hommes, sous les ordres des généraux Canrobert et Bosquet, parties de Marseille le 19 mars, avaient débarqué à Gallipoli le 31. Canrobert commandait les troupes françaises en attendant l'arrivée du maréchal Saint-Arnaud.

Le 22 avril, les alliés bombardent Odessa. Le 29, le maréchal Saint-Arnaud s'embarque à Marseille. Il s'arrête à Constantinople, avant de se rendre à Varna où se trouvent les commandants en chef des armées turque et anglaise, s'entend avec eux sur les dispositions à prendre, et juge par lui-même de la mauvaise organisation de l'armée du Sultan. Il arrive enfin à Gallipoli le

26 mai, pressé d'agir, plein d'ardeur et avec beaucoup d'illusions. Mais, bientôt désabusé, il écrit le lendemain à l'Empereur : « Sire, je suis arrivé à Gallipoli dans la nuit, et, depuis la pointe du jour, j'ai travaillé à me rendre un compte exact de la situation de l'armée, de ce qui lui manque, de ses besoins, de nos ressources. Je le dis avec douleur à Votre Majesté, nous ne sommes pas constitués ni en état de faire la guerre, tels que nous sommes aujourd'hui. Nous n'avons que vingt-quatre pièces d'artillerie attelées, prêtes à faire feu. Notre situation est encore plus triste sous le rapport des approvisionnements. On ne fait pas la guerre sans pain, sans souliers, sans marmites et sans bidons. Je demande pardon à Votre Majesté de ces détails, mais ils prouvent à l'Empereur les difficultés qui atteignent une armée jetée à six cents lieues de ses ressources positives. Ce n'est la faute de personne, c'est le résultat de la précipitation avec laquelle tout a dû être fait. On a embarqué les hommes sur des bateaux à vapeur, et les approvisionnements, le matériel, les chevaux sur des bateaux à voiles : les hommes arrivent, et ce qui leur est indispensable ici, ils ne le trouvent pas ».

L'imprévoyance dont le gouvernement impérial avait fait preuve en ces circonstances, nous la retrouverons lors de la guerre d'Italie, et, malheureusement aussi, au moment de la guerre avec la Prusse, sans qu'aucun de ceux à qui en incombait la responsabilité ait cherché à éviter les fautes commises précédemment. Ministre de la guerre jusqu'au 11 mars 1854, jour où Napoléon III lui confia le commandement de l'armée d'Orient, Saint-Arnaud avait négligé de prendre les mesures préparatoires indispensables lorsque s'agite dans les chancelleries une question d'où peut sortir la guerre. Mais au-dessus du ministre il y avait le souverain, seul responsable dans un gouvernement personnel, et Napoléon III ne sut à ce moment, pas plus qu'en 1859, pas plus qu'en 1870, prendre les précautions les plus élémentaires. Aussi quand, en mars 1854, après avoir longtemps hésité à adopter une résolution énergique, il se décida enfin à une intervention armée, la guerre, depuis cinq mois, était déclarée entre la Russie et la Turquie, et cependant rien n'était encore prêt pour entreprendre une campagne comme celle qui allait s'ouvrir.

Vers le milieu de juin, Saint-Arnaud transporta le quartier général des armées alliées de Gallipoli à Varna. Les régiments avaient à peine pris possession de leurs cantonnements que des cas de mort foudroyante furent signalés : le choléra avait fait son apparition, frappant sans distinction chefs et soldats. « Les hommes tombent foudroyés, et la mort les saisit avant qu'on ait pu leur donner des soins », écrit un général turc. Saint-Arnaud était à Constantinople quand éclata le terrible fléau. Il accourut aussitôt à Varna, et, par un ordre du jour (8 août), félicita l'armée du dévouement dont elle faisait preuve dans cette pénible circonstance. « Le choléra nous foudroie et nous décime, écrivait-il au maréchal Vaillant, ministre de la guerre ; ceux qu'il épargne sont laissés dans un état de faiblesse et d'énervation incroyable. Jusqu'ici, j'ai 2.000 morts et près de 5.000 malades!... vous savez avec quelles ressources pour les soigner et les guérir, même les abriter! Depuis quelques jours, je passe cinq heures par jour au milieu des malades, je les encourage et je les console, et partout je retrouve la *Grande Nation,* un moral de fer, un dévouement au-dessus de l'admiration. Les soldats sont devenus des Sœurs de charité. » Mais Saint-Arnaud n'était point homme à se laisser abattre. Pour lui, ainsi que pour l'armée, l'action lui semblant le meilleur stimulant contre la démoralisation, il décida de diriger le corps expéditionnaire vers la Crimée, avec Sébastopol comme objectif.

Les alliés avaient résolu, dès le commencement de la guerre, d'attaquer la Russie en même temps par la Baltique et la mer Noire. Le 11 mars 1854, une flotte anglaise était partie pour la Baltique, le 13 juin une division navale la rejoignit, et toutes deux réunies bloquèrent la flotte russe devant Cronstadt. Le 16 juillet, un corps expéditionnaire de 10.000 hommes, sous les ordres du général Baraguey d'Hilliers, partit de Calais sur des navires anglais, et débarqua, le 8 août, non loin de la forteresse de Bomarsund, position importante dans la mer Baltique, qui se rendit après un siège de trois jours (13-15 août). Ce fut le seul fait d'armes qui signala la campagne de la Baltique ; désormais c'est vers la Crimée que les alliés porteront tous leurs efforts.

Le 7 septembre, après un mois de préparatifs,

les flottes alliées faisaient route vers la Crimée, emportant 30.000 soldats français, environ 22.000 Anglais et 6.000 Turcs.

Le 14, elles jetaient l'ancre devant Eupatoria, qui se rendit à la première sommation, et le débarquement commença ; il dura quatre jours. Le 19, les troupes alliées quittaient leurs bivouacs et se dirigeaient vers Sébastopol par terre, pendant que les navires longeaient la côte. D'Eupatoria à Sébastopol, la distance est d'une vingtaine de lieues, mais les Russes, solidement établis sur les hauteurs qui dominent la rivière de l'Alma, s'apprêtaient à nous couper la route. Les deux armées se trouvèrent en présence le 20 septembre au matin ; la bataille fut rude, alliés et adversaires déployèrent une valeur égale ; mais les Russes, impuissants à résister à l'intrépidité des zouaves, à la solidité de l'armée anglaise, à l'artillerie admirablement dirigée du général Bosquet, furent obligés de battre en retraite. Du côté des Russes, il y eut dans cette journée cinq généraux blessés, 46 officiers et 1.755 soldats tués; 140 officiers et plus de 3.000 soldats blessés ; en ajoutant à ces chiffres le nombre des prisonniers, la perte totale dépassait 5.700 hommes. Celles des alliés furent moins importantes : 2.000 hommes environ pour l'armée anglaise, 1.300 pour l'armée française.

« Mes soldats ne doutent plus de rien, écrivait le lendemain le maréchal Saint-Arnaud ; et cependant les Russes ont bien tenu hier, il a fallu revenir à trois fois pour enlever les positions. » — « Je n'ai jamais vu de plus beau panorama que cette bataille. Arrivé sur les hauteurs pour mieux juger des mouvements de l'ennemi, j'ai pu voir les positions enlevées par mes zouaves, et l'armée anglaise faisant un passage de lignes sous le feu de l'artillerie russe pour aller enlever ses batteries. C'était sublime ! » Et le 22, encore tout enthousiasmé, il écrivait au maréchal Vaillant : « La blessure du général Canrobert va très bien ; il a été superbe, et sa division au-dessus de tout éloge. Bourbaki est un Bayard ; il était magnifique, à la tête de ses zouaves. Le colonel Cler ne lui cède en rien. Quels officiers ! quels soldats ! Et que je me sens fier de les commander ! Beau succès, monsieur le Ministre, qui fait honneur à nos armes, ajoute une belle page à notre histoire militaire, et donne à l'armée un moral qui vaut vingt mille hommes de plus. »

Le 25, les Anglais s'emparèrent de la petite ville de Balaklava ; le même jour, le maréchal Saint-Arnaud, souffrant depuis longtemps d'une maladie qui lui laissait peu de repos, et qu'il ne put surmonter que grâce à une énergie peu commune, sentait les premières atteintes du mal terrible qui n'avait pas cessé de porter ses ravages dans les armées alliées. Transporté à Balaklava, son état s'aggrava rapidement ; le deuxième jour, il se sentit perdu, et fit appeler le général Canrobert pour lui remettre le commandement ; il succomba le 29.

Le soir de la bataille de l'Alma, le prince Menchikoff, commandant de l'armée russe, craignant une surprise contre Sébastopol du côté de la mer, prit une résolution héroïque : il donna l'ordre de barrer l'entrée de la rade en y submergeant des navires (sept bâtiments furent ainsi détruits), puis il abandonna Sébastopol à la garde du vice-amiral Korniloff et du général Todleben. Sébastopol était un centre militaire et maritime ; sur 42.000 habitants que comprenait la ville, 35.000 appartenaient à la marine et à l'armée. A cette population pouvant fournir d'excellents soldats, Korniloff adjoignit ses 18.000 matelots, dont le service sur mer était devenu inutile.

Pendant que Menchikoff s'éloignait de Sébastopol, Korniloff poussait les travaux de défense avec beaucoup d'activité. Le 27 septembre, il invita les prêtres à bénir la ville, et, à cheval, suivant lui-même la procession, il fit avec elle le tour de la place, encourageant marins et soldats. « Enfants, disait-il, nous devons nous battre contre l'ennemi jusqu'à la dernière extrémité ; chacun de nous doit mourir sur place. Tuez celui qui osera parler de marcher en arrière ; si je vous ordonne la retraite, tuez-moi ! »

Les alliés, de leur côté, se disposaient à commencer les travaux d'investissement. Il avait été décidé que la première tranchée serait ouverte dans la nuit du 9 au 10 octobre. « Le 9, tout était prêt pour le grand travail, raconte M. Camille Rousset dans son *Histoire de la guerre de Crimée;* seize cents travailleurs en deux bandes, et huit bataillons de garde étaient commandés pour le soir. — L'ouverture de la tranchée devait commencer à six heures ; mais une attaque, que nos troupes eurent à subir dans l'après-midi, fit retarder l'exécution du plan primitivement adopté. — Le fusil en bandoulière, une pelle et une pioche sur l'épaule, guidés par une quarantaine de sapeurs du génie, escortés par trois des bataillons de garde, huit cents travailleurs d'infanterie, sur deux files, s'avancèrent à petit bruit jusqu'au mur de la Maison brûlée (sur le Mont-Rodolphe, à neuf cents mètres environ des ouvrages de défense de Sébastopol) ; là, chacun ayant ajouté à sa charge un gabion, les deux files marchèrent encore quelque temps côte à côte, puis elles tournèrent, l'une à droite, l'autre à gauche, s'arrêtèrent, et firent front ; il n'y eut plus alors qu'un seul rang de huit cents hommes. Chacun déposa son gabion debout devant soi ; après quoi tous, se couchant par terre, sur le ventre, l'arme d'un côté, les outils de l'autre, attendirent que les sous-officiers du génie eussent rectifié, le long d'un cordeau tendu d'avance, la ligne continue des gabions. Pendant ce temps, les troupes de garde, arrêtées et déployées à cent mètres en deçà, détachaient en avant deux compagnies par bataillon, celles-ci des escouades plus avant encore, et les escouades des sentinelles encore au delà ; à tous, défense absolue de tirer : s'il y avait à se battre, c'était à l'arme blanche, corps à corps. Quand toutes les dispositions furent faites, il était neuf heures. Les hommes, relevés, attendaient. Donnés à mi-voix, les commandements se communiquaient de proche en proche. Au dernier signal : « *Haut les bras !* » huit cents pioches se levèrent et retombèrent sur le sol... A minuit, douze cents nouveaux travailleurs relevèrent leurs camarades, qui reprirent la tâche à quatre heures du matin. A six heures, la tranchée, sur un développement de plus de mille mètres, était profonde, et le remblai assez élevé pour que les hommes pussent se tenir debout à couvert [1]. »

Quand, au lever du jour, les Russes aperçurent les travaux des alliés, ils dirigèrent sur eux une canonnade que la nuit ne fit pas interrompre, sans que les dommages fussent importants. Onze cents soldats s'occupèrent, pendant la journée du 10 octobre, à élargir la tranchée et à la creuser davantage.

Une grande attaque contre Sébastopol fut préparée pour le 17 octobre. Le commandant des troupes de terre s'entendit avec les commandants des forces maritimes, en vue d'une action commune. Les armées alliées réunissaient à ce moment 69.000 hommes, dont 42.000 Français, 22.000 Anglais et 5.000 Turcs.

A six heures et demie du matin, trois bombes tirées par une batterie française furent le signal de l'attaque, et cent vingt projectiles, lancés presque à la fois, tombèrent sur les remparts de Sébastopol. Les canons des Russes ne tardèrent pas à riposter, et leur tir prit tout de suite une grande vivacité. Les coups se succédaient sans que les pointeurs sussent où ils portaient ; de part et d'autre on tirait au hasard, « le feu roulant de trois cents canons empêchait de rien entendre, la fumée de

---

1. *Histoire de la guerre de Crimée*, tome I.

rien voir ». Vers huit heures, on fut obligé de ralentir le feu afin de pouvoir juger des résultats ; quand la fumée fut dissipée et que les observations furent faites, le tir recommença. Il durait depuis trois heures, lorsqu'un magasin de poudre, atteint par une bombe russe, sauta, causant d'affreux ravages. Une demi-heure après, une nouvelle explosion, celle d'une caisse à gargousses, détruisait une autre batterie ; dès lors, la position de l'artillerie française devenait difficile, et, à dix heures et demie, l'ordre fut donné de cesser le feu. De l'autre côté de la ville, le tir de l'artillerie anglaise avait fait beaucoup de mal à l'ennemi, elle avait envoyé 4.700 projectiles, les Français, 4.000, les Russes 22.000 ; cent quarante-quatre Anglais, deux cents Français étaient hors de combat ; les Russes avaient plus de sept cents blessés, et près de quatre cents morts, dont le vice-amiral Kornilof.

L'état de la mer n'avait pas permis à la flotte alliée de commencer son tir avant une heure de l'après-midi ; il dura jusqu'à six heures, sans que l'on sût de quel côté fut l'avantage. Tous les navires étaient gravement atteints, et les 30.000 projectiles lancés par les 1.000 pièces dont disposaient les bâtiments alliés, n'avaient pas causé autant de dommages que les 16.000 projectiles qui furent envoyés des remparts.

Le prince Menchikoff, son armée reconstituée et renforcée, se décida à reprendre l'offensive. Vers le milieu d'octobre, il s'établit sur la Tchernaïa, au sud-est de Sébastopol ; le 25, il attaqua

Balaklava, où Turcs et Anglais s'étaient fortifiés. S'emparant tout d'abord de la position occupée par les Turcs, les Russes dirigent une violente canonnade sur les ouvrages anglais, pendant que la cavalerie, protégée par le feu de son artillerie, tombe au galop de charge sur l'armée anglaise. Déjà les officiers échangent les premiers coups de sabre, et la mêlée devient telle que des deux côtés l'artillerie est obligée de suspendre son tir ; mais les régiments écossais restent inébranlables, et leur résistance oblige les Russes à battre en retraite. Cependant, les Russes étaient demeurés maîtres des redoutes conquises, et des canons étaient restés entre leurs mains. Par un ordre mal donné ou mal compris, dans le but de reprendre ces canons, la cavalerie anglaise exécuta une charge aussi héroïque qu'inutile, restée légendaire dans les annales militaires, et dont pas un seul homme ne serait revenu, si deux escadrons du 4ᵉ chasseurs d'Afrique, par une charge foudroyante, n'étaient venus détourner sur eux-mêmes les coups des Russes, permettant ainsi aux cavaliers anglais de se dégager.

Pendant plusieurs jours, des deux camps, on se contentait de s'observer et de s'envoyer de temps à autre quelques coups de canon. A partir du 1ᵉʳ novembre, le feu devint plus régulier, et le tir des batteries alliées causa beaucoup de dégâts aux ouvrages russes. Mais, à la grande stupéfaction des alliés, chaque matin ils voyaient reparaître, à peine endommagés, les ouvrages de la veille. D'un matin à l'autre, les alliés tuaient ou blessaient aux Russes de deux cents à deux cent cinquante hommes, ce qui n'empêchait pas les Russes d'envoyer tous les jours, de leurs batteries, près de huit mille boulets, obus et bombes.

La situation ne pouvait se prolonger. Le gouvernement français était pressé d'en finir, et l'Europe entière attendait impatiemment l'issue de cette guerre, dont les conséquences menaçaient de bouleverser sa situation politique. « Vous tenez le sort de l'Europe dans vos mains, avait écrit le maréchal Vaillant au général Canrobert. Soyez vainqueur, l'Autriche bien sûr, et la Prusse peut-être, viendront à nous ; soyez vaincu, il nous faudra au printemps faire campagne sur le Rhin. »

Le 5 novembre, le général Canrobert et lord Raglan, commandant des troupes anglaises, convinrent que l'assaut décisif aurait lieu le 7. Mais pendant que les alliés prenaient leurs dispositions en vue d'un assaut, le prince Menchikoff rassemblait, non loin d'eux, un corps d'armée de 100.000 hommes avec lesquels il se préparait à attaquer les alliés, dont il prédisait d'avance l'écrasement. A ces 100.000 hommes les alliés n'en pouvaient opposer que 65.000 se répartissant comme suit : 40.000 Français, 20.000 Anglais, 5.000 Turcs.

C'est par le plateau d'Inkermann, où campaient les Anglais, que l'attaque allait commencer. Le 5 novembre, avant le jour, la colonne russe se mit en mouvement. S'avançant en silence, sans clairons, sans tambours, en pleine obscurité, elle alla vers l'ennemi.

« Le général Codrington venait d'achever, comme d'habitude, sa tournée de ronde, et partout, comme d'habitude, on avait répondu à ses questions : « *All rigth !* » (Tout va bien !). Comme il cherchait à s'orienter dans les ténèbres, il entendit des coups de feu, puis des cris d'alerte. En retournant au plus vite vers l'endroit d'où ces bruits semblaient venir, il rencontra deux ou trois hommes courant et appelant : c'était le reste d'un piquet de la division légère qui venait d'être surpris, cerné et enlevé par les Russes [1] ». Attaqués de plusieurs côtés à la fois, les Anglais sont obligés de reculer ; mais, bientôt revenus de leur première surprise, ils prennent l'offensive à leur tour, et infligent aux Russes des pertes si considérables, que l'avantage reste un moment aux Anglais.

En entendant, vers six heures, les premiers coups de canon, le corps d'observation français qui couvrait le camp anglais s'était mis en position, attendant l'appel des Anglais, qui auraient voulu avoir pour eux seuls les honneurs de la journée et avaient décliné le concours des armes françaises. A huit heures, vingt bataillons russes avaient déjà abandonné le terrain de combat. Pour la deuxième fois les Russes allaient essayer de s'emparer de la batterie *dite* « des Sacs à terre », position importante qui leur aurait permis de déborder les Anglais et de leur couper leurs communications avec le général Bosquet. 600 soldats anglais étaient là, attendant l'attaque.

« A travers les balles des tirailleurs, sur un

---

[1]. *Histoire de la guerre de Crimée*, par Camille Rousset, tome I.

terrain jonché de cadavres russes, le régiment d'Okhotsk avançait avec une résolution farouche. Plus de chants ni de hourras ; la colère, concentrée dans les cœurs, allait envenimer cette reprise du combat d'un acharnement impitoyable. Tout d'ailleurs s'accordait pour donner à ce champ de bataille un aspect sinistre : les hommes et la nature. Le brouillard, à peine diminué, planait en nuages bas, tandis que la fumée du canon roulait lourdement sur la terre humide. Sur le plateau d'Inkermann tout était gris, terne, livide, sale ; partout, mais surtout aux abords de la batterie des Sacs à terre, les hommes piétinaient dans une boue sanglante. Détendus par la pluie, les tambours ne rendaient plus qu'un son brisé, rauque et sourd : la charge ainsi battue n'était plus entraînante ; elle devenait lugubre.

« Parvenus jusqu'à la batterie, les premiers bataillons d'Okhotsk l'assaillirent avec fureur, les uns escaladant les parapets, les autres attaquant par la gorge. Ce qu'il y eut là d'héroïsme dépensé des deux parts est incalculable ; les hommes se prenaient corps à corps ; on se frappait à coups de baïonnette, à coups de sabre, à coups de crosse, et, quand les armes se brisaient, à coups de pierre. Mais les Russes étaient tellement plus nombreux, que si résolus que fussent les défenseurs de l'ouvrage, il leur devint absolument impossible d'y tenir. Il en demeura, morts ou grièvement blessés, plus de deux cents ; le reste s'ouvrit péniblement un passage jalonné aussi de victimes [1]. »

1. *Histoire de la guerre de Crimée*, tome I.

Une division anglaise était arrivée. Décidée à ne pas laisser la position entre les mains des Russes, elle reprit l'offensive et, soutenue par l'arrivée de trois autres brigades, délogea à son tour l'ennemi, quand survinrent de nouveaux régiments russes, puis d'autres encore. Enveloppés de toutes parts, sous un feu très violent, les Anglais sont obligés de s'y prendre à quatre fois pour se dégager ; plus de cinq cents hommes dont deux généraux étaient hors de combat. La batterie des Sacs à terre paraissait décidément perdue.

Lord Baglan fit enfin appeler les Français. « Je le savais bien ! » s'écria le général Bosquet, et immédiatement il donna l'ordre à deux bataillons, formant ensemble 1.650 hommes, de se porter en avant, au pas de course. « Quand les Anglais entendirent les clairons de l'infanterie légère, ils y répondirent par des acclamations, et quand les Français passèrent devant eux en courant toujours, ils saluèrent et applaudirent [1]. » Tournant la batterie des Sacs à terre, nos soldats tombèrent sur les Russes qui, tout d'abord, croyant se trouver aux prises avec une armée française, reculèrent. Mais, bientôt revenus de leur erreur, ils ouvrirent contre nos deux bataillons un feu écrasant qui les fit plier. A ce moment, si les Russes s'étaient suffisamment avancés afin de prévenir l'arrivée des renforts français, le succès de la journée eut sans doute été pour eux. Ils ne surent pas le faire, la faute en est attribuée par les historiens à la lenteur des mouvements de leurs masses.

1. *Histoire de la guerre de Crimée*, tome I.

Il était alors neuf heures et demie, moment où, du fait des Russes, il y eut un temps d'arrêt, avec lequel coïncida une diversion que faisait la garnison de Sébastopol. Un détachement de 3.000 hommes avait réussi à dissimuler sa marche à la faveur du brouillard, et avait surpris deux batteries françaises. Le général Forey fit aussitôt prendre les armes à toutes les troupes de siège, et envoya contre les assaillants les brigades Lourmel et d'Aurelle, cette dernière avec mission de tourner le flanc des Russes. Ceux-ci, repoussés par la brigade Lourmel se retiraient déjà, poursuivis par nos soldats, lorsque trois nouveaux bataillons sortirent de Sébastopol, afin de protéger la retraite des premiers. Lourmel, sans se laisser arrêter par les survenants, continua sa poursuite jusque sous le feu de la place, mais ses troupes s'étaient trop aventurées, et leur situation serait devenue critique sans l'arrivée des brigades La Motterouge et d'Aurelle. Le général Lourmel avait été mortellement frappé, la poitrine traversée par une balle.

Le plan du prince Menchikoff était d'occuper le corps de siège autour de Sébastopol, afin d'empêcher qu'une partie ne se portât au secours des troupes engagées près d'Inkermann, résultat qui fut obtenu par les Russes sans qu'il leur profitât. De ce côté la bataille avait repris. La batterie des Sacs à terre était toujours au pouvoir des Russes, lorsque, vers dix heures, des renforts vinrent au secours des deux bataillons qui en avaient été repoussés, et coururent sur la batterie. A ce moment, un demi-bataillon du 3ᵉ chasseurs à pied se trouva à l'improviste, au tournant de la batterie, en présence d'un bataillon russe. La rencontre donna lieu à un combat corps à corps d'une extrême violence : les clairons sonnaient, les tambours battaient, et nos braves soldats, « bondissant comme des panthères », ne se laissaient arrêter par aucun obstacle. Quand le combat prit fin, par la retraite du bataillon russe, les chasseurs n'avaient plus guère qu'un tiers de leurs officiers ; le corps d'un jeune lieutenant fut relevé avec vingt-deux coups de baïonnette dans la poitrine. On peut par là juger de l'ardeur de la lutte. « Quel abattoir ! » s'écria le général Bosquet, en traversant ce champ de carnage.

Cependant, le premier choc passé, les Russes reprennent l'offensive et, cette fois encore, sont près de réussir. Déjà, faisant face à l'ennemi, les Français se replient, lorsque le 4ᵉ régiment de chasseurs d'Afrique, avec une batterie nouvelle, vient se déployer, et que le général d'Autemarre avec trois bataillons de sa brigade et de l'artillerie sont signalés. L'ordre de reprendre la marche en avant est donné aussitôt par le général Bosquet. Surpris par ce brusque retour, accablés par le feu de notre artillerie, les Russes sont obligés de céder, mais après la troisième attaque seulement. Un de leurs régiments, poursuivi par nos zouaves et nos turcos, est précipité par-dessus les crêtes d'un rocher. Il était onze heures ; la bataille était gagnée. Les Russes la continuèrent encore, mais uniquement pour couvrir la retraite et afin de pouvoir faire rentrer à Sébastopol une partie de leur nombreuse artillerie.

Sur les 36.000 Russes qui avaient pris part à la bataille d'Inkermann, 11.800 hommes, presque le tiers, dont cinq généraux blessés et un tué, étaient hors de combat. Les Anglais avaient perdu 2.600 des leurs, les Français 793, chiffre auquel il faut ajouter les 950 hommes que les Français perdirent en repoussant la sortie de Sébastopol.

La journée d'Inkermann eut pour conséquence l'ajournement de l'assaut projeté pour le 7. Tous les généraux étaient d'avis d'attendre les renforts que les gouvernements de France et d'Angleterre ne pouvaient manquer d'envoyer. Le plus pressant était de fortifier les positions conquises, et de se préparer à hiverner. Déjà la mauvaise saison était venue, le temps était pluvieux depuis le 4 novembre. Le 14, à sept heures du matin, un cyclone renversait les baraquements, emportait les tentes, et balayait tout ce qui se trouvait sur son chemin ; les instruments de musique du 50ᵉ de ligne voltigeaient en l'air, des ambulances avaient leur toit emporté, et les blessés et les malades restaient exposés à la pluie et à la tempête. Le désastre fut plus grand encore sur mer, où de nombreux navires furent gravement avariés, plusieurs même perdus.

VI

SUITE DE LA GUERRE D'ORIENT

Le rêve de Napoléon III. — Alliance du roi de Sardaigne avec l'Angleterre et la France. — Napoléon III à Londres. — Le général Pélissier commandant en chef de l'armée d'Orient. — Le Mamelon-Vert. — Malakoff. — Sébastopol. — Le Congrès de Paris. — La question italienne. — Français et Russes.

Cependant, en France, on commençait à s'impatienter de la lenteur des opérations. En engageant cette campagne, on avait espéré qu'elle se terminerait rapidement ; il n'en fut rien, et le pays n'en était encore qu'à la première période des sacrifices. L'envoi de nouveaux renforts fut décidé, et le général Canrobert allait bientôt pouvoir disposer de 120.000 hommes. « Il faut, écrivait alors Napoléon III au maréchal Vaillant, que Canrobert laisse devant Sébastopol 30.000 hommes, et qu'avec les 90.000 restants il tombe sur les Russes, et ne les abandonne pas jusqu'à ce qu'il les ait chassés de la Crimée. » Pour l'Empereur, le siège de Sébastopol était secondaire, et il en revenait toujours à son idée de prédilection : battre les Russes dans une grande bataille rangée. D'autre part, il désapprouvait la façon dont les officiers du génie conduisaient les opérations du siège. Le général de Montebello, envoyé en Crimée pour porter des récompenses, ayant fait à son retour un rapport sur ce qu'il avait vu, l'Empereur écrivit en marge : « Après avoir vu le plan rapporté par Montebello, je n'hésite pas à dire que les travaux de siège n'ont pas le sens commun ».

Un nouvel emprunt, de 500 millions cette fois, avait été voté par les Chambres. Napoléon III eut à ce moment l'idée de conserver la Crimée. Le maréchal Vaillant s'en entretint dans une lettre avec le général Canrobert. « Sa Majesté, disait-il, suppose que nous garderons la Crimée et que nous y laisserons par conséquent assez de troupes pour pouvoir nous y maintenir avec avantage. Je regrette de ne pouvoir partager cette manière de voir de Sa Majesté. » Puis il insista sur l'état d'incertitude et de mauvais vouloir de toute l'Allemagne, et se demandait s'il serait prudent « d'immobiliser à neuf cents lieues de France 80.000 hommes de nos meilleures troupes et nos meilleurs généraux, lorsqu'ils pourraient rendre de si bons services en Allemagne, sur le Rhin peut-être ? » Heureusement, l'avis du maréchal Vaillant finit par prévaloir, et Napoléon III renonça à son rêve.

En décembre, les soldats eurent de nouveau à souffrir des rigueurs de la saison ; beaucoup furent atteints du scorbut, d'autres du choléra, les plus jeunes de la dysenterie. De France on envoya des capotes à capuchon, des paletots de peau de mouton, des ceintures de flanelle, des guêtres, des chaussons, des sabots. Les Anglais, moins bien pourvus, furent plus éprouvés, et leurs régiments se décimaient. Les chefs des deux armées avaient décidé d'ajourner l'assaut jusqu'à l'arrivée des renforts, et le génie en profitait pour activer et augmenter les travaux d'approche.

C'est vers la fin de novembre que pour la première fois il fut question de la Tour Malakoff, dans les plans d'attaque. Mais quelque bien combinés qu'ils fussent, il fallait des soldats pour les mettre à exécution, et les Anglais en manquaient; beaucoup des leurs étaient morts par suite des mauvaises conditions d'hygiène où ils se trouvaient, l'armée anglaise n'ayant pas été pourvue à temps de vêtements d'hiver.

Le 30 décembre 1854, le général Pélissier fut appelé d'Afrique pour se mettre à la tête d'un corps d'armée en Crimée; le général Bosquet garda le commandement de l'autre corps, le général Canrobert restant commandant en chef.

Les pourparlers entre le général Canrobert et lord Raglan, en vue d'une attaque contre la tour Malakoff, avaient été repris, mais le petit nombre d'hommes dont il pouvait disposer fit hésiter le général anglais; avant d'engager de nouvelles opérations il aurait voulu combler les vides que la guerre et surtout les maladies avaient faits dans son armée; sur 53.000 hommes envoyés en Orient, il en restait à peine 16.000 devant Sébastopol. On s'en émut en Angleterre, et le ministère Palmerston, rendu responsable de la situation déplorable où se trouvait alors l'armée britannique, fut renversé, et les négociations avec le Piémont furent poussées plus activement.

Le gouvernement de la reine ne pouvant songer à recruter une nouvelle armée en Angleterre, avait, dès le mois de novembre, proposé au Piémont de prendre son armée à sa solde pour lui faire faire la campagne de Crimée. Victor-Emmanuel avait refusé ; s'il entrait dans la guerre, ce serait à titre d'allié, et non comme mercenaire. A la fin de janvier, en vertu d'une convention inspirée par le comte de Cavour, ministre de Victor-Emmanuel, et signée entre la France, l'Angleterre et le Piémont, celui-ci s'engageait à envoyer dans le plus bref délai un corps de 15.000 hommes en Crimée. Personne alors en Europe ne soupçonnait ce que réservait à l'avenir cette entrée en ligne des troupes piémontaises aux côtés de la France et de l'Angleterre.

En attendant l'arrivée des renforts, les armées alliées souffraient beaucoup des rigueurs de cet hiver, mais, moins éprouvés que les Anglais, les Français venaient en aide à leurs frères d'armes : « L'armée anglaise s'en va par tous les bouts, écrivait le général Canrobert, et cependant non seulement je mets tout en commun avec elle, mais je fais trois parts et je lui en donne deux ».

En même temps que de nouvelles troupes étaient envoyées de France, Napoléon III fit partir pour la Crimée le général Niel, son aide de camp et conseiller militaire, afin de se faire rendre compte exactement de l'état des travaux du siège. Napoléon III avait sur la manière de conduire ces travaux des idées identiques à celles du général Niel (celui-ci en était peut-être même l'inspirateur), mais que ne partageaient ni le général Bizot, chef du génie, ni le général Canrobert. Il s'ensuivit un antagonisme qui subsista jusqu'à la fin de la campagne, et qui s'accentua davantage lorsque le général Niel prit la succession du général Bizot, tué par un boulet en visitant les tranchées.

Au mois de février, une armée turque venue pour renforcer les troupes alliées s'était installée à Eupatoria, d'où elle menaçait l'armée russe. A peine les Turcs étaient-ils débarqués, que l'empereur Nicolas donnait ordre au prince Menchikoff de se porter sur Eupatoria et de les en déloger. L'attaque commença le 17 février, au jour naissant, mais les Turcs, aidés par la garnison française, la repoussèrent victorieusement, en infligeant à l'ennemi de grandes pertes. Cet échec détermina le prince Menchikoff à se retirer; il fut remplacé par le prince Michel Gortchakoff, qui prit le commandement de Sébastopol le 20 mars. Le 2, l'empereur Nicolas était mort, presque subitement. Douloureusement affecté par les revers successifs de ses armées, la défaite d'Eupatoria lui fut un coup mortel; ayant contracté un refroidissement en passant la revue de sa garde, le 27 février, il succomba trois jours après. Son fils Alexandre II lui succéda.

Les ouvrages d'approche avançaient toujours,

malgré les efforts des Russes, dont le feu, pour ainsi dire incessant, interdisait tout travail de jour, et gênait beaucoup celui de nuit. L'ennemi, constamment en éveil, à chaque ouvrage qu'il voyait se dresser devant Sébastopol opposait immédiatement des contre-approches ; puis, dans la nuit du 22 au 23 mars, tombant à l'improviste sur nos troupes, il essayait, par une attaque vigoureuse, de s'emparer d'une tranchée menaçant le Mamelon-Vert. La surprise semblait tout d'abord réussir, mais nos braves soldats résistèrent admirablement aux assaillants, malgré la supériorité de leur nombre. Il y eut là une lutte sanglante, à l'arme blanche, sans résultat décisif, à laquelle 6.000 Russes avaient pris part; plus de 1.300 étaient morts ou blessés. Les pertes françaises étaient de moitié moindres.

Le soir du dimanche 8 avril, premier jour de la Pâque des Russes, ordre fut donné aux batteries alliées d'ouvrir le feu le lendemain dès le point du jour. La canonnade, commencée vers cinq heures, dura jusqu'au soir, pour reprendre le lendemain, et ainsi pendant dix jours, sans que la situation des alliés se modifiât sensiblement. 130.000 coups de canon avaient été tirés par les batteries françaises, 35.000 par les batteries anglaises, près de 89.000 par celles de la place. 6.130 Russes, 1.585 Français, 265 Anglais étaient hors de combat.

Napoléon III avait manifesté l'intention de se rendre en Crimée, pour prendre lui-même le commandement en chef de l'armée d'Orient ;

auparavant il voulait faire adopter par le gouvernement anglais le plan de campagne qu'à l'inspiration du général Niel il avait conçu en vue des opérations futures. Mettant la circonstance à profit, il partit pour Londres avec l'Impératrice, afin de faire une visite à la reine Victoria. Accueillis avec beaucoup d'enthousiasme à Londres, les souverains restèrent en Angleterre du 16 au 21 avril. Napoléon III signa alors avec le gouvernement britannique une nouvelle convention militaire réglant l'effectif des armes alliées et les positions que chacune d'elles devait occuper. Quelques jours après son retour à Paris, deux coups de pistolet furent tirés sur lui, aux Champs-Elysées, sans l'atteindre ; le danger qu'il avait couru inspira à son entourage des craintes qui firent que l'Empereur renonça à son voyage en Orient.

Ne pouvant se rendre en personne sur le théâtre de la guerre, Napoléon III envoya ses instructions au général Canrobert. Revenant toujours à son idée primitive, il insistait sur les avantages qu'aurait l'investissement complet de Sébastopol, et donnait le plan d'une bataille à livrer à l'armée russe cantonnée à Simféropol, d'où elle communiquait, pour ainsi dire librement, avec Sébastopol. Napoléon III ne croyait pas au succès d'un assaut, il hésitait aussi en raison du grand nombre d'hommes qu'il faudrait sacrifier dans une opération aussi hasardeuse. Canrobert réussit à faire adopter par lord Raglan les dispositions principales du programme de Napoléon III ; mais, au moment de le mettre à exécution, le général anglais souleva des difficultés qui durent faire abandonner le projet. C'est sur ces entrefaites que le général Canrobert, épuisé par les fatigues physiques et morales, demanda à l'Empereur de le relever de son commandement en chef, et de lui donner celui d'une simple division. La démission fut acceptée, et le général Pélissier placé à la tête de l'armée d'Orient. Sous les ordres du nouveau commandant en chef, les opérations allaient prendre une tournure nouvelle.

En possession de son commandement, le général Pélissier envoya au maréchal Vaillant une longue lettre pour lui exposer le plan suivant : attaquer la place corps à corps, et conquérir *à tout prix* sa partie sud ; prendre Kertch, sur la mer d'Azof, afin de couper de ce côté les communications des Russes et de s'emparer de ce centre d'approvisionnement ; *enlever* et *occuper*, coûte que coûte, le Mamelon-Vert et les hauteurs du Carénage, deux des plus importantes positions de Sébastopol. Ce programme fut mal accueilli à Paris, et, le 23 mai, l'Empereur fit envoyer au général Pélissier un télégramme dans lequel il lui disait : « J'ai confiance en vous, et je ne prétends pas commander l'armée d'ici ; cependant je dois vous dire mon opinion, et vous devez en tenir compte. Il faut absolument faire un grand effort, et battre l'armée russe afin d'investir la place. Si vous éparpillez vos forces au lieu de les réunir, vous ne ferez rien de décisif et vous perdrez encore un temps précieux. Les alliés ont en Crimée 180.000 hommes. On peut tout tenter avec une telle force, mais il faut manœuvrer, et non prendre le taureau par les cornes. Si vous envoyez 14.000 hommes à Kertch, c'est vous affaiblir inutilement ».

Mais le général Pélissier n'avait pas attendu pour faire prendre les dispositions nécessaires à l'exécution de son plan. Le 21 mai, un corps expéditionnaire, composé d'une division anglaise sous le commandement du général Brown, d'une division française sous les ordres du général d'Autemarre, et d'une division turque, s'était embarqué sur 34 bâtiments anglais et 24 français, se dirigeant vers la mer d'Azof.

Le 22, Pélissier faisait ouvrir sur les ouvrages russes une canonnade que la nuit n'interrompit pas, et qui dura jusqu'au 24, jour où, à la demande des Russes, une suspension d'armes fut consentie pour l'enlèvement des blessés et des morts. Plus de 3.000 Russes et près de 2.300 Français étaient hors de combat. La plupart des ouvrages avancés élevés par les Russes étaient entre nos mains, et allaient être tournés contre ceux-là mêmes qui les avaient construits. L'ennemi se trouvait de plus en plus resserré dans la ville.

L'expédition contre Kertch avait également réussi. Les divisions alliées s'étaient emparées de ce port où étaient emmagasinés d'immenses approvisionnements de blés et d'avoine que les Russes n'avaient pas eu le temps de détruire. En outre, 83 canons de gros calibre, qu'ils n'avaient pas pu enclouer, étaient restés entre nos mains.

Cependant le plan suivi par le général Pélissier

ne satisfaisait pas le général Niel. Celui-ci, dans ses lettres, s'en ouvrit au ministre de la guerre, sachant que sa correspondance serait communiquée à l'Empereur dont la confiance en son aide de camp était très grande. L'effet de ces lettres ne se fit pas attendre, et, le 30 mai, Napoléon III écrivait derechef au général Pélissier pour lui communiquer à nouveau son fameux plan : « 1° battre l'armée russe afin de pouvoir investir la place ; 2° la place étant investie, prendre Sébastopol ; 3° la place prise, évacuer la Crimée et faire sauter les fortifications, ou bien y laisser les Turcs seuls. Les moyens pour arriver à ce résultat, disait l'Empereur au général en chef, sont naturellement de votre ressort plus particulièrement, et je vous laisse maître du choix des moyens ; mais quant à la marche générale, vous devez suivre les ordres formels que je vous donne ; ils sont d'ailleurs semblables à ceux qu'a reçus lord Raglan... Il faut rassembler toutes vos forces, et ne pas perdre de temps pour porter un coup décisif. Je vous explique quelles sont mes vues et mes intentions. Je compte sur votre expérience, vos talents et votre patriotisme, pour les exécuter et forcer lord Raglan à vous y aider ». Le général Pélissier n'avait pas encore reçu cette lettre lorsque, répondant à des instructions précédentes, il avait télégraphié au maréchal Vaillant, à la date du 29 mai : « Une discussion stratégique par le télégraphe avec toutes les raisons pour ou contre tel ou tel plan me semble impossible. Les rapports détaillés que je vous envoie par chaque courrier convaincront Sa Majesté, j'espère, que si je n'ai point appliqué son plan, c'est qu'il ne m'a pas paru immédiatement possible sans danger ». L'Empereur se fâcha et, le 31 mai, répliqua par télégramme: « Il ne s'agit pas entre nous de discussion, mais d'ordres à donner ou à recevoir. Je ne vous disais pas: exécutez mon plan; je vous disais : le vôtre ne me paraît pas suffire. Une nécessité absolue, c'est d'investir la place sans perdre de temps. Dites-moi quel moyen vous emploierez pour y parvenir ».

Il ne paraît d'ailleurs pas que le général Pélissier se soit beaucoup ému, dit M. C. Rousset; il répondit tout de suite, mais à l'adresse du maréchal Vaillant : « Pour arriver à l'investissement complet, il faut de toute nécessité prendre dans la partie sud les ouvrages extérieurs. Pendant ce temps, j'étudie le terrain sur lequel je pourrai faire effort sur l'armée ennemie. J'ai dû avant tout resserrer notre entente (avec lord Raglan) fort compromise : j'ai tout renoué ».

Le 6 juin, les batteries anglaises et françaises ouvrirent le feu contre le Mamelon-Vert, la redoute du Carénage et l'ouvrage *dit* « des Carrières »; le soir le Mamelon Vert et le bastion Malakoff étaient réduits au silence. Le tir des alliés se continua encore pendant la nuit et la journée du lendemain, causant à l'ennemi beaucoup de dommages. Le 7, vers le déclin du jour, au signal convenu, trois brigades françaises s'élancent des tranchées, attaquent les positions russes, les escaladent, et s'emparent du Mamelon Vert, pendant que les Anglais se rendent maîtres de l'ouvrage des Carrières. Dans la nuit, les positions conquises furent armées contre la place investie.

Ce succès encouragea le général Pélissier à persister dans son plan : « Je maintiens mon idée d'assauts successifs et de combats limités », écrivait-il au ministre. Mais Napoléon III ne se laissa pas convaincre, et il lui renouvela l'ordre « d'entrer résolument en campagne ». L'Empereur voulait à toute force obliger l'ennemi à livrer une bataille rangée ; Pélissier ne céda pas. Irrité en outre du peu d'empressement qu'on avait mis à féliciter les troupes du succès du 7 juin, il répondit, le 16, par un télégramme adressé à l'Empereur, dans lequel il déclarait impossible l'exécution radicale de ses ordres, et demandait ou plus d'initiative pour le commandant en chef, ou la permission de résigner « un commandement impossible à exercer à l'extrémité quelquefois paralysante d'un fil électrique ». Le 17, nouvelle dépêche au maréchal Vaillant : « J'ai attendu toute la journée réponse à mon importante dépêche d'hier matin, mais je n'ai rien reçu, et les combinaisons arrêtées avec nos alliés suivent leur cours. Demain, à l'aube du jour, de concert avec les Anglais, j'attaque le Grand-Redan, Malakoff et les batteries dépendantes. J'ai ferme espérance ».

La réponse attendue vint le 18, alors que les opérations annoncées étaient déjà engagées : « J'ai certes confiance en vous, répondait Napoléon III, mais cela ne m'empêche pas d'avoir une conviction personnelle. D'ailleurs, il n'y a pas de déconsidération à exécuter les ordres d'un gouvernement, pourvu qu'on les croie exécutables. Si les instructions du 14 sont trop absolues, modifiez-les ; mais il est impossible de fermer les yeux à l'évidence, et de ne pas vous dire que la clef de la Crimée est à Simféropol, et qu'une expédition comme celle de Kertch, mais avec le double de monde, en débarquant à Alouschta et en s'arrêtant à Simféropol, serait d'un effet plus décisif que toutes les attaques sanglantes contre Sébastopol ». Les événements qui se déroulaient dans cette journée du 18 juin, semblaient donner raison à l'Empereur.

Le bombardement avait commencé la veille, vers quatre heures du matin. Le soir, six des plus importantes batteries ennemies, dont Malakoff et ses annexes, étaient hors d'état de continuer le feu ; pendant la nuit les obus et les bombes envoyés dans la place allumèrent de nombreux incendies, un dépôt de trois cents bombes chargées fit explosion. L'attaque générale était fixée au 18, à trois heures du matin ; les troupes se mirent en mouvement à dix heures du soir, se dirigeant vers les positions qui leur avaient été assignées en vue de l'assaut décisif. Des retards fâcheux se produisirent au départ ; puis, par suite d'une erreur, un général fit commencer l'action trop tôt, alors que le commandant en chef n'était pas encore arrivé sur le terrain. Il résulta de ces différents incidents, qu'au moment où l'attaque générale fut ordonnée le mouvement ne se fit pas en même temps sur toute la ligne ; le centre n'occupait pas encore ses positions. Ainsi engagée, l'opération échoua ; Anglais et Français durent battre en retraite sous le feu de l'ennemi, après avoir vaillamment combattu.

Cet échec ne découragea pas nos soldats, chacun attendait impatiemment le moment de la revanche. Mais on était au mois de juin, et avec les fortes chaleurs le choléra avait reparu ; l'état sanitaire général était redevenu très mauvais. Sur 121.000 hommes de troupes françaises plus de 21.000 étaient entrés à l'hôpital ; dans ce nombre il y avait 4.750 cholériques.

Vers la fin de juillet, un aide de camp du Tsar vint apporter au prince Gortchakoff, commandant de l'armée de Crimée, l'ordre d'attaquer les armées alliées. L'opération fut décidée pour le 16 août. Les Russes se mirent en mouvement le 15, à dix heures du soir ; le 16 avant le jour, une patrouille de chasseurs d'Afrique annonça l'approche de l'ennemi. Les dispositions furent prises aussitôt.

La bataille commença à la pointe du jour, par une attaque contre les Piémontais dont les avant-postes furent repoussés. Les deux armées furent bientôt aux prises, l'artillerie française et l'artillerie piémontaise causaient dans les rangs ennemis des ravages terribles ; notre infanterie et l'infanterie légère piémontaise, les *bersaglieri*, firent le reste. Les Russes furent repoussés après avoir subi des pertes considérables. Sur 70.000 Russes engagés, 8.000 étaient hors de combat ; 27.000 Français et Piémontais avaient pris par à l'affaire, leurs pertes s'élevaient à peine à 1.800 hommes (bataille de Traktir).

Le 24 juillet, Napoléon III avait fait télégraphier au général Pélissier d'engager Canrobert à rentrer en France, afin d'y rétablir sa santé. Mais Canrobert ne se décida à quitter la Crimée qu'après un ordre formel le rappelant pour reprendre son service d'aide de camp auprès de l'Empereur. Il fut remplacé à la tête de sa division par le général de Mac-Mahon.

A partir du 17 août, les batteries alliées dirigèrent leur feu sur les défenses de la Karabelnaïa, faubourg de Sébastopol où se trouvaient les grands établissements de la marine. « L'ordre était d'empêcher, la nuit, l'assiégé de réparer ses ruines; le jour, de bouleverser les réparations qu'il aurait pu faire, et de permettre au contraire à l'assiégeant de pousser avec moins de difficultés ses approches[1]. » Dans la nuit du 28 au 29 août, vers une heure, une terrible explosion se faisait entendre : les deux grands magasins de la redoute Brancion, sur le Mamelon Vert, venaient de sauter. Trente et un hommes étaient tués, cent dix-neuf blessés, quatre-vingts légèrement atteints, sans que le moral des troupes eût à en souffrir.

Le 3 septembre, dans un conseil de guerre réuni chez le général Pélissier, on reconnut qu'en présence de l'état des travaux une action décisive était devenue indispensable. On s'arrêta à un bombardement qui durerait trois jours, à partir du 5 septembre, après lesquels l'assaut serait donné

1. *Histoire de la guerre de Crimée*, tome II.

sur tous les points, en commençant par Malakoff.

Les batteries alliées disposaient en tout de 803 bouches à feu, les Russes leur en opposaient 1.380. Suivant l'ordre donné, le bombardement s'ouvrit le 5 septembre ; il fut, selon l'expression du prince Gortchakoff, *infernal*. Des fumées d'incendie s'élevaient de toutes parts ; dans la rade, les bâtiments qu'atteignaient les bombes lancées par notre artillerie prenaient feu, colorant l'horizon de leur lueur sinistre. La garnison, elle aussi, fut durement éprouvée ; dans les trois jours qui précédèrent l'assaut, elle perdit 7.560 hommes ; du 17 août au 4 septembre, elle en avait perdu 12.700. Les Français avaient 3.815 hommes hors de combat.

L'assaut fut décidé pour le 8 : à midi sonnant, sans aucun signal, les colonnes de droite devaient surgir des tranchées. A onze heures, le général Pélissier vint se poster au Mamelon Vert. Depuis neuf heures, le feu des alliés avait diminué d'intensité ; il reprit, plus violent, à onze heures quarante, et cessa tout d'un coup. Il était midi : les clairons sonnent, les tambours battent, les hommes courent : c'est la division de Mac-Mahon qui commence l'attaque. Les zouaves du premier régiment, colonel en tête, d'un bond franchissent les vingt-cinq mètres qui séparent leur tranchée de l'ouvrage de Malakof. L'objectif est la face gauche du bastion. « Ils n'ont besoin ni de ponts volants, ni d'échelles ; à demi comblé par les débris de l'escarpe, le fossé n'est plus un obstacle : le talus est gravi ; les uns s'élancent par-dessus le parapet, les autres par-dessous les portières de cordage, à travers les embrasures. Les Russes ont été surpris ; sauf les canonniers qui, armés d'écouvillons, de leviers de pointage, soutiennent la lutte corps à corps et se font bravement tuer sur leurs pièces. Le terre-plein en avant de la tour n'a d'abord qu'un petit nombre de défenseurs. Les autres sont demeurés jusqu'alors confinés par le bombardement sous leurs blindages. Aux clameurs de l'assaut, ils s'empressent d'en sortir, mais confusément, par groupes sans cohésion, sans direction certaine. Pendant ce temps, le second bataillon du 1ᵉʳ zouaves, puis le 7ᵉ de ligne, sont venus renforcer leurs camarades ; les Russes, refoulés, cèdent et vont essayer de se reformer derrière les premières traverses de l'ouvrage [1]. » Résistance inutile, Malakoff est conquis, et sur le parapet le drapeau de la France flotte au vent.

A droite, l'attaque de la division La Motterouge avait tout d'abord réussi, les premiers régiments ennemis étaient culbutés, déjà la brigade Bourbaki allait se lancer dans le faubourg Karabelnaïa. Des forces russes considérables l'y attendent, une lutte acharnée s'engage, et la brigade, succombant sous le nombre, est obligée de reculer. A ce moment, le général Bosquet, ne voulant pas que les troupes acceptent cet échec sans protester, fait avancer les réserves et, au son de la charge, l'attaque est renouvelée. Les batteries du Petit-Redan font rage, l'infanterie russe, abritée derrière les parapets, tire sans interruption, faisant dans nos rangs

1. *Histoire de la guerre de Crimée*, tome II.

des vides irréparables; le général de Marolles est tué à la tête de sa brigade, le général de Pontevès est blessé mortellement, les généraux Mellinet, Brisson et Bourbaki sont blessés également. La lutte n'était plus possible, il fallut rétrograder et évacuer le bastion du Petit-Redan que nos troupes avaient réussi à envahir.

Les Anglais ont pour objectif le Grand-Redan. Leur première attaque les rend maîtres du bastion, mais un retour offensif des Russes les oblige à l'abandonner ; refoulés, les Anglais reviennent à la charge, réussissent encore à s'emparer de la position et, comme la fois précédente, sont obligés de céder. Deux fois encore, ils atteignent le terreplein du Grand-Redan ; deux fois encore, ils sont obligés de l'abandonner sous le feu de l'ennemi.

Un peu avant deux heures, au signal convenu, la brigade Trochu attaquait le bastion Central ; le général, dès le début de l'action est grièvement blessé, le feu de l'ennemi fait des ravages terribles ; sur 2.300 hommes lancés à l'attaque, 71 officiers et 900 sous-officiers ou soldats sont tués, blessés ou faits prisonniers. Là comme au Petit- et au Grand-Redan, l'élan de nos troupes se brise contre les régiments russes. Partout, sauf à Malakoff, les efforts des alliés avaient échoué, mais Malakoff entre leurs mains, toute résistance des Russes devint inutile ; du haut de l'ouvrage principal, les batteries françaises plongeaient dans le faubourg de Karabelnaïa, et menaçaient la seule issue par laquelle les Russes pouvaient se retirer.

Le prince Gortchakoff le comprit, et, vers cinq

heures, tandis que les alliés se préparaient à recommencer le lendemain l'assaut général, le général en chef russe donna le signal de la retraite. Depuis que l'ordre suprême était donné, de longues files de voitures sortaient de Sébastopol, dans la direction du nord ; les régiments suivaient, puis vint le tour des blessés, ensuite celui de l'artillerie de campagne et des bataillons d'arrière-garde. A minuit, alors que les dernières barricades étaient abandonnées, afin d'assurer la retraite et pour ne laisser au vainqueur que des ruines, commença l'œuvre de destruction. « Batteries, bastions, redoutes, magasins, sautaient les uns après les autres ; des colonnes de feu jaillissaient de toute part, les explosions confondaient leur fracas, et le sol frémissait comme secoué par les soubresauts violents d'un tremblement de terre. Deux heures durant, les alliés, des hauteurs de la Chersonèse, les Russes, de celles de Severnaïa, contemplèrent, muets d'horreur, l'anéantissement de Sébastopol, et lorsque cessèrent les coups de ce tonnerre humain, il resta, pour éclairer l'horizon jusqu'au jour, les carcasses flamboyantes de deux grands navires russes incendiés sur l'ordre du général en chef, tandis que les autres étaient coulés par leurs propres équipages [1]. » A trois heures du matin, le général Pélissier télégraphia à Paris pour annoncer la prise de Malakoff.

Les pertes des Russes, dans la journée du 8, s'élevaient à 12.913 hommes, dont 2.972 morts ; celles des Français à 1.634 tués, 4,513 blessés,

1. *Histoire de la guerre de Crimée*, tome II.

1.400 disparus. Le total des pertes des alliés étaient de 10.034 hommes dont 2.447 Anglais et 40 Piémontais.

Le 9 septembre, le prince Gortchakof avait demandé un armistice pour l'enlèvement des blessés Le 10, le général Pélissier télégraphiait à nouveau : « J'ai parcouru aujourd'hui Sébastopol et ses lignes de défense. La pensée ne peut se faire un tableau exact de notre victoire. Demain les troupes alliées occuperont Karabelnaïa et la ville ; sous leur protection, une commission anglo-française commencera le recensement du matériel que l'ennemi a abandonné ». Le 11, le général Pélissier était promu maréchal de France.

Sébastopol entre nos mains, la guerre, semblait-il, allait se continuer ; Français et Anglais s'y préparaient activement. « Il faut profiter des derniers beaux jours pour refouler les Russes dans les steppes de la Crimée, écrivait Napoléon III au maréchal Pélissier, et à cet effet, je ne cesserai de vous répéter ce que je vous ai dit au commencement, c'est que si vous pouvez vous emparer de Simféropol, la Crimée est à vous. Vous pouvez alors, pendant l'hiver, évacuer toute la péninsule, en conservant Sébastopol. » — « Il y a à regarder de fort près avant d'agir, répondit le maréchal Pélissier. Nous agirons, mais à bonne enseigne. Qu'aucune impatience ne vienne nous entraîner à gâter nos succès. Notre ténacité tuera les Russes, plus que des attaques hasardées. »

Les gouvernements français et anglais négociaient sur la manière dont il convenait de reprendre les opérations ; leurs troupes pendant ce temps n'étaient pas laissées dans l'inaction : de temps à autre des reconnaissances furent engagées et quelques coups de feu échangés, mais à part l'expédition contre Kinbourne, à l'embouchure du Dnieper (14 octobre 1855), aucun fait ne mérite d'être signalé.

Cependant, depuis la chute de Sébastopol, la diplomatie s'était mise en mouvement. L'Autriche, dès le mois d'octobre, avait proposé son intervention, et Napoléon III l'avait autorisée à négocier officiellement à Saint-Pétérsbourg. Mais la Russie ne se montra réellement d'humeur à traiter qu'après la prise de Kars, dans la Turquie d'Asie. Cette place, défendue par une garnison turque sous le commandement d'un colonel d'artillerie anglais, eut à supporter un long siège et à repousser l'assaut d'un corps d'armée russe ; réduite par la famine, elle capitula le 25 novembre. Il semblait que l'empereur Alexandre II n'avait attendu que cette victoire pour consentir à la conclusion de la paix. En Angleterre, au contraire, l'opinion et le parlemennt poussaient le gouvernement à la continuation de la lutte ; le gouvernement, de son côté, cherchait à y entraîner Napoléon III. Un conseil de guerre, auquel assistaient le duc de Cambridge et plusieurs officiers de terre et de mer, qui avaient pris part à la guerre d'Orient, fut tenu aux Tuileries, le 10 janvier (1856), sous la présidence de l'Empereur ; un plan de campagne fut arrêté le 20. Le 16, le Tsar avait accepté les conditions posées sous forme d'*ultimatum* par l'Autriche, et auxquelles avaient adhéré la France et l'Angleterre : neutralisation de la mer Noire, interdiction de créer ou de conserver des arsenaux maritimes sur ses côtes, rectification de la frontière de Bessarabie, de manière à écarter les Russes du Danube. Le 1ᵉʳ février, un protocole signé à Vienne consacra officiellement l'adhésion de la France et de l'Angleterre aux propositions de l'Autriche. Il fut convenu en outre qu'un congrès se réunirait à Paris afin de régler les articles du traité définitif.

Le congrès s'ouvrit, au ministère des affaires étrangères, le 25 février 1856. Il eut pour résultat la signature d'un traité en vertu duquel la Russie : 1° renonçait à son protectorat sur les principautés danubiennes; 2° reconnaissait la liberté de la navigation sur le Danube dans tout son parcours ; 3° garantissait la neutralisation de la mer Noire ; 4° renonçait enfin à son protectorat de la religion grecque, et par conséquent à toute intervention dans les affaires intérieures de la Turquie.

Le traité fut signé le 30 mars. Les ministres plénipotentiaires se rendirent en corps aux Tuileries, pour en informer Napoléon III.

Le Congrès cependant ne se sépara point. Le ministre français qui avait présidé ses séances, le comte Walewski, demanda aux représentants des puissances de « profiter de la circonstance pour élucider certaines questions, poser certains principes, exprimer des intentions dans le but d'assurer la paix du monde ». Les réunions reprirent donc le 8 avril, et durèrent jusqu'au 16. La plus importante des questions discutées à ces séances supplémentaires est incontestablement celle relative à l'Italie. Dès le 8 avril, le comte Walewski avait appelé l'attention des plénipotentiaires sur la situation de ce pays, dont une partie, les Etats Romains, était occupée par l'Autriche, et dont une autre, le royaume de Naples, vivait sous un gouvernement dont la tyrannie était une perpétuelle cause de troubles. C'était poser pour la première fois devant l'Europe cette question d'Italie si grosse de conséquences quand elle se représenta, aggravée, trois ans plus tard. « La question italienne est désormais entrée dans l'ordre des questions européennes », a pu dire cinq semaines plus tard le comte de Cavour devant le parlement italien.

Pendant que les représentants des puissances discutaient à Paris les bases du traité de paix, les troupes alliées étaient restées en Crimée. Sur ces entrefaites, l'hiver, avec ses pluies, ses neiges et ses froids, avait rendu l'état sanitaire très mauvais : la dysenterie, le scorbut, le typhus, avaient reparu, semant la mort dans les rangs. En février, 3.400 des nôtres étaient atteints du typhus, 2.400 moururent le même mois, 2.500 succombèrent en mars. A Constantinople, où de nombreux malades avaient été transportés, la moyenne des décès était de 43 au 31 janvier, de 90 à la fin de février, de 98 au 3 mars.

Les pertes totales des Français s'élevaient à 95.000 morts, dont 10.240 seulement tués à l'ennemi ; celles des Anglais étaient de 22.000 ; celles des Piémontais de 2.200 ; celles des Turcs de 35.000. La France avait en outre emprunté un milliard et demi pour faire face aux dépenses de la guerre. Tel est le bilan de cette campagne de deux ans dont la France ne retira que des avantages moraux, assez importants il est vrai. Notre armée avait retrouvé sa gloire, et notre pays put reprendre sa place au premier rang des puissances européennes. Un autre résultat pour nous fut la rupture de la coalition qui s'était formée contre la France en 1840, entre l'Angleterre, la Russie et la Prusse, à propos des affaires d'Egypte.

En attendant que la paix fût définitivement signée par les diplomates, les officiers alliés, les Français surtout, entretenaient avec les officiers russes des rapports très courtois. La sympathie réciproque qui se manifestait ainsi entre adversaires de la veille n'était pas chose nouvelle. Alors que l'on était encore en pleine guerre, on voyait, pendant les suspensions d'armes, officiers français et russes s'aborder et s'entretenir ensemble, et le soldat français choquer son verre avec celui du soldat russe ; il arrivait même quelquefois qu'en se quittant le tirailleur russe partait coiffé d'un képi, et le chasseur français d'une casquette.

Entre la suspension des hostilités et la signature de la paix, les alliés et les Russes avaient conservé leurs positions respectives, ceux-là sur la rive gauche de la Tchernaïa, ceux-ci sur la rive droite ; on ne franchissait pas encore la rivière, mais on conversait d'un bord à l'autre. Les officiers français offrirent même à leurs voisins le spectacle d'une course de chevaux, que les Russes pouvaient suivre de l'autre côté de la rive. La conclusion définitive de la paix fut connue dans les camps le 2 avril ; 101 coups de canon furent tirés pour fêter l'heureux événement. Le général Luders avait succédé au prince Gortchakoff dans la direction de l'armée russe ; c'est avec lui que les généraux alliés avaient signé l'armistice. Le 13 avril, il les convia à une revue de 10.000 hommes soigneusement choisis, et leur fit servir un *lunch* après la parade. Deux jours après, raconte M. Camille Rousset, le maréchal Pélissier offrit au général Luders un carrousel couru par les chasseurs d'Afrique, et le 17 le général russe vit défiler devant lui 55.000 Français et 30.000 Anglais.

L'évacuation commençait ; vers le milieu de mai, 100.000 Français avaient déjà quitté la Crimée, et le 7 juillet le maréchal Pélissier écrivait : « Ma tâche est accomplie. J'ai rapatrié dans le meilleur état cette belle armée, l'orgueil de ses concitoyens. Je me suis embarqué le 5 à Kamiesch, avec mes derniers soldats, mon dernier canon. A mon tour, je puis songer aux joies de la Patrie ».

VII

LES EMPRUNTS PUBLICS

L'Exposition universelle de 1855. — L'agiotage. — Fin de la législature. — Les élections. — L'attentat d'Orsini. — La loi des *Suspects*.

Au mois de mars 1852, le *Moniteur* avait publié un décret ordonnant la création, aux Champs-Elysées « d'un édifice destiné à recevoir des expositions *nationales* et pouvant servir aux cérémonies publiques et aux fêtes civiles et militaires, construit d'après le système du Palais de Cristal de Londres ». Mais le succès qu'avait eu l'exposition *internationale* ouverte dans la capitale anglaise en 1851, poussa le gouvernement français à faire une tentative du même genre, et le 8 mars 1853 fut décrétée l'organisation d'une exposition des produits agricoles et industriels à laquelle toutes les nations seraient invitées à prendre part. L'édifice des Champs-Elysées était encore en construction à ce moment, sa première destination allait donc être de servir à une exposition internationale.

Au Palais de l'Industrie fut ajoutée une annexe que l'on construisit entre la place de la Concorde et le pont de l'Alma. L'exposition fut inaugurée le 1er mai 1855 : 23.954 exposants, dont 11.968 étrangers, avaient répondus à l'appel du gouvernement français. Ce fut un grand succès, que les expositions suivantes allaient cependant dépasser de beaucoup.

L'impulsion que Napoléon III avait, depuis son arrivée au pouvoir, donnée aux grandes entreprises, la création des nouveaux moyens de communication, les inventions nouvelles dans le domaine des sciences et de l'industrie, le rachat des voies navigables par l'Etat, tout avait concouru à augmenter la prospérité publique. Ni les préparatifs de la guerre de Crimée, ni les sommes considérables qui furent demandées pour cette expédition, n'avaient empêché l'industrie et le commerce de prendre un développement que la France n'avait pas encore atteint jusque-là.

Le pays avait alors dans le gouvernement de Napoléon III une confiance absolue, qui se manifesta surtout lorsqu'en 1854, en prévision des hostilités qui allaient s'ouvrir, un emprunt de 250 millions fut autorisé par le Corps législatif. Jusque-là, quand il avait eu besoin d'emprunter, l'Etat avait eu recours aux grands financiers, qui lui fournissaient les fonds nécessaires contre un certain nombre de titres de rente. Le ministre des finances d'alors, l'ingénieur Bineau, eut le premier l'idée de s'adresser aux masses, dans le but de rendre démocratiques les emprunts d'Etat. L'innovation fut heureuse. Il y eut près de 100.000 souscripteurs, et presque le double de la somme demandée fut souscrit. L'emprunt de 500 millions du mois de septembre de la même année réussit mieux encore, et celui de 750 millions de juillet 1855 fut un succès éclatant pour le gouvernement: les quatre cinquièmes de l'emprunt furent souscrits par l'étranger. Cependant la situation économique s'annonçait comme beaucoup moins bonne vers la fin de 1855. Trois mauvaises récoltes s'étaient succédé, les céréales allaient manquer, et les prix des principales denrées alimentaires augmentèrent sensiblement. Le gouvernement, pour circonscrire la hausse, dut établir une taxe officielle pour la viande de boucherie; l'*échelle mobile*, qui, par la taxe qu'elle imposait aux blés étrangers, mettait des entraves à leur entrée en France, dut être suspendue. D'un autre côté, l'obligation pour les négociants de payer en or et en argent les achats de blé faits à l'étranger, provoqua une crise monétaire dont la Banque de France put atténuer les effets en achetant chaque mois à l'étranger, moyennant de fortes primes, de grandes quantités de lingots d'or et d'argent; cela obligea cet établissement à augmenter le taux de son escompte, qu'elle porta alors à six pour cent. Les frais énormes qu'exigeait l'entretien des troupes de Crimée augmentèrent encore les embarras du moment.

Pourtant les effets de la crise ne furent pas durables, malgré les ravages dont beaucoup de départements eurent à souffrir en 1856, à la suite des débordements de la Loire, de l'Allier, du Rhône, de la Garonne, et d'autres rivières du centre et du midi.

Les nombreuses entreprises engagées après l'avènement de Napoléon III, avaient développé outre mesure le goût des opérations financières et de la spéculation. Pendant la guerre de Crimée, les moindres bruits diplomatiques, les moindres incidents du siège de Sébastopol avaient servi de prétexte à de rapides mouvements de hausse et de baisse qui atteignaient toutes les valeurs. La guerre terminée, la spéculation et l'agiotage reprirent avec une ardeur qui, en 1856, dit un contemporain, était devenue une véritable fièvre. C'était l'époque où chacun cherchait à obtenir, au moyen des influences dont il pouvait disposer, une concession, un privilège quelconque pouvant être mis en actions et escompté à la Bourse. Le scandale devint si grand, que le ministre de l'intérieur, Billault, crut devoir écrire au préfet de police pour lui signaler « certains individus qui, se vantant de l'influence qu'ils n'ont pas, ont réussi à en faire un véritable commerce », et il ajouta « qu'il ne venait pas défendre l'Administration, qui est au-dessus de tout soupçon, mais affranchir les soumissionnaires des grandes entreprises, de cet impôt prélevé sur leur crédulité ». En outre, une note fut publiée dans le *Moniteur*, qu'aucune entreprise donnant lieu à une émission de valeurs nouvelles ne serait autorisée dans le cours de l'année. « L'amour de l'or, dit Taxile Delord, était devenu le sentiment dominant des classes élevées de la quelques-unes mortellement. L'Empereur et l'Impératrice n'avaient pas été atteints, mais l'anxiété fut grande parmi les spectateurs, à l'Opéra ; quand les souverains se présentèrent dans leur loge, ils furent accueillis par des applaudissements unanimes.

Quatre Italiens furent arrêtés, dont trois seulement comparurent en cour d'assises. L'inspirateur du complot, Orsini, réfugié italien à Londres, était venu à Paris uniquement pour perpétrer son crime. Son père avait été tué dans une insurrection contre le pape. Emprisonné lui-même, et condamné aux galères à perpétuité pour avoir conspiré contre les gouvernements italiens, il avait réussi à s'évader. Son idéal avait été de voir l'Italie libre, et il avait espéré que Napoléon III réaliserait son rêve. Mais lorsqu'il le vit se rapprocher de plus en plus de la papauté, il en conçut un profond ressentiment, et ne pensa plus qu'à supprimer celui qui, pour lui, semblait être un obstacle à l'affranchissement de sa patrie.

Orsini demanda à Jules Favre de le défendre devant la cour d'assises. L'illustre avocat accepta. « Je vous assisterai à cette heure suprême, écrivit-il à l'accusé, non pour présenter une inutile défense, non pour vous glorifier, mais pour essayer de faire luire sur votre âme immortelle un rayon de cette vérité qui peut protéger votre mémoire contre des accusations imméritées. » A l'audience, au milieu de l'émotion générale, Jules Favre donna lecture d'une lettre qu'Orsini avait adressée à l'Empereur, lecture que l'Empereur avait autorisée. Orsini s'y déclarait prêt à subir la mort sans demander grâce, « parce que je ne m'humilierai jamais, disait-il, devant celui qui a tué la liberté naissante de ma malheureuse patrie ».

« Près de la fin de ma carrière, disait-il encore dans cette lettre, je veux néanmoins tenter un dernier effort pour venir en aide à l'Italie, dont l'indépendance m'a fait jusqu'à ce jour traverser tous les périls.

« Pour maintenir l'équilibre actuel de l'Europe, il faut rendre l'Italie indépendante. Demanderai-je pour sa délivrance que le sang des Français soit répandu pour les Italiens ? Non, je ne vais pas jusque-là. L'Italie demande que la France ne permette pas à l'Allemagne d'appuyer l'Autriche dans les luttes *qui peut-être vont bientôt s'engager*. Or, c'est précisément ce que Votre Majesté peut faire, si elle le veut. — J'adjure Votre Majesté de rendre à l'Italie l'indépendance que ses enfants ont perdue en 1849 par la faute même des Français. — Que Votre Majesté ne repousse pas le vœu suprême d'un patriote sur les marches de l'échafaud ; qu'elle délivre ma patrie, et les bénédictions de vingt-cinq millions de citoyens la suivront dans la postérité. »

Orsini et ses deux complices furent condamnés à mort. De la prison de la Roquette où il attendait le jour de l'exécution, il écrivit à l'Empereur pour le remercier d'avoir autorisé la publication de sa lettre : « Je déclare, avant de rendre le dernier souffle vital, disait-il, que l'assassinat, de quelque prétexte qu'il se couvre, n'entre pas dans mes principes, bien que, par une fatale aberration d'esprit, j'aie organisé l'attentat du 14 janvier..... Quant aux victimes, je leur offre mon sang en sacrifice ».

Napoléon III était disposé à accorder une commutation de peine, mais son entourage l'en dissuada, invoquant le grand nombre des victimes. Orsini et son complice Piéri furent exécutés le 14 mars; ils moururent tous les deux en criant : « Vive l'Italie ! Vive la France ! » Ces acclamations réunies ne devaient pas rester longtemps sans écho.

L'attentat d'Orsini n'était pas la première tentative inspirée par le fanatisme politique, dont Napoléon III faillit être victime. Déjà en 1855, ainsi qu'on l'a vu plus haut, deux coups de pistolet avaient été tirés sur l'Empereur sans l'atteindre. Le coupable, un Italien du nom de Pianori, déclara avoir voulu tuer Napoléon III pour venger la chute de la république romaine par la mort de celui qui l'avait détruite. Condamné à la peine des parricides, Pianori avait été conduit à l'échafaud, pieds nus, la tête couverte d'un voile noir.

Quatre jours après l'attentat d'Orsini s'ouvrait la session législative. L'Empereur, dans son discours d'ouverture, parla de la prospérité publique, du budget de 1859 se soldant par un excédent de recettes, des excellentes relations que le gouvernement impérial entretenait avec les puissances étrangères, et abordait enfin la question qui lui tenait le plus à cœur : celle des candidats élus ayant refusé de prêter le serment de fidélité. « Vous ne permettrez pas qu'un tel scandale se renouvelle, dit-il en s'adressant aux députés, et vous obligerez tout éligible à prêter serment à la Constitution avant de se porter candidat. » — « La pacification des esprits devant être le but constant de nos efforts, vous m'aiderez à rechercher *les moyens de réduire au silence les oppositions extrêmes et factieuses*. » Comme suite à ces préliminaires, le gouvernement déposa un projet de loi qui, ainsi que le déclarait le ministre de l'intérieur Billault, devait être « une arme contre les débris des corps insurrectionnels de 1848 ». Ce projet de loi fut communiqué au Corps législatif, le 1er février 1858, sous le nom de *loi de sûreté générale;* elle est plus connue sous celui de *loi des suspects*. Le Corps législatif la vota, le 19 février, par 217 voix contre 24, permettant ainsi à l'Empire de commettre ce qu'un historien appelle avec raison « une des grandes ignominies du siècle ». Le gouvernement avait beau prétendre que la *loi de sûreté* avait été rendue nécessaire afin de prévenir la possibilité d'un nouvel attentat contre l'Empereur, l'opinion ne s'y trompa point. Le gouvernement essaya en vain de faire retomber sur les républicains français la responsabilité de l'attentat d'Orsini, les débats du procès démontrèrent suffisamment à quels sentiments avait obéi le patriote italien. Mais il fallait au gouvernement impérial un prétexte pour pouvoir frapper les républicains : l'attentat du 14 janvier le lui fournit. S'il avait pu société, de celles-là mêmes qui se vantaient d'avoir pour uniques règles dans la vie le désintéressement et l'honneur. »

En appelant la masse du public à prendre part aux souscriptions des emprunts d'Etat, le gouvernement de Napoléon III obligea, pour ainsi dire, le public à s'occuper des affaires de bourse plus qu'il ne l'avait fait jusqu'alors. En outre, les quantités d'actions et d'obligations que les émissions des compagnies de chemins de fer, du canal de Suez et des autres grandes entreprises jetèrent sur le marché, augmentèrent encore le nombre des personnes attirées à la Bourse par le bruit que faisaient les fortunes considérables réalisées, à la faveur du jeu, par quelques agioteurs. Les opérations de bourse avaient alors pris un développement extraordinaire, et Paris était devenu « la capitale de l'agiotage universel ». Avec l'Empire, tout un monde nouveau avait surgi, qui était arrivé à la fortune avec lui, et qui entendait profiter de ses avantages. Le cumul des hautes fonctions, les concessions des grandes entreprises et la spéculation devaient lui procurer les moyens de satisfaire à cette vie de luxe et de plaisirs qui caractérise si bien cette période de notre histoire. Le duc de Morny donnait lui-même l'exemple en se mettant à la tête d'une Compagnie dite du *Grand-Central*, qui s'était proposé d'exécuter le chemin de fer de Clermont à Montauban, entreprise qui fut l'occasion d'un agiotage effréné, et se termina par un désastre. Les travaux n'en étaient pas commencés, que les actions faisaient déjà de

70 à 80 francs de prime à la Bourse. Les actions du *Crédit mobilier* furent également l'occasion d'un agiotage qui causa des ruines nombreuses.

Le pays, tout aux affaires et au plaisir, ne s'inquiétait guère de la manière dont il était gouverné. Il suivait les opérations de la guerre, heureux et fier des succès que remportaient nos soldats, mais se souciait peu de ce qui se passait au Corps législatif ou au Sénat, dont les débats n'étaient pas connus du public. Le rôle de ces assemblées était d'ailleurs absolument passif, la moindre velléité d'indépendance était réprimée aussitôt. Le Sénat, pour s'être permis de discuter une loi sur l'enseignement soumise à son approbation, fut invité, par une note que publia le *Moniteur* (11 janvier 1856), à ne plus oublier désormais que ses prérogatives consistaient uniquement à voir si les lois qu'on lui soumettait ne portaient pas atteinte à la Constitution. Cependant la dernière session du Corps législatif ne fut pas sans importance : le privilège de la Banque de France prorogé jusqu'au 31 décembre 1897 ; cent millions mis à la disposition de l'agriculture, à titre de prêt, pour le drainage des terres humides ; le vote d'une loi pour la mise en valeur des landes de Gascogne, d'une subvention annuelle de quatorze millions destinée à la création de trois lignes de bateaux à vapeur entre la France et l'Amérque ; la fusion du chemin de fer de Paris-Lyon avec celui de Lyon-Méditerranée, tels furent les travaux qui marquèrent la fin de cette législature.

Les pouvoirs du Corps législatif, élu en 1852,

expiraient en 1857. Les électeurs furent convoqués pour le 21 juin, afin de renouveler aux députés sortants un mandat qu'ils avaient si bien rempli. C'est ainsi que le comprenait, du moins, le gouvernement, et le ministre de l'intérieur, Billault, s'en expliqua ouvertement dans une circulaire aux préfets : « Le gouvernement considère comme juste et politique de présenter à la réélection tous les membres d'une assemblée qui avait si bien secondé l'Empereur, et servi le pays. — En face de ces candidatures hautement avouées, résolument soutenues, d'autres pourront également se produire... Si cependant les ennemis de la paix publique croyaient trouver dans cette latitude l'occasion d'une protestation sérieuse contre nos institutions, s'ils tentaient d'en faire un instrument de trouble et de scandale, vous connaissez vos devoirs, Monsieur le Préfet, et la justice saurait aussi sévèrement remplir les siens ». Ainsi prévenus, les préfets n'avaient pas à user de ménagements avec les ennemis du gouvernement. « Imposez silence aux adversaires, s'il s'en rencontre », écrit l'un d'eux aux fonctionnaires de son département. « Aucun comité électoral, aucune réunion spéciale ne doivent être tolérés », écrit un autre. Un troisième interdit la publication et l'affichage des circulaires et professions de foi du candidat non patronné par le gouvernement. Celui du Tarn demande simplement aux électeurs de s'en remettre à l'Empereur « du soin de leurs intérêts ». A Paris, une campagne très active fut entreprise par le journal *Le*

Siècle, le plus influent des organes de l'opposition d'alors, pour engager les républicains à entrer au Corps législatif afin de mieux pouvoir combattre l'Empire.

A Paris, cinq républicains réussirent à se faire élire ; Lyon et Bordeaux en nommèrent deux autres. Ailleurs, dans les grands centres, les candidats républicains obtinrent assez de voix pour que l'on pût constater que l'opinion publique semblait vouloir se réveiller. L'un des députés de Paris, le général Cavaignac, mourut avant l'ouverture des Chambres ; deux d'entre eux, Carnot et Goudchaux, refusèrent de prêter le serment de fidélité à l'Empereur qui était exigé de chaque député, et que prêtèrent MM. Emile Ollivier et Darimon, les deux autres élus de Paris, ainsi que les deux députés de Lyon et de Bordeaux, Hénon et Curé.

Le gouvernement ne s'émut guère de l'élection des sept républicains, mais le refus de serment de Carnot et de Goudchaux avait été très sensible à l'Empereur qui allait pouvoir manifester sa mauvaise humeur contre les républicains à l'occasion d'un événement que personne n'avait pu prévoir. Le soir du 14 janvier 1858, au moment où l'Empereur et l'Impératrice arrivaient à l'Opéra, trois explosions successives se firent entendre : trois bombes avaient été lancées sur la voiture de l'Empereur, portant leur ravage dans la foule qui stationnait devant l'Opéra. La voiture de l'Empereur était brisée, et l'un des chevaux tué ; près de 150 personnes furent blessées, dont y avoir doute sur les intentions du gouvernement, l'article 7 de la loi de sûreté générale [1] et l'usage qui en fut fait, eussent convaincu les plus incrédules.

Pour appliquer cette loi, il fallait un homme ayant fait ses preuves, et Napoléon III estimait que son ministre de l'intérieur Billault n'userait pas d'assez de rigueurs. C'est un militaire, le général Espinasse, déjà célèbre par le rôle qu'il avait joué dans la nuit du 1-2 décembre 1851, qui fut appelé à le remplacer. Il débuta par une circulaire aux préfets expliquant pourquoi un militaire avait été chargé de fonctions purement civiles : « Un exécrable attentat est venu dessiller tous les yeux, et nous a révélé tous les ressentiments sauvages, *les coupables espérances qui couvent encore au sein du parti républicain* », disait le ministre. Puis, faisant venir à Paris tous les préfets, il indiqua à chacun le nombre d'arrestations qu'il aurait à opérer dans son département. Quant au choix des personnes à arrêter, le ministre s'en rapportait aux préfets : l'essentiel était de terroriser le pays, afin de supprimer toute opposition au gouvernement. N'avait-on pas dans toutes les préfectures, les notes de police qui avaient servi à faire les arrestations et la proscription des républicains,

---

1. Cet article était ainsi conçu :

« Peut être interné dans un des départements de l'Empire ou de l'Algérie, ou expulsé du territoire, tout individu qui a été soit condamné, soit interné, expulsé ou transporté par mesure de sûreté générale à l'occasion des événements de mai et juin 1848, juin 1849, ou de décembre 1851, et que des faits graves signalent de nouveau comme dangereux pour la sûreté publique. »

défenseurs de la Constitution en 1851 ? C'était plus qu'il n'en fallait. « Alors se révéla au sein de notre malheureux pays l'existence de toute une classe de suspects. Quiconque avait été républicain et conservait sa foi politique ; quiconque avait été à cette date funèbre frappé par les vainqueurs ; tous ceux qui, renfermés dans leur foyer domestique, attendaient le retour de la liberté ; ceux surtout qui, l'année précédente, avaient osé prendre part à la lutte électorale, tous ces suspects purent trembler pour leur fortune et leur liberté. L'heure était venue où, sans motifs, sans explications, sans jugement, en pleine paix, ils allaient être jetés par centaines dans les geôles du pouvoir, et de là transportés à Cayenne ou en Afrique [1]. »

Si l'on s'en rapporte aux documents officiels, le nombre des *individus* atteints par la loi de sûreté générale, et envoyés en Algérie, était au 1er avril de 380, mais comme à cette date les embarquements continuaient à Marseille, on estime qu'il y eut en tout environ 430 citoyens, pris dans toutes les parties de la France, qui furent arrachés à leur famille pour l'unique raison qu'ils étaient restés fidèles à leurs convictions républicaines. Lorsque le citoyen désigné par le préfet ne pouvait être emmené, les gendarmes le remplaçaient par quelqu'un de la famille. C'est ainsi que, dans le Loiret, on arrêta Mme Jarreau, femme d'un gros fermier de Briare transporté à Cayenne en 1852, de retour depuis un an, malade et alité. Mme Jarreau fut conduite à Marseille en voiture cellu-

1. *Les Suspects en 1858*, par E. Ténot et Antonin Dubost.

laire, et de là en Algérie. Dans le Cher, à Charost, les gendarmes se présentent chez M. Lebrun, notaire, qui ne leur oppose aucune résistance : « Je suis prêt à vous suivre, dit-il, mais puis-je savoir ce qu'on me reproche? » Une perquisition a lieu au domicile de M. Lebrun, on le fouille lui-même, et on le brutalise ; à ce moment il s'affaisse, et tombe sur le parquet : *il était paralysé de tout le côté droit.* On le relève et on le place dans une chaise à bras, un médecin est appelé malgré l'opposition qu'y mettent les gendarmes : il constate la paralysie ; un deuxième médecin arrive et confirme le diagnostic de son confrère, et tous les deux affirment que le malade n'est pas transportable, mais le brigadier *prétend que la paralysie est feinte,* et le malheureux Lebrun est emmené. Sa femme veut l'accompagner, on la repousse. A Bourges, le directeur de la prison ne veut pas recevoir le malade ; un médecin envoyé par l'autorité, constatant que la paralysie va en s'aggravant, le citoyen Lebrun est conduit dans un hôtel de la ville où sa famille vient le retrouver. Il y meurt quelques jours après.

Dans la Dordogne, à Périgueux, un jeune homme de vingt-huit ans, atteint de phtisie pulmonaire, est arraché de son lit et jeté, malgré l'indignation publique, en voiture cellulaire. Pendant tout le temps du voyage, il ne cesse de râler, demandant de l'air. A Marseille, il est transporté à l'hôpital, où il meurt.

Si la plupart des transportés ignoraient le motif de leur arrestation, ceux de la Haute-Vienne furent plus privilégiés. Pendant le trajet, leur conducteur les ayant laissés seuls un instant, ils eurent le temps de consulter leurs notes de police. Les voici transcrites telles que les donnent MM. Eugène Ténot et Antonin Dubost, dans leur consciencieuse *Étude sur l'application de la loi de sûreté générale,* ouvrage paru en 1869, et auquel nous empruntons tous ces détails. Ces notes, mieux que tous les commentaires, font voir quels citoyens ont été arrêtés en 1858 :

Tuilier, ex-prêtre, entrepreneur. — Homme appartenant à l'état ecclésiastique, qui a traîné sa robe dans la fange, a fait du journalisme, et exerce une grande influence sur les ouvriers. Très dangereux.

Villegoureix, négociant. — Républicain de père en fils ; orateur de bas étage, ayant une grande prépondérance sur les classes ouvrières. Très dangereux.

Dérignac. — Restaurateur, ayant prêté un local pour la lecture des journaux, faisant chez lui des réunions politiques, ayant une grande influence sur les ouvriers. Dangereux.

Briquet. — Marchand de porcelaines, courtier républicain des plus ardents, ayant une grande influence sur les ouvriers. Très dangereux.

Burguet. — Docteur en médecine, *homme qui a fait de la médecine et donné des médicaments pour rien,* et qui n'a pas voulu accepter le gouvernement ; homme entêté et taciturne, ayant une grande influence sur les paysans. Très dangereux.

Négrout. — Cordonnier, homme qui s'est trouvé

dans plusieurs réunions, ayant une grande supériorité sur ses camarades. Très dangereux.

Dans le Tarn, à Albi, un arrêté de transportation est notifié au citoyen Puech, docteur en médecine. M. Puech, transporté en Algérie en 1852, en était revenu à demi paralysé ; depuis, il l'était de tous ses membres, et pendant dix-huit mois n'était pas descendu de son lit.

A Paris, où il y eut plus d'arrestations que dans les départements, il y en eut beaucoup qui ne furent pas maintenues ; on estime cependant qu'au moins soixante-dix citoyens furent transportés en Algérie. Parmi les personnes signalées comme dangereuses, était Frédéric Gérard, traducteur au ministère de la guerre, savant naturaliste. Lorsque les agents se présentèrent pour l'arrêter, ils trouvèrent sa famille en deuil. Frédéric Gérard *était mort depuis bientôt un an.*

« Les voilà, ces hommes chassés de leur patrie, arrachés à leur famille, à leurs amis, jetés dans les cachots et transportés en Afrique ! s'écrient MM. E. Ténot et A. Dubost, à la fin de leur livre.

« Qui sont-ils ? Nous ne craignons pas de le dire : ils sont tous d'honnêtes gens, contre lesquels nous défions qu'on relève le moindre délit ! médecins, avocats, officiers ministériels, négociants, artisans, ils se livraient péniblement à leurs travaux, attendant du temps, et du temps seul, la réalisation de leurs espérances ! Ils ne s'occupaient plus de politique : qui donc s'en occupait depuis 1852 ! Ils laissaient à d'autres le souci des affaires publiques, et regrettaient le passé, mais en silence ! »

Les arrestations qui venaient d'attrister le pays n'eurent aucune influence sur le vote des électeurs parisiens, et ne les empêchèrent pas d'envoyer au Corps législatif, peu de temps après, aux élections des 27 avril et 10 mai, deux autres députés républicains, Jules Favre et Ernest Picard. Les nouveaux élus se groupèrent avec Emile Ollivier, Hénon et Darimon, et composaient alors le fameux banc des « Cinq », qui pendant plusieurs années furent seuls à tenir tête à l'Empire.

VIII

LA GUERRE D'ITALIE

L'entrevue de Plombières. — La campagne d'Italie. — Les préliminaires de Villafranca. — L'amnistie de 1859. — La cession du comté de Nice et de la Savoie. — Le traité de commerce avec l'Angleterre. — La guerre de Chine. — Augmentation de la Dette publique.

Lorsqu'en 1856, à l'une des dernières séances du Congrès de Paris, le gouvernement français appela, pour la première fois, l'attention des puissances sur la situation de l'Italie, on n'attacha pas, en France, grande importance à la chose. Il n'en fut pas de même en Italie, où le comte de Cavour, ministre du roi de Sardaigne, put déclarer au Parlement de Turin que « la question italienne était désormais entrée dans le domaine des questions européennes ».

Le royaume de Sardaigne se composait alors de l'île qui lui donna son nom, du Piémont, de la Savoie et du comté de Nice ; il comprenait une population d'un peu plus de cinq millions d'habitants, et pouvait fournir en temps de guerre environ 90.000 hommes. Sa capitale était Turin. Depuis longtemps, les patriotes italiens aspiraient à voir leur pays réuni en une seule nation ; mais, chaque fois qu'ils avaient essayé de renverser les gouvernements qui les opprimaient, en 1820, en 1830, et en 1848, les troupes autrichiennes étaient venues les en empêcher, tandis qu'à chaque occasion la France faisait entendre sa voix en faveur du peuple italien. Pourtant, le vœu, qui avait été émis par le Congrès de Paris, d'une prompte évacuation de Rome et de Bologne, ne modifia en rien la situation de l'Italie, et la question semblait oubliée, quand l'affaire Orsini vint la rappeler à l'attention publique. En Italie, on craignit d'abord que cet attentat, commis par un Italien, ne changeât les dispositions favorables de Napoléon III, mais il n'en fut rien. Au contraire, il semblerait que la dernière lettre du patriote italien à l'Empereur ait eu plutôt comme conséquence de hâter les événements. En effet, deux mois à peine après l'exécution d'Orsini et de son complice, des négociations furent ouvertes entre le gouvernement français et le Piémont, et une entrevue fut arrêtée entre l'Empereur et le comte de Cavour. Au mois de juillet suivant, Napoléon III se rendit, pour y faire une saison d'eaux, dans les Vosges, à Plombières, où le ministre italien vint secrètement le retrouver. C'est là que la guerre contre l'Autriche fut résolue, que l'on convint de la création d'un royaume de la Haute-Italie, de onze millions d'âmes environ, et que, par compensation, fut convenue la rétro-

Mais la lutte, commencée par les grenadiers, est inégale ; les Autrichiens, disposant de forces quatre ou cinq fois supérieures, sont solidement établis sur la route, coupée par un canal que traverse un chemin de fer. Les grenadiers pourtant bravent le feu de l'artillerie ennemie et parviennent à enlever une première redoute ; le pont du chemin de fer est emporté et nos soldats avancent toujours, quand de nouvelles forces ennemies arrivent et obligent nos grenadiers à céder. Ils se maintiennent cependant sur le pont, et résistent à toutes les attaques ; mais la position devient intenable, l'ennemi est en trop grand nombre. Enfin, vers trois heures et demie, une brigade du 3ᵉ corps (Canrobert) se porte au secours des grenadiers ; une nouvelle attaque est ordonnée, et l'ennemi est à son tour forcé de reculer. Comme il revient aussitôt, le danger pour nos troupes subsiste. L'arrivée de la brigade du général Niel (à quatre heures), suivie bientôt de celle du maréchal Canrobert, améliore la situation sans pourtant apporter le salut. Nos troupes se battent avec un courage admirable ; l'ennemi est délogé de ses premières positions, il s'embusque dans les maisons et tire sur les nôtres. A ce moment, nos généraux, se rendant compte qu'ils ne pourront pas tenir longtemps, demandent des renforts de tous côtés ; il leur est répondu qu'on manque de troupes. Mais le danger augmente de plus en plus, les Autrichiens s'avancent en grandes masses sur la route de Milan, et menacent de forcer le passage du canal. Nos troupes résistent sans lâcher pied, et les renforts ne viennent toujours pas. Il est cinq heures et demie quand Mac-Mahon enfin arrive : obligeant les Autrichiens à se replier, ils les poursuit vers Magenta, pendant que notre aile droite, aux prises avec des forces considérables, ne parvient à vaincre que grâce au concours de l'artillerie dirigée par les généraux Auger et Lebœuf. A Magenta la bataille redevient terrible ; l'ennemi, fortement retranché, se défend avec rage, il tire sur nos soldats de tous les côtés à la fois, et il devient nécessaire de faire le siège de chaque maison. Il est sept heures et demie quand Mac-Mahon est enfin maître de Magenta. Nos pertes s'élevaient à plus de 4.000 hommes, celles des Autrichiens dépassaient 5.000 ; nous avions en outre fait de nombreux prisonniers.

Mac-Mahon, promu au grade de maréchal de France, la veille, fit son entrée à Milan le 7 juin, au milieu des acclamations enthousiastes de la population. Napoléon III et Victor-Emmanuel y arrivèrent le lendemain ; les Milanais, ivres de joie, firent tomber une pluie de fleurs sur nos soldats. La nouvelle d'une victoire remportée par le maréchal Baraguay d'Hilliers, à Marignan, vint encore augmenter l'allégresse générale.

Les échecs successifs qu'il venait de subir ayant décidé le général en chef des troupes autrichiennes à donner sa démission, l'empereur François-Joseph vint lui-même se mettre à la tête de son armée.

Les armées alliées semblaient vouloir marcher sur Vérone ; les Autrichiens étaient massés au delà du Mincio, petite rivière entre la Lombardie et la Vénétie. Mais François-Joseph, changeant de tactique, fit rebrousser chemin à ses troupes (22-24 juin), et établit leurs positions en deçà de la rivière, sur les hauteurs dont le village de Solférino est le point culminant. De leur côté, les alliés étaient obligés d'avancer lentement, pour deux raisons : les difficultés matérielles pour approvisionner les 300.000 hommes qui occupaient alors la Lombardie ; l'ignorance où était l'état-major général de la direction prise par l'ennemi. Celui-ci, à la suite de sa défaite à Magenta, ayant profité de la nuit pour abandonner ses positions.

Le soir du 19 juin, Napoléon III avait réuni les commandants des divers corps pour examiner la suite à donner aux opérations. Il fut décidé que les troupes se porteraient en avant, et, sur l'avis de l'Empereur, on convint qu'elles marcheraient constamment en ordre de bataille, de manière à être prêtes à combattre en cas de surprise. Le quartier général français fut avisé le 23 que l'ennemi se trouvait au delà du Mincio, renseignement qui n'était plus exact à l'heure où il parvint au quartier français, puisque l'empereur d'Autriche avait fait repasser la rivière à ses troupes. Il en arriva que les deux armées marchaient l'une contre l'autre sans s'en douter, lorsque le 24 juin, au matin, les 1er et 2e corps, commandés par les maréchaux Baraguay d'Hilliers et Mac-Mahon, aperçurent les Autrichiens, couvrant les hauteurs de Solférino et les collines environnantes.

La bataille s'engage aussitôt : l'ennemi mettant en ligne 146.000 fantassins et 17.000 cavaliers, et les alliés disposant de 125.000 fantassins et 11.000 cavaliers; Français et Autrichiens se battent avec le même élan, la défense n'est pas moins opiniâtre que l'attaque ; l'ennemi, malgré les ravages que cause dans ses rangs notre artillerie avec ses canons rayés, résiste courageusement, sans se laisser ébranler. Notre aile gauche, commandée par Victor-Emmanuel, s'empare de l'importante position de San-Martino ; mais, bientôt refoulée, elle est obligée de l'abandonner, pour la reprendre encore. Sept fois pris et repris, le village de San-Martino ne reste pas entre nos mains.

Le sort de la journée dépend de l'attaque de Solférino, où se trouve le centre de l'action ; c'est vers ce point que se dirige l'effort principal des alliés. Les attaques successives des 1er et 2e corps ne parvenaient pas à déloger l'ennemi, lorsque Baraguay-d'Hilliers fait tourner la position et appelle à son secours l'artillerie de la garde. Les Autrichiens, retranchés derrière les murs crénelés du château et du cimetière, lancent sur nos troupes une grêle de projectiles, mais rien n'arrête la vaillance de nos soldats, et vers une heure et demie ils sont maîtres de toutes les positions de Solférino. La bataille cependant n'est pas finie, sur notre droite. Le 4e corps est, depuis le matin, aux prises avec des forces considérables, et il lui faut faire des prodiges de valeur pour garder ses positions ; vainement le général Niel demande du cession à la France de Nice et de la Savoie.

Rien n'avait transpiré de cette entrevue, et rien ne pouvait faire supposer que nous étions à la veille d'une guerre, quand, à la réception du 1er janvier 1859, Napoléon III, s'adressant à l'ambassadeur d'Autriche, lui tint ce langage significatif : « Je regrette que nos relations avec votre gouvernement ne soient pas aussi bonnes que par le passé. Je vous prie de dire à l'Empereur que mes sentiments personnels pour lui ne sont pas changés ». Ces paroles provoquèrent dans le pays une vive émotion. Le gouvernement essaya de la calmer par une note qu'il fit insérer au *Moniteur* ; et qui disait que « rien dans nos relations diplomatiques n'autorisait les craintes que des bruits alarmants tendaient à faire naître ». En attendant, le prince Napoléon-Jérôme partait pour Turin, le 13 janvier ; le 18, fut signé le traité d'alliance entre le Piémont et la France, sur les bases arrêtées à Plombières, et le 30 le prince Napoléon épousait la princesse Clotilde, fille de Victor-Emmanuel.

Du jour où le Piémont avait été assuré du concours de la France, il poussa ses armements avec une activité dont le gouvernement autrichien finit par s'inquiéter. Celui-ci adressa au gouvernement de Turin, le 19 avril, un ultimatum pour lui demander de « mettre sans délai son armée sur le pied de paix ». Victor-Emmanuel ayant refusé d'obtempérer à cette sommation, les troupes autrichiennes franchirent le Tessin (29 avril).

Le 3 mai, le gouvernement annonça aux deux Chambres que le Piémont avait été envahi par une armée autrichienne, et ajouta que ce fait mettait l'Autriche en état de guerre avec la France. L'Empereur s'adressa ensuite au pays en ces termes :

« Français !

« L'Autriche, en faisant entrer son armée sur le territoire du roi de Sardaigne, notre allié, nous déclare la guerre. Elle viole ainsi les traités, et menace nos frontières..... Que la France s'arme et dise résolument à l'Europe : — Je ne veux pas de conquête..... Quand la France tire l'épée, ce n'est point pour dominer, mais pour affranchir.

« Le but de cette guerre est donc de rendre l'Italie à elle-même, non de la faire changer de maître, et nous aurons à nos frontières un peuple ami qui nous devra son indépendance . »

Le gouvernement avait, dès le 26 avril, déposé au Corps législatif deux projets de loi : l'un pour porter le contingent de 100.000 à 140.000 hommes, l'autre tendant à autoriser le gouvernement à contracter un emprunt de 500 millions.

Napoléon III quitta les Tuileries le 10 mai, se rendant en Italie pour prendre le commandement en chef de l'armée. Il traversa Paris en voiture découverte, et fut acclamé sur tout le parcours, car cette guerre, entreprise en faveur de l'indépendance d'un peuple, répondait bien aux sentiments généreux de notre pays, et était très populaire. L'Impératrice était chargée de la régence pendant l'absence du souverain.

Les 3e et 4e corps français pénétrèrent en Italie

par les Alpes, se dirigeant sur Turin ; l'Empereur, avec les 1ᵉʳ et 2ᵉ corps, s'embarqua à Marseille, pour Gênes. Le point de concentration était Alexandrie où Napoléon III établit son quartier général.

La première rencontre eut lieu le 20 mai, à Montebello, où, après un brillant combat, 15.000 Autrichiens furent obligés de reculer devant 6.000 Français et quelques centaines de Piémontais. Le plan des armées alliées était de marcher sur Milan, mais il fallait donner le change à l'ennemi, et par d'habiles manœuvres lui faire croire qu'elles se dirigeaient sur Plaisance. Le mouvement s'exécuta comme il avait été convenu, pendant que le général Garibaldi, avec ses 3.000 volontaires, envahissait la Lombardie et stupéfiait l'ennemi par la rapidité de ses marches et l'imprévu de ses attaques. Le 30 mai, les Piémontais enlevèrent aux Autrichiens les positions de *Palestro*. Ceux-ci, reprenant l'offensive le lendemain, engagèrent une lutte acharnée où de part et d'autre on combattait vaillamment, lorsque le 3ᵉ zouaves, par une charge héroïque qui excita l'admiration de Victor-Emmanuel, décida du succès. L'ennemi, mis en déroute, laissa huit canons entre nos mains.

Les Autrichiens, voyant que l'objectif des armées alliées est Milan, se concentrent à Magenta, dans le but de leur couper la route. C'est sur ce point que la grande bataille va se livrer. En attendant, le général de Mac-Mahon surprend une division ennemie près de Turbigo, et l'oblige à se retirer (2 juin). L'Empereur avait décidé que l'attaque générale commencerait le lendemain ; mais, en raison du petit nombre d'hommes qu'il avait sous la main (en tout 6.000), on convint de n'engager l'action que le 4, lorsque le 3° corps, (commandant Canrobert) et le 4° corps (commandant Niel), seraient en mesure d'appuyer la garde. Ordre leur est envoyé, ainsi qu'aux Piémontais, d'arriver en toute hâte, mais les routes sont encombrées, et la marche des troupes subit partout des retards. Mac-Mahon, de son côté, se mettait en marche à neuf heures et demie, et partageant sa division en deux colonnes, prévint l'Empereur que sa droite atteindrait le village de Buffalora, situé à 4.300 mètres environ de Magenta, à deux heures et demie, et que sa colonne de gauche serait vers trois heures et demie à Magenta. En route, il se trouve un moment arrêté par les avant-postes autrichiens, qu'il oblige à battre en retraite, mais il ne peut les poursuivre, son état-major lui faisant remarquer que ses deux colonnes sont trop éloignées l'une de l'autre pour pouvoir se soutenir, et qu'elles risqueraient d'être coupées par l'ennemi, très en nombre vers Buffalora. Un retard considérable s'ensuit, et la première colonne est obligée de s'arrêter pour permettre à l'autre de se rapprocher davantage de Magenta.

Lorsque, vers une heure, le canon se fit entendre du côté de Buffalora, l'Empereur, croyant à l'arrivée très prochaine de Mac-Mahon, lança trois régiments de la garde sur Magenta, tandis qu'il en dirigeait un autre vers Buffalora pour joindre Mac-Mahon.

renfort à Canrobert, le maréchal craint une attaque de son côté, et n'envoie que des forces insuffisantes. Vers trois heures et demie les Autrichiens redoublent d'efforts, Niel, dont la position devient difficile, demande pour la seconde fois du renfort ; cette fois, Canrobert, dégagé, vient à son secours. Nos troupes à leur tour prennent l'offensive, et vers cinq heures l'ennemi est repoussé sur toute la ligne; un orage épouvantable met fin au combat, et une tourmente de pluie et de grêle vient favoriser la retraite de l'ennemi. San-Martino ne put être occupé par les alliés qu'après l'orage, et alors que toute résistance était devenue inutile.

La bataille s'était étendue sur un espace de vingt kilomètres, elle coûta à l'Autriche plus de 22.000 hommes, aux alliés 17.000. Trois jours et trois nuits furent nécessaires pour ensevelir les morts.

Les Autrichiens s'étaient retirés sous Vérone où les alliés devaient les rencontrer; mais ceux-ci avaient décidé de s'emparer d'abord de Venise, où nous étions attendus comme des libérateurs. Déjà l'avant-garde de notre escadre était en vue de cette ville, lorsque Napoléon III envoya le général Fleury auprès de l'empereur d'Autriche pour lui demander un armistice (6 juillet).

Napoléon III avait eu peur des conséquences de sa victoire. S'il continuait la guerre, c'était rendre inévitable la révolution à Naples et dans les Etats du pape, car l'Italie entière réclamait l'unité et l'indépendance de la péninsule, et Napoléon III ne voulait pas, de ce côté du moins, s'appuyer sur la révolution. Un fait plus grave vint augmenter son hésitation. Dans le but de créer de nouvelles difficultés à l'Autriche, Napoléon III avait engagé des négociations avec Kossuth, le grand patriote hongrois réfugié en Italie, afin de pousser au soulèvement de la Hongrie. L'empereur de Russie en fut averti, et il craignit que le soulèvement de la Hongrie n'eût pour contre-coup une insurrection en Pologne. Comme il n'était pas non plus sans inquiétude sur les conséquences qu'aurait l'écrasement de l'Autriche, il envoya auprès de Napoléon III un aide de camp, avec une lettre qui lui faisait connaître le changement survenu dans les dispositions du gouvernement russe. La situation devenait d'autant plus inquiétante pour la France, que la Prusse avait déjà commencé à mobiliser son armée, et était sur le point d'entraîner avec elle la Confédération germanique, dans l'espoir de pouvoir s'imposer ensuite à l'Autriche.

François-Joseph accepta avec empressement la proposition d'armistice ; une entrevue fut arrêtée entre les deux souverains. Napoléon III et François-Joseph se rencontrèrent à Villafranca le 11 juillet, et les préliminaires de la paix furent signés le même jour : l'empereur d'Autriche cédait à l'empereur des Français, qui les transmettrait au roi de Sardaigne, ses droits sur la Lombardie.

« Une confédération italienne serait fondée sous la présidence honoraire du Saint-Père. La Vénétie fera partie de la confédération italienne, tout en restant sous la couronne de l'empereur d'Autriche. Le grand-duc de Toscane et le duc de Modène rentreront dans leurs Etats. Les deux empereurs demanderont au Saint-Père d'introduire dans ses Etats des réformes indispensables. »

Napoléon III avait promis de rendre l'Italie « libre des Alpes à l'Adriatique », et les préliminaires de Villafranca arrêtaient l'œuvre de la libération à mi-chemin. Lorsqu'on le sut en Italie, ce fut une explosion de colère ; en France, ce fut une véritable déception. On ne comprenait pas, alors qu'on était en pleine victoire, alors que personne ne pouvait supposer la guerre terminée, alors surtout que les résultats promis et espérés étaient loin d'être atteints, on ne comprenait pas comment Napoléon III avait pu proposer à l'Autriche de conclure la paix.

Le roi de Sardaigne, quoique froissé de ce que les préliminaires avaient été signés sans sa participation, assura Napoléon III de sa gratitude et de sa fidélité, mais son ministre, le comte de Cavour, démissionna, profondément blessé de voir l'avortement de son œuvre. Il lui fut toutefois donné de la reprendre peu de temps après, et il eut la gloire de la compléter.

Napoléon III, à Villafranca, n'avait pu résister aux larmes de l'empereur François-Joseph, qui le suppliait de ménager ses parents le duc de Modène et le grand-duc de Toscane. Il se laissa attendrir, dit M. de Rothan [1], et, pour dédommager l'Italie de ce sacrifice, il renonça spontanément à la cession de Nice et de la Savoie. C'était la France qui

1. *La Politique française* en *1866*.

faisait les frais d'une émotion passagère[1]. L'Empereur ne revendiqua Nice et la Savoie, ainsi qu'on le verra plus loin, que lorsque l'Italie, en violation de ses engagements, s'empara de Naples, de Modène et de la Toscane.

Le 12 juillet, Napoléon III adressa à l'armée un ordre du jour dans lequel il disait : « Le but principal de la guerre est atteint, l'Italie va devenir pour la première fois une nation..... La réunion de la Lombardie au Piémont nous crée de ce côté des Alpes un allié puissant qui nous devra son indépendance. — Vous allez bientôt retourner en France ; la Patrie reconnaissante accueillera avec transport ces soldats qui ont porté si haut la gloire de nos armes, et ne se sont arrêtés que parce que la lutte allait prendre des proportions qui n'étaient plus en rapport avec les intérêts que la France avait dans cette guerre formidable ».

Le même jour, il partit pour la France et put, en traversant Turin et Milan, se rendre compte du changement qui s'était opéré dans l'esprit des Italiens ; leurs sentiments à son égard n'étaient plus les mêmes, et l'enthousiasme des premiers jours avait disparu.

Rentré à Paris le 18, l'Empereur reçut les grands corps de l'Etat, et crut devoir leur expliquer qu'en continuant la guerre il se serait trouvé en face de l'Europe en armes. « Il fallait accepter la lutte sur le Rhin comme sur l'Adige, leur dit-il. Il

---

1. En 1870, le roi de Prusse ne commit pas la même faute. Il ne consentit à se rencontrer avec Napoléon III que lorsque la capitulation de l'armée de Sedan fut signée.

fallait partout franchement se fortifier du concours de la révolution. — Pour servir l'indépendance italienne, j'ai fait la guerre contre le gré de l'Europe ; dès que les destinées de mon pays ont pu être en péril, j'ai fait la paix. Est-ce à dire que nos efforts et nos sacrifices aient été en pure perte ? Non. Le roi de Piémont, appelé jadis le gardien des Alpes, a vu son pays délivré de l'invasion, et la frontière de ses Etats portée du Tessin au Mincio. L'idée d'une nationalité italienne est admise par ceux qui la combattaient le plus..... la paix que je viens de conclure sera féconde en heureux résultats ; l'avenir les révélera chaque jour davantage pour le bonheur de l'Italie, l'influence de la France, le repos de l'Europe. » Telles étaient les illusions que nourrissaient alors la France elle-même et son Empereur.

Les préliminaires de Villafranca furent ratifiés par un traité de paix signé à Zurich. Rien ne fut changé aux dispositions qui avaient été arrêtées entre les deux empereurs.

Le 15 août 1859, lendemain du retour de l'armée d'Italie, Napoléon III accorda amnistie pleine et entière à tous les condamnés pour crimes et délits politiques, ou qui avaient été l'objet de mesures de sûreté générale.

Deux amnisties partielles avaient déjà été accordées, à l'occasion du mariage de l'Empereur, et plus de 3.000 personnes avaient été appelées à en bénéficier, mais il en restait encore plus d'un millier soit en exil, soit soumises à la déportation. Tous les proscrits, sauf Ledru-Rollin, étaient autorisés à rentrer en France. Cette mesure de clémence ne fut pas appréciée de la même manière par tous les républicains. Fallait-il en accepter le bénéfice et rentrer en France, ou valait-il mieux ne pas en profiter pour ne rien devoir à l'homme du Deux-Décembre? La majorité inclinait pour le retour en France; d'autres, parmi lesquels Victor Hugo, Madier de Montjau, Schœlcher, Proudhon, Charras, Edgar Quinet, ne reconnaissaient pas à Napoléon III le droit de faire grâce, estimant que le coupable c'était lui. Il y eut à cette occasion, de la part des proscrits, des protestations hautaines dont quelques-unes méritent d'être citées. Celle du colonel Charras commençait ainsi :

« *A Louis Bonaparte.*

« Vous décrétez une amnistie ; vous pardonnez à ces milliers de citoyens depuis si longtemps jetés par vous sur la terre étrangère, par vous tenus à la chaîne sous le climat meurtrier de l'Afrique, dans les marais empestés de Cayenne.

« Ils défendaient contre vous la Constitution issue du suffrage libre et universel, cette Constitution qui avait reçu votre serment solennel de fidélité, et que vous avez trahie.

« C'est pour cela que vous les avez frappés naguère.

. . . .

« Le jour où la liberté, le droit, la justice, ces augustes proscrits, rentreront en France pour vous infliger le plus mérité des châtiments, j'y rentrerai. Ce jour-là est lent à venir, mais il viendra ; et je sais attendre. »

De son côté, Edgar Quinet écrivit : « Je ne suis ni un accusé ni un condamné ; je suis un proscrit. J'ai été arraché de mon pays par la force, pour être resté fidèle à la loi, au mandat que je tenais de mes concitoyens. Ceux qui ont besoin d'être amnistiés, ce ne sont pas les défenseurs des lois, ce sont ceux qui les renversent ».

« Nous ne pouvons jamais oublier le 2 décembre, l'hypocrisie, la lâcheté, et le massacre de ce temps, écrivit Schœlcher ; nous ne pouvons jamais oublier que les exécrables auteurs de ces attentats ont dit, en les commettant, que tout était *pour sauver la République en danger*..... Pour ma part, j'attendrai, pour rentrer dans mon pays, le moment où je pourrai aider à y rétablir, avec la République, le règne des lois et de la liberté. »

Louis Blanc, personnellement décidé à ne pas bénéficier de l'amnistie, engagea pourtant les proscrits à rentrer en France. Ledru-Rollin, seul exclu de l'amnistie, était du même avis. La plupart des proscrits rentrèrent.

Les affaires d'Italie sollicitaient alors à nouveau l'attention publique, car les Italiens ne semblaient guère disposés à se soumettre aux conséquences de la convention de Villafranca. On avait bien stipulé que le grand-duc de Toscane et le duc de

Modène rentreraient dans leurs Etats, mais on avait oublié de dire comment ils le pourraient. A Parme, à Modène et à Florence où siégeaient, depuis le départ des ducs, des gouvernements provisoires, les assemblées avaient prononcé la déchéance des souverains et voté l'annexion de leurs duchés au Piémont(20-27 août). La Romagne (Etats de l'Eglise), à son tour, se souleva le 16 septembre et se prononça dans le même sens. Le pape, pourtant, ne pouvait pas accepter, sans protester, l'amoindrissement de ses Etats, et il rompit ouvertement avec le gouvernement de Victor-Emmanuel. La situation devint embarrassante pour Napoléon III. Si d'une part il était partisan de l'unité italienne, la convention de Villafranca lui interdisait de favoriser cette unité ; d'autre part, après avoir entrepris, en 1849, une expédition pour rétablir le pouvoir temporel du pape, il lui était difficile d'approuver, dix ans après, que les Etats de l'Eglise fussent réduits de plus des deux tiers. Pourtant, comprenant que la tranquillité de l'Italie du Nord était à ce prix, il conseilla à Pie IX de renoncer de lui-même à ses provinces insurgées, et l'engagea à demander aux puissances de lui garantir le reste de ses Etats. Le conseil fut très mal accueilli à Rome ; en France il souleva la colère des évêques qui reprochèrent à l'Empereur de laisser diminuer le patrimoine de Saint-Pierre. Ce fut le commencement d'une campagne du parti catholique qui décidément prenait position contre le gouvernement impérial.

Un changement dans l'orientation de la politique étrangère de la France était devenu nécessaire, et, sans se laisser arrêter par les protestations des évêques, Napoléon III remplaça au ministère des affaires étrangères le comte Walewski par M. Thouvenel, plus favorable à l'unité italienne (4 janvier 1860). Le comte de Cavour, de son côté, reprit à Turin la direction des affaires italiennes. Le moment était venu où les conventions secrètes de Plombières allaient recevoir leur exécution.

Le Piémont n'avait pas la Vénétie, mais il s'était augmenté des duchés de Parme, de Modène et de Toscane ; Bologne, Ferrare et la Romagne demandaient à être réunis au royaume. Le 1er mars (1860) Napoléon III, dans son discours d'ouverture de la session, annonça au Corps législatif qu'il avait engagé Victor-Emmanuel à répondre au vœu des provinces qui demandaient à s'unir au Piémont ; puis il déclara que « devant cette transformation de l'Italie du Nord, qui donne à un Etat puissant tous les passages des Alpes, il était de son devoir de réclamer les versants français des montagnes. La France expose franchement la question aux puissances, continua l'Empereur, elle a droit à une garantie indiquée par la nature elle-même ».

Le 25 mars, le *Moniteur* annonça que le roi Victor-Emmanuel consentait à la réunion de la Savoie et de Nice à la France, sauf à consulter les populations. Celles-ci furent convoquées pour exprimer leur vote par *Oui* ou par *Non*, le 15 avril à Nice, le 22 en Savoie. Les réponses, à une immense majorité, furent favorables à l'annexion. Le 13 juin, les nouvelles provinces étaient proclamées françaises; le 14, le drapeau français était planté sur la plus haute cime du Mont-Blanc.

Une autre surprise attendait encore le pays. Depuis la fin de 1859, des négociations avaient été engagées en vue de la conclusion d'un traité de commerce avec l'Angleterre, et, le 5 janvier 1860, l'Empereur adressa une lettre au ministre d'Etat pour lui faire connaître les bases du nouveau programme économique qu'il entendait appliquer à l'Empire. Dans cette lettre, après avoir exposé « que le moment était venu de s'occuper des moyens d'imprimer un grand essor aux diverses branches de la richesse nationale », Napoléon III parla de l'utilité de la concurrence, de la nécessité « d'améliorer notre agriculture et d'affranchir notre industrie de toutes les entraves extérieures qui la placent dans des conditions d'infériorité. Pour encourager la production industrielle, dit-il encore, il faut affranchir de tout droit les matières premières indispensables à l'industrie ». Puis il résuma ainsi son programme : « Suppression des droits sur la laine et les cotons ; réduction successive sur les sucres et les cafés ; amélioration énergiquement poursuivie des voies de communication; réduction des droits sur les canaux, et, par suite, abaissement général des frais de transport ; prêts à l'agriculture et à l'industrie ; travaux considérables d'utilité publique ; suppression des prohibitions ; traités de commerce avec les puissances étrangères ». Pour compenser la perte qu'allait éprouver momentanément le Trésor par la réduction des droits, l'Empereur annonça que l'amortissement de la Dette serait suspendu « jusqu'à ce que le revenu public, accru par l'augmentation du commerce, permette de faire fonctionner de nouveau l'amortissement ».

Les négociations avec l'Angleterre aboutirent à un traité, le premier depuis 1786, qui fut signé le 23 janvier 1860. La France remplaçait les *prohibitions* qui frappaient certains produits manufacturés anglais, tels que le sucre raffiné, le fer forgé, les fils de laine, de coton et de soie, les machines, etc., par des droits qui ne pourraient dépasser 30 p. 100, et qui seraient réduits à 25 p. 100 à partir du 1er octobre 1864. En échange, l'Angleterre s'engageait à laisser pénétrer chez elle en franchise les articles de Paris et les soieries ; en outre, les vins français, jusque-là frappés à leur entrée en Angleterre d'un droit égal à 300 p. 100 de leur valeur, n'étaient plus soumis qu'aux droits dont étaient taxés les produits du pays.

Ce traité fut loin d'être accueilli avec une satisfaction unanime par le pays. Suivant que les industries d'une région se trouvaient menacées par la concurrence anglaise, ou favorisées par les nouveaux débouchés qui s'offraient à leurs produits, on était ou satisfait ou mécontent. Cette divergence d'opinion se manifesta avec violence au Corps législatif, lorsqu'il eut à discuter, non pas le traité lui-même que l'Empereur avait conclu sans consulter les Chambres, mais les lois qui devaient en assurer l'application. Ce furent les premiers grands débats qui eurent lieu entre *protectionnistes* et *libre-échangistes,* — et la querelle n'est pas terminée.

Conformément au programme du 5 janvier, et pour atténuer les préjudices que la nouvelle législation commerciale allait causer à certaines industries, le gouvernement demanda au Corps législatif de voter les lois sur le rachat des canaux, la construction de chemins de fer, la mise en valeur des marais, etc. Parmi toutes ces lois, celle qui affectait 40 millions à des prêts à l'industrie, pour renouveler ou améliorer son matériel, fut surtout l'objet d'une longue discussion, au cours de laquelle des députés, amis du gouvernement, exprimèrent des regrets de ce que le Corps législatif n'eût été appelé à se prononcer sur les lois rendues nécessaires par le traité de commerce, que lorsque ce traité était déjà devenu définitif. Mais le gouvernement n'avait pas outrepassé ses droits; la Constitution donnait à l'Empereur le pouvoir de conclure les traités sans le concours des Chambres.

La conclusion du traité de commerce dont l'Angleterre allait tirer tant de profits, n'empêcha pas cette puissance de protester bruyamment contre la réunion à la France de Nice et de la Savoie, mais cette mauvaise humeur à notre égard ne fut pas de longue durée, car Napoléon III allait bientôt donner aux Anglais un nouveau gage de ses bonnes dispositions.

Un traité, signé à la suite d'une guerre entre l'Angleterre et la Chine (1842), avait fait ouvrir cinq ports chinois au commerce européen. L'avènement d'un nouvel empereur (1850) changea les dispositions de la Chine, les traités de commerce furent violés, et un missionnaire français mis à mort. Une contestation avec les autorités anglaises provoqua le bombardement de Canton (novembre 1856), mais l'amiral Seymour, disposant de forces insuffisantes, fut obligé de se retirer. C'est à la suite de ces divers incidents que la France s'entendit avec l'Angleterre pour envoyer un corps expéditionnaire en Chine, et, en janvier 1858, 5.000 Anglais et 1.300 ou 1.400 Français s'étant emparés de Canton, la France et l'Angleterre signèrent avec la Chine le traité de Tien-Tsin, qui ouvrait cinq nouveaux ports au commerce étranger, et autorisait les missionnaires chrétiens à circuler librement dans tout l'Empire. En outre, les puissances signataires auraient le droit d'avoir un ambassadeur permanent à Pékin. Le traité devait être signé à Pékin dans le délai d'un an, mais lorsque les ambassadeurs français, anglais et américains se présentèrent à l'embouchure du Peï-Ho pour remonter ce fleuve, et se diriger vers la capitale, ils trouvèrent le Peï-Ho barré. Les Chinois émettaient la prétention d'obliger les ambassadeurs à prendre la route de terre. Les ambassadeurs ayant refusé de se soumettre à cette exigence injustifiable, l'amiral anglais Hope essaya de forcer le passage du fleuve. Mais la tentative échoua, et les canonnières anglaises furent obligées de se retirer devant le feu des forts chinois, après avoir subi des pertes sérieuses. L'amiral Hope fut blessé. Un navire de guerre français avait été engagé dans l'affaire (1859).

Ni la France ni l'Angleterre ne pouvaient rester sous le coup de cet affront, et une nouvelle expédition fut décidée entre les deux puissances. La France, cette fois, y eut un rôle plus important, du moins dans les opérations de terre.

Le général Cousin-Montauban fut désigné par l'Empereur pour prendre le commandement en chef du corps expéditionnaire français ; il arriva à Shang-Haï en avril 1860, et prit aussitôt le commandement des troupes de terre : 8.000 soldats français et 12.000 anglais ; l'escadre alliée était sous les ordres de l'amiral Charner. Cette fois encore, les flottes alliées se dirigèrent vers le Peï-Ho. L'entrée du fleuve était défendue par les forts de Takou, protégés eux-mêmes par un camp retranché de 70.000 Chinois.

Les opérations commencèrent à la fin de juillet ; le 20 août les forts de Takou étaient entre les mains des alliés. Le gouvernement chinois fit alors semblant de vouloir négocier, et des parlementaires français et anglais furent envoyés à Tong-Theou, à quatre lieues de Pékin ; de la part des Chinois, ce n'était qu'une feinte pour gagner du temps : 40.000 Célestes marchaient sur les troupes alliées. Celles-ci, averties à temps, repoussèrent l'ennemi et l'obligèrent à se retirer. Reprenant ensuite leur marche sur Pékin, elles se trouvaient, le 21 septembre, devant le pont de Palikao, solidement fortifié, et défendu par 25.000 Tartares. Il fallut combattre pendant cinq heures pour les disperser, et ce ne fut que grâce à la supériorité de l'armement européen, que les alliés eurent raison de l'ennemi ; les Tartares s'étaient vaillamment battus.

Le 6 octobre, les alliés campaient à quelques kilomètres de Pékin ; sur une indication que les Tartares s'étaient repliés sur le Palais d'Eté, à dix kilomètres de la capitale, ils se dirigèrent vers cet endroit, et le 7 occupaient le palais d'été de l'empereur. Des richesses inestimables y étaient réunies ; officiers et soldats se les partagèrent. Malheureusement, les parlementaires qui avaient été envoyés auprès des Chinois après leur défaite de Takou, avaient été retenus prisonniers ; pendant longtemps, on ne sut ce qu'ils étaient devenus. Lorsqu'ils furent enfin rendus à la liberté, on n'apprit pas sans indignation les mauvais traitements que les Chinois leur avaient infligés, et auxquels plusieurs avaient succombé, et les tortures qu'on leur avait fait subir en présence de l'empereur et de la famille impériale. Les alliés avaient déjà abandonné le Palais d'Eté. Lorsqu'ils connurent les atrocités dont les parlementaires avaient été victimes, les Anglais retournèrent en arrière, et, sur l'ordre du ministre plénipotentiaire et du général anglais, incendièrent le Palais d'Eté. Les Français se refusèrent à cet acte blâmable qui détruisit un monument d'une grande richesse et d'une haute valeur artistique, et qui donna aux Orientaux une triste opinion de la civilisation des peuples d'Occident. La destruction du Palais d'Eté eut pour effet de décider les Chinois à demander la paix ; le traité fut signé à Pékin, le 24-25 octobre 1860.

Pendant que se poursuivait la campagne de Chine, une autre expédition avait été entreprise. Les populations chrétiennes de la Syrie, victimes du fanatisme musulman, avaient fait appel à la protection de l'Europe. Des chrétiens maronites avaient été massacrés, leurs villages incendiés, leurs récoltes détruites. Napoléon III engagea avec les autres puissances des pourparlers en vue d'une intervention. L'Angleterre ne consentit qu'après de longues hésitations à ce que la France seule envoyât des troupes en Syrie, mais aucune objection ne fut faite par les autres puissances. La Turquie seule protesta, et prétendit que ses propres forces suffiraient à réprimer les troubles et à punir les coupables. Napoléon III passa outre, et le 16 août (1860) un corps français, sous le commandement du général d'Hautpoul-Beaufort, débarqua à Beyrouth. Nos soldats n'eurent pas à combattre, leur présence ayant suffi pour disperser les Druses, auteurs des massacres, et pour obliger les Turcs à châtier les coupables. Toutefois, dans la crainte qu'un nouveau soulèvement ne se produisît immédiatement après le départ de nos troupes, le petit corps expéditionnaire resta en Syrie jusqu'en juin 1861.

En présence des difficultés extérieures qui se succédaient et de l'opposition violente que, depuis les affaires d'Italie, les évêques faisaient au gouvernement impérial, Napoléon III sentit le besoin de s'appuyer davantage sur les pouvoirs législatifs.

Le 24 novembre 1860, le *Moniteur* publia un décret en vertu duquel le Sénat et le Corps législatif auraient le droit de voter tous les ans, à l'ouverture de la session, une adresse en réponse au discours de l'Empereur. Cette *adresse* serait discutée en présence des commissaires du gouvernement, qui donneraient aux Chambres toutes les explications nécessaires sur la politique intérieure et extérieure de l'Empire. Des ministres spéciaux, appelés *ministres sans portefeuille,* et responsables seulement vis-à-vis de l'Empereur, seraient désignés pour défendre devant les Chambres les propositions du gouvernement. Ce timide retour aux usages du régime parlementaire constituait cependant un progrès, puisque jusque-là ni le Corps législatif, ni le Sénat, n'étaient appelés à émettre leur avis sur la politique générale du gouvernement. En outre, les débats des Chambres devaient être reproduits *in extenso* dans le *Moniteur.*

La Constitution de 1852, en donnant au Corps législatif le droit de voter le budget, sans lui laisser la faculté de modifier celui de chaque ministère dans ses détails, ne lui avait donné qu'un droit illusoire, puisque, pour obtenir la suppression d'un crédit, le Corps législatif était obligé de rejeter tout le budget d'un ministère. De plus, le gouvernement, qui pouvait, dans l'intervalle des sessions des Chambres, ouvrir des crédits extraordinaires que le Conseil d'Etat et le Corps législatif n'avaient plus qu'à approuver, usait si largement de cette faculté que la Dette publique s'accrut au point d'inquiéter même les membres de la majorité. Mais le Corps législatif n'avait aucune action directe sur le budget, et les vœux exprimés par les rapporteurs restaient sans effet. Au commencement de la session de 1861, lors de la discussion de l'adresse, les réclamations devinrent plus vives. Un député, M. Gouin, démontra que l'équilibre du budget n'était obtenu que grâce à des ressources irrégulières, et que la Dette avait presque doublé en six ans; il conclut en demandant que le Corps législatif eût à l'avenir plus d'influence sur la fixation des dépenses. M. Dewinck, qui, comme rapporteur du budget de 1859, avait déjà demandé la suppression des crédits extraordinaires et la diminution des dépenses, déclara cette fois que les ressources du pays étaient épuisées.

Le désordre dans les finances devint tel, qu'en septembre 1861, le ministre d'Etat Achille Fould adressa un mémoire à l'Empereur, pour appeler son attention sur la gravité de la situation. Le ministre, après avoir exposé que le découvert de la Dette atteindrait près d'un milliard à la fin de l'année, conclut en demandant à l'Empereur de supprimer les crédits extraordinaires et supplémentaires. L'Empereur, se rendant aux arguments de son ministre d'Etat, l'appela aux finances, et rendit un décret (1ᵉʳ décembre) portant qu'aucune mesure « pouvant avoir pour effet d'ajouter aux charges budgétaires, ne sera soumise à la signature de l'Empereur, qu'accompagnée de l'avis du ministre des finances ». Le lendemain, le Sénat vota un sénatus-consulte qui modifia celui du

25 décembre 1852, et, en accordant au Corps législatif le vote du budget par sections, stipula qu'aucun crédit supplémentaire ou extraordinaire ne pourrait être ouvert qu'en vertu d'une loi votée par les Chambres. Le gouvernement se réserva toutefois la faculté des virements, c'est-à-dire de reporter sur un chapitre les crédits votés sur un autre. Cela enleva toute sincérité au budget.

Deux faits, d'inégale importance et différents en résultats, méritent encore de signaler l'année 1861 : la fondation de notre établissement en Cochinchine, et la guerre du Mexique.

La France était intervenue pour la première fois en Cochinchine, en 1858, à la suite des persécutions dont les missionnaires français et espagnols avaient été l'objet de la part de l'empereur d'Annam Tu-Duc. Une division navale française, commandée par le vice-amiral Rigault de Genouilly, renforcée par un bâtiment et de quelques soldats espagnols, s'empara de Saïgon après plusieurs combats où les Annamites montrèrent une réelle valeur. Mais la guerre de Chine vint interrompre l'expédition. En 1861, la guerre avec le Céleste Empire terminée, le vice-amiral Charner recommença les opérations en Cochinchine avec un corps de débarquement de 3.000 hommes. En mars 1862, la Cochinchine méridionale était entièrement soumise, et l'empereur Tu-Duc cédait à la France trois provinces qui, avec les trois autres qui nous furent cédées en 1867, formèrent notre première colonie de l'Indo-Chine.

IX

LA CAMPAGNE DU MEXIQUE

Origine de la guerre. — Convention militaire entre la France, l'Angleterre et l'Espagne. — Occupation de la Vera-Cruz. — Désaccord entre les représentants des puissances alliées. — L'Angleterre et l'Espagne retirent leurs troupes. — La guerre. — L'établissement de la monarchie. — L'archiduc Maximilien d'Autriche empereur du Mexique. — Intervention des Etats-Unis. — La France rappelle ses troupes. — Victoire de Juarez. — Mort de Maximilien. — Les élections législatives de 1863. — Les difficultés financières de la France.

Depuis l'année 1822, où le Mexique avait chassé les Espagnols pour se déclarer Etat indépendant, la révolution y était en permanence ; républicains fédéralistes et républicains unitaires se faisaient une guerre acharnée. En 1858, chacun des deux partis qui aspiraient au gouvernement avait un président de la République. Le général Zuloaga qui, après la démission du président Comonfort, avait réussi à se faire proclamer à Mexico, et Juarez qui, président en vertu de la Constitution, s'était retiré de la capitale en même temps que l'Assemblée nationale, et avait installé le gouvernement à la Vera-Cruz. En 1859, le général Miramon, soutenu par les conservateurs, succéda à Zuloaga, mais ayant échoué dans une attaque contre la Vera-Cruz, il démissionna (décembre 1860). Son gouvernement avait été reconnu par les puissances européennes et il avait pu, grâce à cette situation, contracter avec un banquier suisse, du nom de Jecker, un emprunt très important, mais à un taux absolument usuraire. De sorte qu'en 1861, lorsque Juarez fut reconnu seul président, les finances du Mexique se trouvaient dans une situation très précaire. Pour y remédier Juarez suspendit pendant deux ans l'exécution des conventions qui attribuaient le revenu des douanes au paiement de la dette extérieure ; cette mesure eut pour conséquence la rupture des relations de la France, de l'Angleterre et de l'Espagne avec le Mexique.

Le 31 octobre 1861, le gouvernement français signa avec l'Angleterre et l'Espagne une convention dans le but d'exiger de la République du Mexique « une protection plus efficace pour les personnes et les propriétés de leurs sujets, ainsi que l'exécution des obligations contractées envers elles ». Les trois puissances s'engagèrent (art. 2 de la convention): « à ne rechercher pour elles-mêmes, dans l'emploi des mesures coercitives, aucune acquisition de territoire ni aucun avantage particulier; et *à n'exercer dans les affaires du Mexique aucune influence de nature à porter atteinte au droit de la nation mexicaine de choisir et de constituer librement la forme de son gouvernement* ».

L'Espagne, plus pressée d'agir, fit partir ses troupes de Cuba le 29 novembre 1861, et, sans attendre l'arrivée des troupes françaises et anglaises, fit occuper la Vera-Cruz le 8 décembre. Le 7 janvier débarquèrent 2.500 Français commandés par l'amiral Jurien de la Gravière. L'escadre anglaise, avec un millier de soldats de marine, surveilla la côte. L'amiral Jurien de la Gravière était accompagné d'un ministre plénipotentiaire, Dubois de Saligny.

Dès le lendemain de leur arrivée, les représentants des puissances alliées se réunirent pour s'entendre sur les satisfactions à exiger du Mexique pour chacun des gouvernements.

Le représentant français demandait : le paiement de 60 millions de francs pour réparation des dommages causés à nos nationaux; *l'exécution pleine, loyale et immédiate du contrat passé au mois de février 1859, entre le gouvernement mexicain et la maison Jecker;* le châtiment des auteurs des insultes adressées au représentant de la France en novembre 1861. Pour garantir l'exécution de ces conditions, la France occuperait les ports de la Vera-Cruz et de Tampico ; des commissaires seraient nommés pour prélever au profit des puissances une part des revenus des droits de douane.

Ces prétentions furent trouvées exagérées par les représentants anglais et espagnols ; ils refusèrent de les appuyer, et décidèrent que chaque commissaire ferait valoir isolément les réclamations de son gouvernement. Le général Prim, commandant des troupes espagnoles, qui n'était venu que dans l'espoir d'agir pour son propre compte, se hâta de traiter dès qu'il vit l'impossibilité de satisfaire son ambition personnelle. Il signa avec le général mexicain Doblado des préliminaires qui furent acceptés ensuite par les représentants de la France et de l'Angleterre et approuvés par Juarez (23 février 1862). Dans ces préliminaires, les représentants des gouvernements alliés protestaient de leur intention de ne rien tenter contre l'indépendance, la souveraineté et l'intégrité du territoire de la République.

Les gouvernements anglais et espagnol ratifièrent la convention, tandis que le gouvernement français s'en montra très irrité, et fit annoncer par une note du *Moniteur* qu'il l'avait désapprouvée « parce qu'elle lui avait semblé contraire à la dignité de la France ». M. de Saligny restait seul chargé des pleins pouvoirs politiques dont le vice-amiral Jurien de la Gravière était investi. M. de Saligny était ce plénipotentiaire qui, dès le mois de mai 1862, avait, au nom de la France, et paraît-il d'après des ordres formels du gouvernement, présenté la question des bons Jecker comme une affaire « dans laquelle les intérêts et l'honneur de la France se trouvaient gravement impliqués ».

Le but non encore avoué de Napoléon III était de remplacer la République mexicaine par un empire dont l'archiduc Maximilien serait le chef, tandis que dans son entourage on poussait à la guerre dans l'espoir de réaliser la créance Jecker dont le total s'élevait à 75 millions. Point important à signaler : le banquier Jecker, qui avait intéressé à son affaire un des personnages les plus influents de l'Empire, n'était pas encore naturalisé français au moment de la première réclamation de sa créance par la France[1].

En présence de la divergence de vues qui s'était produite parmi les gouvernements alliés, les représentants anglais et espagnols, ne voulant en aucune façon intervenir dans les affaires intérieures du Mexique, rompirent les négociations et retirèrent leurs troupes. La France restait seule.

Au mois de mars 1862, 4.000 soldats français, commandés par le général de Lorencez, étaient venus renforcer le corps d'occupation. Les hostilités commencèrent vers la fin d'avril. Une première victoire, remportée aux Cumbrès de Aculcingo, ouvrit à nos troupes la route de Puebla ; mais, arrivées devant cette place, elles ne purent en entreprendre le siège, et furent obligées de battre en retraite. Le général de Lorencez se résigna alors à rentrer à Orizaba, dont il avait fait son point d'appui, et y passa la saison des pluies. Il ne put y rester inactif. Des bandes ennemies, retranchées sur le mont Borrego, interrompant à chaque instant ses communications avec Vera-Cruz, le général de Lorencez résolut de s'emparer de ce rocher, réputé inaccessible. L'opération, entreprise au milieu de la nuit, réussit, et fut pour nos soldats l'occasion d'un glorieux fait d'armes.

De nouveaux renforts furent envoyés de France,

1. Il a été fusillé en 1871, par la Commune.

et en septembre 1862 le corps expéditionnaire, placé sous les ordres du général Forey, comprenait environ 38.000 hommes et près de 6.000 chevaux. Après un siège de deux mois, Puebla tombait entre nos mains (17 mai 1863) ; le 10 juin nos troupes entraient à Mexico. La campagne semblait terminée, mais Juarez n'avait pas abandonné la capitale pour renoncer à la lutte ; trop faible pour continuer la grande guerre, il fit celle de guérillas et d'embuscades, harcelant nos soldats partout où il les rencontrait. Pendant ce temps, le général Forey institua à Mexico un conseil de gouvernement qui réunit une assemblée de notables (8 juillet). Celle-ci vota l'établissement d'une monarchie héréditaire avec un prince catholique dont le souverain prendrait le titre d'empereur du Mexique. Elle décida en outre que la couronne serait offerte au prince Ferdinand-Maximilien, archiduc d'Autriche. Dans le cas où l'archiduc Maximilien ne prendrait pas possession du trône qui lui était offert, la nation mexicaine s'en remettait à la bienveillance de Napoléon III pour qu'il désignât un autre prince catholique à qui la couronne serait offerte. Malheureusement pour Maximilien, cette assemblée ne représentait que l'opinion de la minorité conservatrice qui, dès les débuts, avait poussé à l'intervention de la France et avait su gagner la confiance de Napoléon III. Le conseil de gouvernement institué par le général Forey, ainsi que les notables qui composaient l'Assemblée, avaient précisément été choisis parmi la fraction conservatrice, et en les appelant à établir un gouvernement, on était certain d'avance de leurs préférences.

Une députation de l'Assemblée vint en Europe offrir un sceptre d'or à Maximilien. L'archiduc hésita longtemps, mais pressé par Napoléon III, il finit par accepter et, le 10 avril 1864, signa une convention qui réglait les conditions dans lesquelles les troupes françaises évacueraient le Mexique, et fixait l'indemnité que le gouvernement mexicain paierait à la France. Maximilien partit. Il fit son entrée à Mexico le 12 juin 1864, et s'occupa aussitôt d'organiser l'administration et les finances de son gouvernement. D'après la convention du 10 avril, les régiments français devaient évacuer le Mexique à mesure que l'empereur Maximilien aurait organisé les troupes nécessaires pour les remplacer.

On avait fait croire à Maximilien qu'il allait entrer dans un pays pacifié ; on l'avait trompé. Le général Forey (promu maréchal à la suite de la prise de Puebla) avait semé la terreur partout où avaient passé nos troupes et où se manifestaient des velléités de résistance à la domination étrangère. Le grand nombre des exécutions qu'il avait ordonnées l'avait fait rappeler en France en même temps que M. de Saligny, l'instigateur de toutes les mesures excessives de répression, et le général Bazaine, qui jusque-là avait commandé en sous-ordre, fut placé à la tête du corps d'occupation. Des difficultés s'élevèrent entre Maximilien et lui, dès qu'il fut question d'organiser le gouvernement. L'Empereur voulait appliquer ses idées personnelles, et le général Bazaine se souciait peu de lui faciliter la tâche. Quant aux Mexicains, ils n'obéissaient au nouveau gouvernement que là où étaient nos troupes. Juarez, soutenu par la grande majorité de la nation, tenait les provinces, et continuait avec une grande énergie la guerre de partisans. Aussitôt que nos soldats abandonnaient un pays, ceux de Juarez surgissaient; battus sur un point, ils reparaissaient sur un autre, sans jamais se laisser surprendre. L'évacuation, pourtant, commença. Napoléon III ayant, à l'ouverture de la session législative de 1865, déclaré qu'au Mexique « le nouveau trône se consolidait, que le pays se pacifiait », il fallut bien songer à réduire les troupes d'occupation. En avril 1865, Bazaine n'avait plus que 26.000 hommes sous ses ordres, nombre insuffisant pour tenir un pays immense comme le Mexique. Le danger en fut signalé à Napoléon III qui écrivit à Bazaine pour lui dire de garder toutes les troupes qu'il avait, et pour lui recommander de ne pas trop les disséminer.

Mais une autre difficuté survint. Les Etats-Unis, en proie à la guerre de la Sécession depuis 1861, n'étaient jusque-là intervenus qu'en 1864, par une résolution du Parlement refusant de reconnaître « un gouvernement monarchique élevé sur les ruines d'un gouvernement républicain, et sous les auspices d'un pouvoir européen ». Mais en 1865, alors que la lutte entre le Nord et le Sud avait pris fin, le gouvernement de Washington devint plus pressant. Des paroles de menace avaient été prononcées à l'ouverture du congrès américain, et après un échange de dépêches entre la France et les Etats-Unis, le général Shofield fut envoyé en mission extraordinaire auprès du gouvernement français, afin d'exiger l'évacuation du Mexique dans le délai d'un an. Toutefois, le gouvernement américain se montra disposé à faciliter à Napoléon III « les moyens de sortir du Mexique le plus décemment possible ». Il fallut se résigner. Dans son discours d'ouverture de la session de 1866, Napoléon III annonça aux Chambres qu'au Mexique le gouvernement, fondé par la volonté du peuple, se consolidait, que les dissidents étaient vaincus et qu'ils n'avaient plus de chefs. Puis abordant le point délicat, il continua ainsi : « Je m'entends avec l'empereur Maximilien pour fixer l'époque du rappel de nos troupes, afin que le retour s'effectue sans compromettre les intérêts français ». Napoléon III expédia auprès de Maximilien un envoyé spécial, le baron Saillard, pour lui faire part de la nécessité où se trouvait le gouvernement français de rappeler ses troupes. Maximilien essaya d'obtenir un délai plus long ; ce fut en vain. Désespéré et se voyant abandonné, il voulut abdiquer (7 juillet 1866). Sa femme, l'impératrice Charlotte, s'y opposa, lui arracha la plume des mains, et partit pour la France dans l'espoir d'obtenir le prolongement de l'occupation. Napoléon III fut inébranlable : « J'ai fait pour votre mari tout ce que je pouvais faire, lui dit-il ; je n'irai pas plus loin ! » Ni les prières, ni les larmes de la malheureuse Charlotte n'en obtinrent davantage. Mais l'eût-il voulu, Napoléon III n'aurait rien pu faire ; le pays était las de cette expédition ruineuse, et les Etats-Unis avaient fixé, comme dernier délai, le printemps de 1867.

Le 17 septembre 1866, le général Castelnau, aide de camp de Napoléon III, s'embarqua pour le Mexique afin de décider Maximilien à abdiquer avant le départ des troupes françaises. Encouragé à rester par le clergé mexicain, Maximilien refusa. Le 1er décembre, Napoléon III envoyait l'ordre de rapatrier « tous les soldats et autres qui désirent rentrer », et le 23 il déclarait à l'ambassadeur des Etats-Unis que l'évacuation aurait lieu dans les premiers mois de 1867. Nos troupes s'embarquèrent en février. Maximilien resta, il voulait tenter un dernier effort contre les bandes républicaines. Mais l'armée impériale, composée de troupes mexicaines, de volontaires autrichiens et belges, manquait de cohésion ; les échecs que successivement lui infligèrent les soldats de Juarez, devinrent l'occasion de nombreuses désertions. Maximilien, dans l'espoir de rallier toutes ses troupes, se décida à se mettre à la tête de son armée et se dirigea sur Queretaro, clef de la partie centrale du Mexique. Il y résista deux mois, après lesquels il se rendit au camp ennemi afin d'obtenir l'autorisation de s'embarquer pour l'Europe. Elle lui fut refusée. Toute résistance étant devenue inutile, Maximilien rendit son épée (15 mai 1867). Jugé par un conseil de guerre, il fut condamné à mort le 16 juin, et exécuté le 19. En apprenant la mort de son mari, l'impératrice Charlotte devint folle. C'est ainsi que se termina cette expédition que M. Rouher osa qualifier « une des grandes pensées du règne ».

Pendant que se poursuivait cette malheureuse campagne, la situation intérieure de la France ne se modifiait pas sensiblement. Des élections législatives avaient eu lieu en 1863, et malgré la pression administrative 35 candidats indépendants furent envoyés au Palais-Bourbon. Tous les centres populeux avaient voté contre les candidats du gouvernement. La nouvelle Chambre se réunit le 5 novembre. Le 1ᵉʳ décembre, M. Achille Fould, ministre des finances, publia un rapport pour signaler la situation dangereuse de nos finances. Après avoir constaté que l'ensemble des découverts s'élevait à 972 millions, le ministre avoua que ce chiffre excédait la limite imposée par la prudence, et qu'il était nécessaire de ramener la dette flottante à des proportions plus normales, en en consolidant une partie ; à cet effet il proposa un emprunt de 300 millions. Il demanda en outre 93 millions de crédits supplémentaires [1].

M. Larrabure, nommé rapporteur de la loi des crédits supplémentaires, blâma l'augmentation constante de notre Dette : « Nous empruntons sans cesse, et nous n'amortissons jamais,..... dit-il,

---

1. La dette flottante, se trouvant représentée par des bons du Trésor à courte échéance, était exigible dans un délai assez restreint, et pouvait par conséquent créer à nos fonds publics un embarras d'autant plus sérieux que le découvert, c'est-à-dire la partie de la dette non garantie par des crédits équivalents, était hors de proportion avec les ressources disponibles.

l'équilibre est depuis longtemps rompu entre les recettes et les dépenses annuelles ». Et il conclut en regrettant que les frais des expéditions lointaines vinssent renverser les prévisions budgétaires les mieux combinées.

X

LA POLITIQUE EXTÉRIEURE DE NAPOLÉON III

L'insurrection de la Pologne. — La question du Slesvig-Holstein. — L'invasion des Duchés. — Le partage entre la Prusse et l'Autriche. — M. de Bismarck à Biarritz. — Rivalité entre la Prusse et l'Autriche. — L'attitude de la France. — La guerre en 1866. — Défaite de l'Autriche. — Dissolution de la Confédération germanique. — Echec de la politique de Napoléon III. — La question du Luxembourg.

Le 22 janvier 1863, une insurrection formidable, plus grave que les précédentes, avait éclaté à Varsovie. Un comité révolutionnaire, dont les ramifications s'étendaient sur toute la Pologne, avait organisé la lutte, et la dirigeait en même temps sur tous les points. Le gouvernement russe avait mis le pays en état de siège, et la répression fut aussi terrible que la résistance énergique. Ni les exécutions ni les proscriptions n'arrêtaient les insurgés; un tribunal révolutionnaire occulte fonctionnait et répondait aux exécutions en condamnant à mort les proscripteurs. La Prusse, voisine du théâtre de l'insurrection, signa, à l'instigation de

M. de Bismarck, ministre depuis 1862, un traité avec la Russie donnant réciproquement à chacune des deux puissances le droit de faire franchir la frontière à ses troupes, si besoin en était. L'Europe s'émut. En France, de nombreuses pétitions en faveur de la Pologne furent adressées au Sénat. Le Corps législatif avait également eu à s'occuper de la question. Le gouvernement s'était contenté de déclarer que la France n'avait perdu aucune de ses vieilles sympathies pour la Pologne, mais, avait ajouté le porte-parole du gouvernement, « l'autonomie de ce royaume aurait plus à attendre des sentiments généreux de l'empereur de Russie que d'une tentative insurrectionnelle (5 février 1863) ». Cependant lorsqu'il connut la convention signée entre la Prusse et la Russie, le gouvernement français comprit qu'il ne pouvait plus s'abstenir, et il proposa au gouvernement anglais d'exercer contre la Russie une action commune. Mais l'Angleterre avait déjà, à plusieurs reprises, fait entendre des réclamations en faveur de la Pologne, sans que le gouvernement français eût consenti à sortir de la réserve que les bons rapports qu'il entretenait avec la Russie lui imposaient ; aussi refusa-t-elle à son tour de s'associer à la France. Les deux gouvernements se contentèrent de faire isolément des représentations à la Russie et à la Prusse. La démarche n'eut aucun résultat si ce n'est celui d'encourager l'insurrection, les Polonais se berçant de l'illusion que l'intervention des puissances améliorerait leur sort.

La situation se prolongeant, l'Angleterre et la

France, sur l'initiative de Napoléon III, convièrent les Etats de l'Europe à une conférence à Londres. Mais l'entente ne fut pas possible ; aucun des gouvernements représentés ne voulant prendre l'engagement que leur demandait la France, de poursuivre le règlement de la question de la Pologne par voie diplomatique « ou autrement, s'il était nécessaire ». Dès lors la Russie avait les coudées franches : les représentations des puissances devant rester platoniques, elle n'avait plus guère à les redouter. L'Angleterre ayant proposé un armistice, accepté par les insurgés et repoussé par la Russie, le cabinet de Londres déclara que la responsabilité du refus retombait sur la Russie, et celle-ci se contenta de répondre qu'elle acceptait cette responsabilité. Ni l'Angleterre, ni la France qui avait envoyé à Saint-Pétersbourg une note identique à celle du cabinet de Londres, ne pouvaient rester sous le coup de l'offense. Sur la proposition du gouvernement anglais, il fut décidé qu'on signifierait à la Russie, qu'ayant manqué aux engagements que les traités de 1815 lui imposaient vis-à-vis de la Pologne, les droits que ces traités lui conféraient sur ce pays ne pouvaient être maintenus ; il fut convenu, en outre, que le représentant de la France ne remettrait sa note que lorsque celui de l'Angleterre aurait déjà remis la sienne. La note anglaise fut, en effet expédiée, mais le courrier qui devait la transmettre à Saint Pétersbourg, fut arrêté à Berlin par une dépêche de son gouvernement ; l'Angleterre, subitement, avait changé d'attitude. La diversion que, très adroitement, M. de Bismarck venait de faire, au profit de la Russie, en soulevant à propos la question du Danemark, avait, tout à coup, inspiré au cabinet de Londres une nouvelle orientation dans sa politique.

En présence de la défection de l'Angleterre, Napoléon III eut l'idée de faire régler la question par les puissances, et il leur proposa la réunion d'un congrès (4 novembre 1863) dans des termes qui méritent d'être cités. « Je viens vous proposer de régler le présent et d'assurer l'avenir dans un congrès, disait-il dans sa note aux puissances. Appelé au trône par la volonté du peuple français, mais élevé à l'école de l'adversité, il m'est peut-être moins permis qu'à un autre d'ignorer et les droits des souverains et les légitimes aspirations des peuples. Aussi, je suis prêt, sans système préconçu, à porter dans un conseil international l'esprit de modération et de justice, partage ordinaire de ceux qui ont subi tant d'épreuves diverses. Si je prends l'initiative d'une semblable ouverture, je ne cède pas à un mouvement de vanité ; mais, comme je suis le souverain auquel on prête le plus de projets ambitieux, j'ai à cœur de prouver, par cette démarche franche et louable, que mon unique but est d'arriver sans secousse à la pacification de l'Europe. » Les conditions que les puissances mirent à la réunion de ce congrès, firent avorter la proposition.

En 1851, à la suite d'un soulèvement des duchés de Slesvig-Holstein, l'Autriche et la Prusse, intervenant en faveur des populations insurgées, avaient exigé du roi de Danemark que le Slesvig ne serait pas incorporé au royaume, tandis que le Holstein continuerait à faire partie de la Confédération germanique et resterait comme auparavant sous la souveraineté du roi de Danemark. Les difficultés que cette situation compliquée créa au Danemark dans ses rapports avec les deux duchés, décidèrent le roi de Danemark à accorder au Holstein une administration autonome (mars 1863). Quant au Slesvig, la Constitution de novembre 1863 le reconnaissait comme uni au royaume de Danemark. La Diète de Francfort voyant dans cette Constitution une violation des conventions de 1851, ratifiées par les grandes puissances en 1852, menaça le Danemark d'une exécution fédérale dans le Holstein. Le roi Christian IX, qui venait de monter sur le trône, ne s'alarma pas de la menace; il savait les Etats allemands divisés entre eux, et il espérait également que l'initiative d'un congrès des puissances, prise par Napoléon III, se réaliserait, et que la question du Slesvig-Holstein pourrait y être réglée. L'idée d'un congrès ayant été écartée, le Danemark se trouva seul en face de l'Autriche et de la Prusse.

L'Angleterre, intéressée à ce que le Danemark restât maître des ports du Slesvig-Holstein, s'émut alors du danger qui le menaçait, mais elle se laissa facilement rassurer par le gouvernement prussien, dont l'ambassadeur à Londres déclara que l'affaire des Duchés n'intéressait pas la Prusse autant que pourrait le faire croire l'effervescence qui régnait en Allemagne. Cela se passait peu de temps avant que l'Angleterre ne proposât à la France de déclarer la Russie déchue de ses droits sur la Pologne, et c'est alors que M. de Bismarck, faisant le jeu de la Russie, intervint en menaçant le Danemark de déchéance de ses droits sur le Slesvig, pour ne pas avoir rempli les conditions du traité de 1852. Telle fut la cause du changement d'attitude de l'Angleterre dans son intervention en faveur des Polonais, changement qui empêcha la note comminatoire de l'Angleterre d'arriver jusqu'à Saint-Pétersbourg, et qui fit que la note française ne fut pas remise. Au lieu d'une menace de déchéance, le cabinet de Londres expédia une dépêche pour exprimer sa satisfaction de voir que « l'empereur de Russie continue à être animé d'intentions pleines de bienveillance envers la Pologne, et de conciliation vis-à-vis des puissances étrangères » (20 octobre).

Le gouvernement français qui, jusque-là, avait semblé disposé à seconder l'Angleterre en faveur du Danemark, modifia à son tour sa conduite, et Napoléon III, fit savoir au Danemark qu'il n'interviendrait pas dans le cas d'une guerre avec l'Allemagne. C'est ce que M. de Bismarck attendait. L'unité d'action de l'Angleterre et de la France en faveur du Danemark se trouvant rompue, le ministre prussien n'eut plus à ménager les susceptibilités du gouvernement britannique, et lui qui, jusque-là, avait fait semblant de vouloir retarder l'exécution fédérale dans le Holstein, y poussa subitement. Voulant éviter la guerre, le roi de Danemark renonca à l'organisation autonome qu'il avait donnée au Holstein, mais la concession fut jugée insuffisante, et le 21 décembre les troupes fédérales allemandes envahirent le Holstein que, pour empêcher un conflit, le Danemark avait évacué. La Prusse n'était pas encore satisfaite. M. de Bismarck prétendait que la Constitution que le roi de Danemark avait donnée aux provinces danoises, sur lesquelles l'Allemagne, du reste, n'avait aucun droit, était trop libérale et créait par ce fait un danger pour les provinces allemandes. Le roi de Danemark, sommé d'abroger la Constitution dans un délai de deux jours, se refusa à subir cette humiliation, et se déclara prêt à défendre le Slesvig. Celui-ci fut envahi par un corps d'armée austro-prussien, le 1er février 1864. L'Autriche, dans cette aventure, ne fit que suivre M. de Bismarck, par peur de voir prendre à la Prusse une situation prépondérante en Allemagne, ce qui, en effet, n'allait pas tarder. Le gouvernement anglais avait, quelques jours auparavant, télégraphié à Berlin que l'invasion du Slesvig troublerait les relations de l'Angleterre et de la Prusse, dépêche dont M. de Bismarck ne s'inquiéta guère, sachant pouvoir compter sur l'attitude bienveillante de la Russie. Celle-ci, en effet, n'intervint que pour empêcher la Suède de venir en aide au Danemark. De son côté, la France, sollicitée par l'Angleterre pour maintenir l'intégrité du Danemark, refusa de s'engager avant de savoir comment l'Angleterre comprenait elle-même cette coopération. Napoléon III se serait peut-être décidé à une intervention armée ; mais lorsqu'il sut qu'il n'était question que de produire un « effet moral », il fit répondre que ses égards « pour les aspirations des nationalités lui inspiraient de la répugnance à s'opposer par les armes aux vœux des Allemands ». Abandonnés à eux-mêmes, les Danois ne purent soutenir la lutte contre une armée austro-prussienne ; écrasés sous le nombre (90.000 hommes contre 35.000), ils succombèrent après avoir vaillamment combattu. Les préliminaires signés le 1er août 1864, confirmés par le traité de Vienne, mirent fin à la guerre. Le Danemark céda le Slesvig et le Holstein à l'Autriche et à la Prusse. La part de chacun des copartageants et les conditions dans lesquelles les deux duchés seraient administrés, furent déterminés par la convention de Gastein (août 1865). La Prusse avait le Slesvig ; l'Autriche le Holstein où la Prusse se réservait la surveillance du port de Kiel avec le droit de le fortifier et de construire un canal de la mer du Nord à la Baltique.

La convention de Gastein fut accueillie en France et en Angleterre par de violentes protestations. « C'est là une politique dont l'Europe actuelle était déshabituée, et dont il faut chercher les précédents aux plus tristes époques de notre histoire, écrivait notre ministre des affaires étrangères, M. Drouyn de Lhuys. La violence et les conquêtes pervertissent la notion du droit et la conscience des peuples. » Ce langage énergique émut M. de Bismarck, qui craignit alors que Napoléon III ne dérangeât ses projets, et, brusquement, il se décida à venir en France. L'Empereur était à ce moment à Biarritz, M. de Bismarck vint l'y trouver. Son dessein était de faire la guerre à l'Autriche, et pour cela la neutralité de la France lui était nécessaire. A quelles conditions l'obtiendrait-il ? C'est ce que le ministre prussien tenait à savoir. Avant son départ, il fit annoncer par ses journaux qu'il venait soumettre à Napoléon III une combinaison en vue de l'annexion de la Belgique ou des provinces rhénanes à la France. Sur ce qui se passa entre Napoléon III et M. de Bismarck, on en est encore aux conjectures; une seule chose est certaine, c'est que, pressenti sur la possibilité d'une alliance entre la Prusse et l'Italie, alliance dont la Vénétie serait le prix, Napoléon III se montra favorable. Quant aux compensations que la France pouvait obtenir en échange de sa neutralité, il en fut probablement question, mais ni Napoléon III, ni M. de Bismarck n'étaient disposés à signer une convention. Napoléon III se réservait d'agir suivant que la guerre prévue favoriserait l'Autriche ou la Prusse, tandis que M. de Bismarck se contentait de savoir que la France resterait neutre. A partir de ce jour, la Prusse devint de plus en plus exigeante envers l'Autriche, pendant que celle-ci, toujours conciliante et voulant éviter un conflit, faisait toutes les concessions possibles. Mais la guerre était inévitable, la rivalité entre les deux gouvernements était arrivée à un état trop aigu.

Depuis l'entrevue de Biarritz, tout le monde croyait à un pacte entre Napoléon III et la Prusse. Interrogé au Corps législatif, le gouvernement, par l'organe de M. Rouher, résuma sa politique par ces trois termes : attitude pacifique ; neutralité loyale ; liberté entière d'action. Liberté entière d'action signifiait pour tous que Napoléon III attendait son heure pour agir ; personne ne pouvait soupçonner qu'il aurait poussé l'Italie dans les bras de la Prusse, sans avoir l'intention de se joindre à ces deux puissances au moment voulu. Aux Tuileries, deux politiques se trouvaient en présence : celle de M. Drouyn de Lhuys, qui penchait vers l'Autriche, et celle du prince Napoléon, gendre de Victor-Emmanuel, qui inclinait vers la Prusse. Quant à l'Empereur, tiraillé par ces deux courants, il se laissait aller au gré des événements, sans vouloir s'engager ni d'un côté ni de l'autre, convaincu qu'il était que, quoi qu'il pût arriver, on serait obligé d'avoir recours à lui, et qu'alors son autorité morale suffirait pour tout arranger.

Au programme politique, si bien défini, de M. de Bismarck, Napoléon III opposa une politique hésitante qui dérouta tout le monde. Rien ne saurait mieux l'indiquer que les dépêches que M. Nigra, ambassadeur d'Italie à Paris, adressa à son gouvernement.

« L'Empereur désire, écrivait M. Nigra lorsque les premiers pourparlers eurent lieu entre la Prusse et l'Italie :

« 1° Que la guerre éclate ;

« 2° Il ne veut s'engager ni avec la Prusse, ni avec l'Autriche, ni avec l'Italie ;

« 3° Il conseille le traité d'alliance avec la Prusse, mais à titre d'ami seulement ;

« 4° Son but est d'obtenir les frontières du Rhin, sans tirer l'épée ; — il la tirera, s'il est nécessaire, lorsque la guerre sera engagée ;

« 5° Si l'Autriche la première attaque l'Italie, il la défendra. »

Puis, plus tard, lorsque M. de Bismarck, toujours peu rassuré sur les intentions de Napoléon III, aurait voulu savoir, avant de s'engager à fond contre l'Autriche, quelles étaient les conditions que la France mettait à sa neutralité, et qu'il lui fit demander de formuler ses propositions, « l'Empereur ne fit aucune demande précise ; il dit seulement qu'on pouvait examiner sur la carte la différence qui existe entre la frontière actuelle de la France et celle qu'elle avait en 1814 » (Dépêche de M. Nigra (17 mars 1866). Deux mois après, le 28 mai, le même ambassadeur télégraphia à son gouvernement : « L'Empereur se contenterait d'une solution pacifique qui ne lui rapporterait aucune acquisition territoriale, mais qui aurait pour résultat de délivrer Venise et d'augmenter l'influence morale de la France dans le monde[1] ».

L'attitude prise par le gouvernement impérial, dès le commencement des négociations, fut vivement critiquée par M. Thiers, dans un remarquable discours sur la politique étrangère (27 avril 1866). L'illustre orateur blâma l'intervention de la France en Italie, son désintéressement de l'affaire du Danemark, et enfin sa neutralité dans les

---

1. *La Politique française en 1866*, par G. de Rothan, ancien ministre plénipotentiaire.

différends qui allaient mettre la Prusse aux prises avec l'Autriche et l'Allemagne du Sud. Il fit éloquemment ressortir le danger qu'il y avait [pour la France à permettre la reconstitution d'un empire d'Allemagne, et il soutenait la nécessité d'empêcher l'unification de ce pays sous la protection de la Prusse, et de maintenir l'Allemagne dans l'état où elle se trouvait, c'est-à-dire un nombre déterminé d'Etats indépendants, unis par un lien fédératif. Au nom de l'intérêt français, M. Thiers demandait que le gouvernement impérial prévînt la Prusse qu'il ne pouvait s'associer à sa politique, et, dit-il, pour bien le faire comprendre à M. de Bismarck, il aurait suffi d'interdire à l'Italie de s'allier à la Prusse.

Napoléon III ne sut pas tenir compte de cet avertissement, malgré l'occasion qui s'offrait à lui de s'opposer à l'alliance italo-prussienne, lorsque l'Autriche offrit au gouvernement italien de lui céder la Vénétie, à la condition de rester neutre.

La guerre paraissant alors imminente, une proposition de Congrès fut faite à l'Autriche, à la Prusse et à l'Italie, par la France, l'Angleterre et la Russie (24 mai), à l'effet de régler la question des Duchés (Slesvig-Holstein), celle du remaniement de la Confédération germanique, et celle qui divisait encore l'Italie et l'Autriche. La Prusse et l'Italie acceptèrent, mais l'Autriche y mit des conditions qui enlevèrent au Congrès tout intérêt. Pendant que se traitait cette dernière question, M. de Bismarck, toujours inquiet sur le rôle que se préparait à jouer Napoléon III, manifestait le désir de s'entendre d'avance avec lui. Des négociations furent entamées pour qu'au Congrès la France soutînt la Prusse dans ses prétentions sur le Slesvig-Holstein ; dans le cas où le Congrès n'aurait pas lieu, la France s'allierait à la Prusse et à l'Italie pour imposer à l'Autriche la cession de la Vénétie à l'Italie, et pour faire accorder à la Prusse une augmentation de territoire comprenant six à huit millions d'âmes. Quant à la France, elle aurait le territoire situé entre la Moselle et le Rhin, excepté Coblentz et Mayence.

Les vues de Napoléon III étaient ailleurs. Soit qu'il ait été influencé par les dangers signalés par M. Thiers, dans le cas où la Prusse deviendrait prépondérante en Allemagne, soit qu'il ne crût pas que l'Autriche pût être vaincue, il signa, le 9 juin, un traité secret avec l'Autriche, en vertu duquel cette puissance cédait la Vénétie à la France, qui la rétrocéderait à l'Italie ; la Prusse de son côté abandonnerait la Silésie à l'Autriche, et aurait comme compensation, outre le Slesvig-Holstein, le Hanovre et la Hesse électorale. La France se contenterait des provinces de la rive gauche du Rhin qui passeraient sous son protectorat tout en faisant partie de la Confédération germanique.

Quand M. de Bismarck se rendit compte que les ouvertures qu'il n'avait cessé de faire à Napoléon III resteraient sans résultat, il se décida à agir seul, et, le 7 juin, ordonna l'occupation militaire du Holstein. L'Autriche répondit en proposant, le 11 juin, à la Diète, la mobilisation de l'armée fédérale, qui fut votée, le 14, par la plu part des Etats allemands. La Prusse rispota aussitôt en déclarant la Confédération germanique rompue, et la Diète dissoute.

Le 12 juin, M. Drouyn de Lhuys, ministre des affaires étrangères, donna lecture au Corps législatif d'une lettre par laquelle l'Empereur faisait connaître la conduite qu'il entendait tenir en présence des événements qui se préparaient.

« Si la conférence avait eu lieu, écrivait Napoléon III à son ministre, vous deviez déclarer en mon nom que je repoussais toute idée d'agrandissement territorial, tant que l'équilibre européen ne serait pas rompu. En effet, nous ne pourrions songer à l'extension de nos frontières que si la carte de l'Europe venait à être modifiée au profit exclusif d'une grande puissance, et si les provinces limitrophes demandaient, par des vœux librement exprimés, leur annexion à la France. — Nous aurions, en ce qui nous concerne, désiré, pour les Etats secondaires de la Confédération, une union plus intime, une organisation plus puissante, un rôle plus important ; pour la Prusse, plus d'homogénéité et de force dans le Nord ; pour l'Autriche, le maintien de sa grande position en Allemagne. — Nous aurions voulu, en outre, que, moyennant une compensation équitable, l'Autriche pût céder la Vénétie à l'Italie.

» Dans la lutte qui est sur le point d'éclater, continuait l'Empereur, nous n'avons que deux intérêts : la conservation de l'équilibre européen, et le maintien de l'œuvre que nous avons contribué à édifier en Italie.

« Mais, pour sauvegarder ces deux intérêts, la force morale de la France suffira, et, pour que sa parole soit écoutée, l'Empereur ne pense pas qu'elle sera obligée de tirer l'épée. » Et Napoléon III termina en se déclarant assuré « par les déclarations des Cours engagées dans le conflit, que, quels que soient les résultats de la guerre, aucune des questions qui nous touchent ne sera résolue sans l'assentiment de la France ».

Napoléon III ne devait pas tarder à se rendre compte de quelles illusions il s'était bercé.

Le 16 juin, trois corps prussiens envahirent simultanément la Saxe, la Hanovre et la Hesse-Cassel, se dirigeant vers la Bohême où les armées belligérantes allaient se rencontrer. Le 26 à Munchengraetz, le 27 à Gitschin et à Nachod, les Prussiens obligèrent les Autrichiens à reculer. Le 3 juillet, à Sadowa, quatre cent vingt mille hommes occupèrent le champ de bataille, et pour la première fois de pareilles masses allaient se trouver aux prises. La bataille, commencée dès le matin, ne se termina qu'à neuf heures du soir, par l'écrasement de l'armée autrichienne. La victoire remportée sur les Italiens à Custozza (24 juin) ne servit pas plus à l'Autriche que la défaite qu'elle infligea à la flotte italienne à Lissa, dans l'Adriatique, le 20 juillet.

Lorsque, le 4 juillet, la nouvelle de la défaite de l'Autriche parvint à Saint-Cloud, où se trouvait alors la Cour, ce fut un coup de foudre. Napoléon III ne savait plus quelle attitude prendre; toutes ses prévisions étaient renversées. Fallait-il rester dans les termes de la circulaire du 11 juin, et arrêter la Prusse dans son ambition? Cela ne se pouvait que si, derrière la volonté de la France, nettement exprimée, se trouvait un corps d'armée prêt à entrer en campagne. Fallait-il au contraire faire cause commune avec la Prusse et l'Italie contre l'Autriche, et obtenir comme compensation la rive gauche du Rhin? Les deux solutions avaient leurs partisans à la Cour. M. Drouyn de Lhuys poussait aux mesures énergiques ; il demandait la convocation des Chambres afin de faire voter des subsides par le Corps législatif, l'envoi à notre ambassadeur à Berlin d'un ordre lui enjoignant de se rendre sans délai au quartier général pour imposer notre médiation, pour arrêter l'armée prussienne et faire pressentir notre intervention et au besoin l'occupation de la rive gauche du Rhin, si le roi, méconnaissant les assurances qu'on nous avait données en retour de notre neutralité, ne se montrait pas modéré dans ses exigences vis-à-vis de l'Autriche, et s'il procédait à des conquêtes territoriales de nature à troubler l'équilibre de l'Europe. M. Drouyn de Lhuys demandait, en outre, pour appuyer l'action de notre diplomatie, une démonstration militaire, d'autant plus facile que les provinces rhénanes étaient absolument dégarnies de troupes, et que le maréchal Randon, consulté, se déclarait prêt à mettre immédiatement quatre-vingt mille hommes au service de notre politique [1].

L'Empereur semblait convenir de la nécessité

1. *La Politique française en 1866*, par G. de Rothan.

d'une démonstration militaire, et le programme de M. Drouyn de Lhuys fut discuté en Conseil des ministres, et accepté. Le *Moniteur* du lendemain devait même contenir le décret de convocation des Chambres. Il n'en fut rien. Une lettre très pressante du prince Napoléon, en faveur de la Prusse et de l'Italie, avait fait revenir le souverain sur la décision prise par le Conseil des ministres.

De son côté, l'Autriche, voulant se débarrasser de l'Italie afin de pouvoir opposer tous ses corps d'armée à la Prusse, offrit à Napoléon III de lui céder la Vénétie, et demanda sa médiation pour obtenir un armistice de l'Italie. Napoléon III accepta, et proposa en même temps sa médiation au roi de Prusse dans les termes suivants :

« Sire, les succès si prompts et si éclatants de Votre Majesté ont amené des résultats qui me forcent à sortir de mon rôle de complète abstention. L'empereur d'Autriche m'annonce qu'il me cède la Vénétie et qu'il est prêt à accepter ma médiation pour mettre un terme au conflit qui s'est élevé entre l'Autriche, la Prusse et l'Italie. Je connais trop les sentiments magnanimes de Votre Majesté, comme son affectueuse confiance envers moi, pour ne pas croire que, de son côté, après avoir élevé si haut l'honneur de ses armes, elle n'accueille avec satisfaction les efforts que je suis disposé à faire pour l'aider à rendre à ses Etats et à l'Europe le précieux avantage de la paix.

« Si Votre Majesté agrée ma proposition, elle jugera sans doute convenable qu'un armistice conclu pour l'Allemagne et pour l'Italie ouvre immédiatement la voie à des négociations.

« De Votre Majesté, le bon frère,

« Napoléon . »

Le roi de Prusse accepta l'offre de médiation, mais il expédia à Napoléon III une lettre autographe pour lui dire qu'un armistice ne pouvait être conclu sans que la Prusse obtînt des garanties en vue d'un traité de paix. En attendant, l'armée prussienne continuait sa marche en avant, et s'approchait de plus en plus de Vienne.

La nouvelle que la Vénétie était cédée à la France fut accueillie par celle-ci avec enthousiasme ; à Paris on pavoisa et on illumina. Il n'en fut pas de même en Italie où elle fut accueillie par des cris de colère. Victor-Emmanuel était lié avec la Prusse par un traité, et il refusa de séparer sa cause de celle de son alliée. Son ministre, le général La Marmora, écrivit à M. Nigra : « L'Empereur a télégraphié au roi que l'Autriche lui cède la Vénétie, et qu'il s'arrangera facilement avec nous. La chose est d'autant plus grave qu'elle est publiée dans le *Moniteur*. Je comprends que l'Empereur cherche à arrêter la Prusse, mais c'est extrêmement douloureux qu'il le fasse au détriment de l'honneur italien. Recevoir la Vénétie en cadeau de la France est humiliant pour nous, et tout le monde croira que nous avons trahi la

Prusse ». Le ministre italien interprétait en cela l'opinion de tous ses compatriotes : « Donner la Vénétie à la France qui n'a pas participé à la guerre, disait la *Gazette de Turin*, c'est vouloir l'arracher des mains de nos soldats en mesure de la conquérir ». — « Nous n'accepterons l'armistice, s'écriait un autre journal, qu'un gage en mains ; l'annexion de la Vénétie ne doit être que le triomphe du principe unitaire, et non le résultat d'accommodements diplomatiques. »

Le 9 juillet, notre ambassadeur à Berlin reçut l'ordre de se rendre au quartier général prussien, afin « d'exposer au roi et au comte de Bismarck, que la cession de la Vénétie à l'Empereur le place dans une position qui ne saurait se prolonger et dont il est résolu à ne sortir qu'honnêtement. Nous devons remettre la Vénétie à l'Italie, disait M. Drouyn de Lhuys dans ses instructions, mais il faut pour cela que l'Italie accepte un armistice, et son acceptation est subordonnée au consentement de la Prusse ».

Les négociations furent longues ; elles se continuèrent simultanément par M. Benedetti, au quartier général du roi de Prusse, et par M. de Goltz, ambassadeur de Prusse à Paris. Les préliminaires de paix proposés par Napoléon III furent jugés insuffisants par la Prusse. M. de Bismarck, se retranchant derrière le roi, le disait décidé à ne pas signer un armistice tant qu'il n'était pas assuré : 1° d'un agrandissement territorial permettant à la Prusse de réunir les deux grandes fractions de la monarchie ; 2° de l'établissement d'une Confédération du Nord, sous l'hégémonie de la Prusse.

Cependant M. de Bismarck, encore incertain sur la tournure que prendraient les événements en France, paraissait toujours disposé à s'entendre avec l'Empereur. « La France et la Prusse unies, et résolues à redresser leurs frontières, en se liant par des engagements solennels, dit le ministre prussien à M. Benedetti, seraient en situation de régler toutes les questions, sans avoir à se préoccuper ni de la résistance armée de l'Angleterre, ni de celle de la Russie. »

Pendant que M. de Bismarck négociait ainsi avec notre ambassadeur, qui n'avait pas qualité pour traiter, M. de Goltz, ambassadeur du roi de Prusse, travaillait à Paris, de façon à obtenir le plus de concessions possible. Ne pouvant réussir auprès de M. Drouyn de Lhuys qui ne manqua pas de lui rappeler ce qu'il n'avait cessé de dire : « que toute annexion sur la rive droite du Rhin provoquerait inévitablement une annexion sur la rive gauche », M. de Goltz se rendit à Saint-Cloud auprès de l'Empereur, et en obtint tout ce qu'il vint demander. M. Drouyn de Lhuys avait refusé de s'engager sans garanties, même pour le minimum des prétentions de la Prusse; Napoléon III, circonvenu par M. de Goltz, accorda le maximum.

Les prétentions de la Prusse ne tardèrent pas à éveiller la méfiance de la Russie. L'empereur Alexandre II, comprenant le danger qu'il y avait pour la Russie à laisser prendre à la Prusse la situation de puissance de premier ordre, proposa à

Napoléon III de s'entendre avec l'Angleterre afin d'envoyer à Berlin une note collective par laquelle les trois puissances dénieraient à la Prusse le droit de dissoudre à elle seule la Confédération germanique, instituée en 1815 avec le concours de toutes les puissances. Mais Napoléon III détestait les traités de 1815, il l'avait nettement déclaré, à la stupéfaction de toute l'Europe, dans un discours prononcé à Auxerre le 7 mai 1866 ; ces traités ne pouvaient donc pas le décider. En outre, espérant toujours que le roi de Prusse lui tiendrait compte de son attitude bienveillante, Napoléon III fit répondre au Tsar que la tentative de médiation qu'il faisait auprès de la Prusse ne lui permettait pas de donner suite à la proposition du gouvernement russe.

Le succès inespéré qu'avait obtenu M. de Goltz auprès de Napoléon III, causa au quartier général une joie non dissimulée, et M. de Bismarck ne modifia pas ses allures vis-à-vis de M. Benedetti : il aurait semblé que rien n'était changé dans les intentions du ministre prussien. Tout le monde paraissait d'accord sur les compensations à donner à la France, sauf M. Drouyn de Lhuys qui aurait voulu traiter cette question avant la signature des préliminaires, tandis que l'Empereur, se fiant à la bonne volonté du roi de Prusse, déclara à M. de Goltz que, pour ne pas entraver la conclusion de la paix, il consentait à la signature des préliminaires, sauf à régler les intérêts de la France par des « négociations ultérieures ».

Napoléon III espérait rester maître des événements, il en fut le jouet. Impuissant en Italie où ses conseils n'étaient plus écoutés, et n'osant pas se résoudre à une démonstration militaire, malgré les conseils pressants du maréchal Randon et les appels désespérés de l'Autriche et des petits Etats allemands qui affirmaient qu'une armée de 100.000 hommes suffirait pour arrêter la Prusse [1], il laissa celle-ci maîtresse de la situation.

Le 22 juillet, les plénipotentiaires autrichiens arrivaient à Nikolsbourg ; notre ambassadeur les mit aussitôt en rapport avec M. de Bismarck. Les

---

[1]. « Je croirais manquer à mon devoir, écrivait, le 17 juillet, le duc de Gramont, notre ambassadeur à Vienne, et me reprocherais comme une faute de ne pas faire ressortir aux yeux de mon gouvernement les avantages incalculables qu'il recueillerait d'une simple démonstration militaire vers les provinces rhénanes, pour appuyer sa médiation. — La guerre avec la Prusse est complètement impossible. Le cabinet de Berlin ne veut à aucun prix en risquer les chances, car il ne peut se placer entre deux armées comme celles de la France et de l'Autriche. Une démonstration militaire, l'envoi d'un corps d'armée sur le Rhin, est positivement une mesure que l'Empereur *peut exécuter sans le moindre danger, et dont l'effet est certain.* — J'ai des raisons sérieuses de croire qu'en faisant une démonstration militaire, sans même lui donner un caractère agressif, l'Empereur sera étonné de l'effet qu'elle produira, et qu'à l'instant même il ne tiendra plus qu'à lui de dicter les conditions de la paix, au lieu de les soumettre. »

Cette opinion fut confirmée par M. de Bismarck lui-même dans le discours qu'il fit au parlement allemand, le 16 janvier 1874. « Après la bataille de Sadowa, dit-il, l'empereur Napoléon III fit entrevoir son immixtion ; l'apparition de la France sur le théâtre de la guerre nous eût exposés à perdre nos succès. Bien que la France eût alors peu de forces disponibles, l'addition d'un corps français eût suffi à faire des nombreuses troupes de l'Allemagne du Sud, qui avaient un matériel excellent mais sans organisation, une très bonne armée, qui nous aurait aussitôt forcés de couvrir Berlin et de renoncer à tous nos succès en Autriche. »

ministres autrichiens essayèrent de résister aux exigences de la Prusse, mais M. de Bismarck leur déclara « que si le cabinet de Vienne ne consent pas à l'agrandissement de la Prusse dans le nord de l'Allemagne, il rompt les négociations. Il se prévaut, en produisant les dernières dépêches du comte de Goltz, de l'assentiment de la France. (Dépêche de M. Benedetti, 24 juillet 1866 [1].) »

L'Autriche, se voyant abandonnée à elle seule, se résigna à son sort. Quant à Napoléon III, il consentit enfin à ce que notre ministre des affaires étrangères formulât au gouvernement prussien la demande du gouvernement français relative à la compensation que la France entendait obtenir. M. de Bismarck précipita aussitôt les pourparlers avec l'Autriche, et les préliminaires furent signés le 26 juillet ; leur ratification eut lieu à Prague, le 23 août. L'ancienne Confédération germanique était dissoute ; la Vénétie, cédée par l'Autriche à la France, était rétrocédée par celle-ci à l'Italie ; l'Autriche renonçait à ses droits sur les duchés du Slesvig-Holstein, et reconnaissait l'annexion à la Prusse du Hanovre, de la Hesse électorale, du duché de Nassau et de la ville libre de Francfort. Une nouvelle organisation serait donnée à l'Allemagne du Nord qui, décidément, passait sous l'hégémonie de la Prusse. L'Autriche s'engageait, en outre, à payer à la Prusse une indemnité de guerre de 150 millions. Les Etats du Sud (Wurtemberg, Bade, Bavière,

---

1. *La Politique française en 1866*, par G. de Rothan.

Hesse grand-ducale) signèrent avec la Prusse des traités particuliers.

Le traité de Prague accordait à la Prusse un territoire de 83.785 kilomètres de superficie, comprenant cinq millions et demi d'habitants, et la plaçait à la tête d'une Confédération dont l'armée en temps de paix comptait 319.000 hommes, et qui pouvait au moment d'une guerre être portée à 977.000 hommes.

Une fois les préliminaires signés, le gouvernement français jugea le moment opportun de formuler ses demandes d'une façon précise, et, le 6 août, M. Benedetti soumit à M. de Bismarck un projet de traité qui cédait à la France la rive gauche du Rhin, jusques et y compris Mayence. Mais M. de Bismarck, sans se montrer opposé au système des compensations, n'était plus disposé à accueillir les ouvertures au sujet des frontières du Rhin, et il ne dissimula pas qu'il eût préféré voir la France s'agrandir du côté de la Belgique. En présence des résistances que rencontrèrent ses premières propositions, et de la disposition des esprits en Prusse, M. Benedetti se rendit à Paris pour faire comprendre à l'Empereur le danger qu'il y avait à maintenir nos demandes, la Prusse étant plutôt décidée à une guerre, qu'à nous céder « un pouce de terre allemande ».

Mais, après les déclarations solennelles qui avaient été faites, le public français était en droit de demander quels étaient les avantages que retirerait la France, de s'être prêtée à un agrandissement si considérable de la Prusse ; l'Empereur s'en rendait fort bien compte[1]. Aussi, malgré l'éloignement qu'il avait jusque-là montré pour l'annexion de la Belgique, en envisageait-il maintenant l'éventualité, encouragé dans cette voie par M. de Goltz, ambassadeur de Prusse à Paris. M. Benedetti retourna donc à Berlin avec la mission de faire considérer nos premières propositions comme abandonnées, et d'accepter en principe de négocier au sujet de la Belgique. Pendant ce temps, M. de Bismarck, afin d'avoir toute sa liberté d'action vis-à-vis de la France, et d'être prêt à tout événement, se hâtait de signer avec les Etats du sud (avec le Wurtemberg, le 13 août, le duché de Bade le 17, la Bavière le 22), des traités secrets d'offensive, de sorte que la Prusse était prête à opposer à la France les troupes qui, sous la direction de l'Autriche, venaient de se battre contre elle. Nous avons vu que le traité définitif avec l'Autriche fut signé le 23 août, à Prague.

C'est le 20 que M. Benedetti soumit à M. de

---

[1]. M. Magne, ancien ministre des finances, dans un rapport très intéressant, inspiré du patriotisme le plus élevé, avait appelé l'attention de l'Empereur sur l'état des esprits français. « Tout ce que j'ai entendu en haut et en bas, dans le militaire et dans le civil, dit M. Magne, me donne la plus profonde conviction que les rapides progrès et les prétentions présumées de la Prusse inquiètent, et que l'ingratitude injustifiable de l'Italie irrite les esprits même les plus calmes. Le sentiment national serait profondément blessé, cela me paraît hors de doute, si en fin de compte la France n'avait obtenu de son intervention que d'avoir attaché à ses deux flancs deux voisins dangereux par leur puissance démesurément accrue. Tout le monde se dit que la grandeur est une chose relative, et qu'un pays peut être diminué, tout en restant le même, lorsque de nouvelles forces s'accumulent autour de lui[1]. »

[1]. *La Politique française*, par G. de Rothan.

Bismarck, sous la forme d'un traité d'alliance, les demandes du gouvernement français. Celui-ci réclamait à la Prusse la cession de Landau, de Saarlouis, de Saarbrück et du Luxembourg. Puis, par un traité secret, la France se réservait la faculté de s'annexer la Belgique, lorsqu'elle le jugerait convenable. Par contre, le traité consacrait toutes les acquisitions récentes de la Prusse, et lui assurait une alliée puissante.

M. de Bismarck trouva ces prétentions exagérées, et fit comprendre à M. Benedetti que la France devait absolument renoncer à tout territoire allemand ; mais il consentit à négocier au sujet de la cession du Luxembourg et de la Belgique. Les instructions données à M. Benedetti l'autorisant à traiter sur ce *minimum,* notre ambassadeur, sur les instances de M. de Bismarck, prit la plume et, *sous sa dictée,* il est bon de le faire remarquer, fit sur le projet de traité qu'il avait apporté, les modifications réclamées par le ministre prussien ; puis, recopiant le tout au net, il lui remit le document afin de lui permettre de le soumettre à l'approbation du roi. A partir de ce moment M. de Bismarck n'avait plus rien à craindre : la paix avec l'Autriche était signée, et les traités avec les Etats du sud obligeaient ces puissances à s'allier à la Prusse en cas de guerre contre la France. En outre, pour nous mettre la Russie à dos, il avait envoyé en mission secrète, à Saint-Pétersbourg, le général de Manteuffel, qui se chargea de mettre le Tsar au courant des prétentions de Napoléon III.

Ces pourparlers au sujet de la Belgique traînèrent plusieurs jours ; mais, quand M. de Bismarck se vit maître de la situation, il invoqua tout à coup les difficultés que l'annexion de la Belgique à la France créerait à la Prusse du côté de l'Angleterre, et les négociations furent suspendues. M. Benedetti se rendit aux eaux de Carlsbad, dans l'espoir d'en être bientôt rappelé pour reprendre les négociations avec M. de Bismarck. Ce fut en vain, M. de Bismarck partit pour Varzin, et la question en resta là.

Malheureusement, les négociations dont le Luxembourg et la Belgique avaient été l'objet une fois rompues, M. Benedetti ne songea pas à réclamer à M. de Bismarck le projet de traité qu'il avait écrit sous sa dictée. C'était laisser entre les mains du futur *Chancelier de Fer* une arme terrible, dont il sut habilement tirer parti contre nous. En juillet 1870, aussitôt la guerre déclarée, M. de Bismarck fit reproduire ce document par la photographie, et le communiqua à tous les membres du corps diplomatique accrédité à Berlin, sans ajouter, bien entendu, qu'il avait été écrit sous sa dictée. Il nous enleva ainsi, du coup, toutes les sympathies que nous pouvions rencontrer auprès des puissances européennes. La publication de ce projet de traité peut être considérée en outre comme une des causes principales de notre isolement au moment de la défaite.

Les pourparlers au sujet de la Belgique étaient restés ignorés du public, et le pays n'était guère rassuré. On avait peine à croire, d'après la lettre du 11 juin, que Napoléon III laisserait la Prusse s'agrandir à sa guise, sans obtenir pour la France une rectification de ses frontières du Rhin. Une circulaire de M. de La Valette, ministre des affaires étrangères par intérim, vint alors tranquilliser l'opinion en France, et aussi en Allemagne où l'on se demandait si Napoléon III accepterait si bénévolement d'être joué par M. de Bismarck. Dans cette circulaire, que l'on prétend avoir été l'œuvre personnelle de l'Empereur, le ministre, après avoir constaté qu'une puissance irrésistible poussait les peuples à se réunir en grandes agglomérations par la disparition des Etats secondaires, ajoutait : « La Prusse agrandie, libre désormais de toute solidarité, assure l'indépendance de l'Allemagne. La France n'en doit prendre aucun ombrage. Fière de son admirable unité, de sa nationalité indestructible, elle ne saurait combattre ou regretter l'œuvre d'assimilation qui vient de s'accomplir ». C'était vouloir se payer de belles illusions. Le pays ne retint de tout cela que des assurances de paix, car M. de La Vallette avait dit également : « qu'une paix qui reposera sur de pareilles bases sera une paix durable ». C'était cela surtout que l'opinion demandait.

En même temps qu'il donnait ces assurances de paix, le gouvernement impérial comprit qu'il était temps de mettre nos forces nationales en mesure d'assurer la défense de notre territoire. Une commission de généraux et d'administrateurs fut nommée à cet effet, et ses travaux eurent pour résultat un projet d'après lequel tous les jeunes gens auraient été appelés au service militaire. Mais la proposition fut mal accueillie : ni le Corps législatif, ni le pays, n'étaient préparés à accepter une loi qui devait troubler si profondément la vie nationale, et le gouvernement, manquant de l'autorité nécessaire pour l'imposer, fit annoncer que le projet serait remanié.

L'étoile de Napoléon III avait pâli. Il songea à ramener l'opinion par un de ces coups de surprise qu'il affectionnait. Le 20 janvier 1867, le *Moniteur* publia une lettre, datée du 19, que l'Empereur adressait à M. Rouher, ministre d'Etat, pour lui annoncer que l'heure était venue « de donner aux institutions de l'Empire tout le développement qu'elles comportent, et aux libertés une extension nouvelle ».

Le droit de répondre au discours du Trône par le vote et la discussion d'une adresse fut supprimé, et remplacé par le droit d'interpellation. Mais, pour être admise à la discussion, l'interpellation devait être acceptée auparavant par quatre bureaux sur neuf que comprenait le Corps législatif.

Chaque ministre pourrait à l'avenir, par une délégation spéciale de l'Empereur, être chargé de représenter le gouvernement dans la discussion des interpellations et des autres affaires.

Deux lois furent annoncées : l'une pour soustraire les journaux à l'arbitraire administratif, en soumettant les délits de presse au jugement des tribunaux correctionnels ; l'autre pour régler le droit de réunion.

Un sénatus-consulte du 14 février donna au Sénat le droit d'examiner les lois, non seulement à leur point de vue constitutionnel, mais sur leur valeur même, et de provoquer sur les lois une seconde délibération.

Le même jour, l'Empereur fit rétablir la tribune au Corps législatif. Elle avait été supprimée au lendemain du Deux-Décembre, et les orateurs étaient obligés de parler de leur place.

La dissolution de la Confédération germanique avait créé au grand-duché de Luxembourg une situation mal définie. Le duché, possession personnelle du roi de Hollande, faisait partie de la Confédération et avait une garnison prussienne. Après la guerre de 1866, la Confédération n'existant plus, la France demanda à la Prusse que la question du Luxembourg fût réglée. En même temps, Napoléon III proposait au roi de Hollande de lui céder le Luxembourg en échange d'une indemnité pécuniaire. Tout d'abord, les choses semblaient ne pas devoir soulever de difficultés, et M. de Bismarck, après avoir leurré Napoléon III de l'espoir de compensations sur le Rhin, puis sur l'Escaut, paraissait ne pas s'opposer à ce que la France acquît le Luxembourg. Napoléon III, de son côté, y tenait beaucoup ; après avoir été si malheureux dans ses combinaisons précédentes, il pensait réussir dans celle-ci. Mais il aurait fallu agir vite, et suivre le conseil qu'avait donné M. de

Bismarck, c'est-à-dire en finir avant la réunion du Reichstag, parlement de la nouvelle Confédération du Nord. En France, on croyait l'affaire terminée, et la population du Luxembourg, poussée par des émissaires français, manifestait bruyamment ses sentiments français. Le 1er avril 1867, alors que l'acte de cession allait être signé, une interpellation sur la question du Luxembourg eut lieu au Reichstag, qui permit à M. de Bismarck de changer d'attitude. Le 3 avril, la Prusse fit savoir au gouvernement hollandais, qu'en présence de l'opinion manifestée par le Reichstag, le gouvernement prussien serait obligé de considérer la cession du Luxembourg à la France comme un cas de conflit. Devant ce nouvel et humiliant échec, qu'allait faire Napoléon III ? Il penchait bien vers une guerre, mais la France n'était pas prête, et la Confédération du Nord disposait de près de 900.000 hommes. La presse berlinoise devint très aggressive, et l'opinion publique en France était fort inquiète ; après des promesses de paix et au lendemain de l'ouverture de l'Exposition universelle, on allait se trouver en pleine guerre. Notre ministre des affaires étrangères, M. de Moustier, qui avait conduit les négociations avec beaucoup de tact, proposa une conférence entre les grandes puissances, pour régler la question du Luxembourg. La conférence se réunit à Londres (7-11 mai) et un traité fut signé qui stipula la neutralité perpétuelle du Luxembourg. Le duché resta la propriété du roi de Hollande, et les Prussiens durent évacuer sa capitale.

XI

L'EMPIRE LIBÉRAL

L'Exposition universelle de 1867. — L'attentat contre l'empereur de Russie. — Encore la question italienne. — Garibaldi. — Nouvelle expédition de Rome. — Mentana. — La discussion de la question romaine au Corps législatif. — La nouvelle organisation militaire.

L'Exposition universelle avait été inaugurée par l'Empereur, l'Impératrice et le Prince impérial, le 1ᵉʳ avril, alors que la question du Luxembourg inquiétait tous les esprits et que la guerre avec la Prusse était sur le point d'éclater. Une fois le danger écarté, le pays ne s'occupa plus que de cette immense agglomération du champ de Mars, où 52.000 exposants avaient envoyés des produits de toutes les parties du monde. Incomplètement installée au moment de l'inauguration, elle battait son plein au mois de mai, et pour la première fois les visiteurs émerveillés purent admirer une manifestation aussi imposante du génie humain. Le roi de Prusse, à peine l'affaire du Luxembourg terminée, avait fait annoncer sa visite, et vint à Paris, accompagné de M. de Bismarck et de M. de Moltke. L'empereur de Russie, le Sultan, l'empereur d'Autriche, le roi de Suède, le roi des Belges et un grand nombre de princes du sang furent, cette année-là, les hôtes de la France. Des fêtes somptueuses furent données en leur honneur, et elles se succédaient au milieu d'un éclat et d'un luxe extraordinaires. Une brillante revue de 60.000 hommes fut passée, le 6 juin, en présence de l'empereur de Russie et du roi de Prusse ; c'est au retour de cette solennité qu'un coup de pistolet fut tiré, au bois de Boulogne, des environs de la Cascade, sur Alexandre II, par le Polonais Bérézowski, sans que cet attentat interrompît en quoi que ce soit l'ordre des fêtes officielles. La France semblait alors à l'apogée de la gloire ; malheureusement ce n'était qu'une illusion, et la véritable situation de notre pays n'avait pas échappé aux yeux investigateurs de M. de Bismarck et de M. de Moltke, qui profitèrent de leur séjour parmi nous pour s'édifier complètement sur le peu de solidité qu'offrait alors notre organisation militaire.

L'Exposition n'était pas encore close, que de nouveaux bruits de guerre vinrent inquiéter le pays. Le 15 septembre 1864, une convention avait été signée entre la France et l'Italie. Le gouvernement italien s'était interdit toute attaque contre le territoire pontifical, et s'était engagé à le défendre contre toute invasion de volontaires. Cette dernière clause visait surtout Garibaldi dont un coup de main était toujours à craindre. La France de son côté s'était engagée à retirer de Rome, dans un délai de deux ans, la garnison qu'elle y entretenait depuis 1849. L'évacuation eut lieu en décembre 1866, et le Pape, pour remplacer nos troupes, avait organisé une armée composée de Français, d'Autrichiens, de Belges et de Suisses. Mais les patriotes italiens, qui n'avaient pas renoncé à faire de Rome la capitale de l'Italie, songèrent à réaliser leur vœu dès que l'occupation française eut pris fin. Après plusieurs tentatives, Garibaldi réussit enfin à organiser une petite armée de volontaires dont une partie parvint à envahir les Etats du Pape, grâce, un peu, à la complaisance du gouvernement italien. Le gouvernement impérial ne pouvait rester insensible à la violation de la convention du 15 septembre 1864, et, sur les instances de l'Impératrice, une nouvelle expédition à Rome fut décidée. Pendant que se préparait cette expédition, Garibaldi avait réussi à tromper la surveillance dont il était l'objet de la part des Italiens, et avait pu rejoindre ses bataillons (octobre 1867). Déjà les garibaldiens avaient enlevé aux troupes pontificales un fort qui dominait Rome, lorsque, le 29 octobre, le corps expéditionnaire français, sous les ordres du général de Failly, débarqua à Civita-Vecchia, et entra dans Rome le 30. Le 4 novembre, une colonne de 5.000 hommes (3.000 pontificaux et 2.000 Français) rencontrèrent les volontaires de Garibaldi près du village de Mentana, et après deux jours de résistance les obligèrent à capituler. Ce fut la première occasion qu'eurent les Français d'utiliser le fusil Chassepot, et le général de Failly put dire dans son rapport que « le chassepot avait fait merveille [1] ». Pendant ce temps Victor-Emmanuel, ayant fait occuper une partie des États du Pape par des soldats italiens, une guerre faillit éclater entre la France et l'Italie. Victor-Emmanuel pourtant céda, l'opinion de l'Europe ne lui étant pas favorable.

Les affaires romaines furent l'objet en France de violentes discussions dans les deux Chambres. Au Corps législatif, Jules Favre reprocha au gouvernement d'être intervenu : il fallait laisser le Pape et l'Italie s'arranger ensemble, dit-il. Jules Simon, soulevant alors une question qui n'avait pas encore été exposée devant une Chambre française, prétendit que la meilleure solution était la séparation de l'Église et de l'Etat. Le gouvernement, par l'organe de M. Rouher, fit la réponse suivante : « Le Pape a besoin de Rome pour son indépendance ; l'Italie aspire à Rome qu'elle considère comme un besoin impérieux de son unité: Eh bien, nous le déclarons au nom du gouvernement français, l'Italie ne s'emparera pas de Rome. *Jamais* la France ne supportera cette violence faite à son honneur et à la Catholicité ». Et la droite applaudit en répétant : *Jamais ! jamais !*

Le projet de loi militaire que le gouvernement avait retiré en 1866, revint cette année (1867) en discussion, après avoir subi d'importantes modifications. Ce projet, préparé par le maréchal Niel,

---

[1]. Une garnison française fut maintenue à Rome jusqu'en juillet 1870, après la déclaration de guerre à la Prusse.

portait la durée du service de sept à neuf ans. Tous les jeunes gens de la classe devaient être incorporés. Chaque contingent était divisé en deux portions par le tirage au sort ; la première passait cinq années dans l'armée active et quatre ans dans la réserve, la seconde servait quatre années dans la réserve et cinq dans la garde nationale mobile. Des facilités étaient accordées pour se faire exonérer, soit de l'armée active, soit de la réserve ; mais tout Français apte au service était obligé de servir au moins dans la garde mobile qui serait appelée quinze fois par an, pour un service ne donnant pas lieu à plus d'un jour de déplacement. L'adoption du projet Niel aurait permis à la France de mettre en ligne, en cas de guerre, une armée de 800.000 hommes.

Le Corps législatif n'osa adopter un système qui bouleversait complètement les habitudes de quiétude qu'avait contractées le pays. De plus, les membres de la gauche firent à ce projet une irréfléchie et violente opposition, dominés qu'ils étaient par de généreuses et en même temps dangereuses illusions sur les sentiments de l'Allemagne. La loi fut votée le 14 janvier 1868, après une longue discussion, mais le projet était sensiblement amoindri. La deuxième portion du contingent fut dispensée du service de la réserve, on ne lui demandait plus que celui de la garde mobile. Cette loi devait porter notre armée de guerre à 540.000 hommes ; malheureusement, ce chiffre exista seulement pour la forme, car le gouvernement impérial ne s'occupa de la garde mobile que pour en nommer les officiers. Les hommes ne furent convoqués que lorsque éclata la guerre de 1870.

Une discussion intéressante marqua en 1868 la première session du Corps législatif. Le ministre des finances, Magne, avait publié un rapport constatant que la dette flottante s'élevait à 936 millions, et conclut en demandant un emprunt de 700 millions. M. Thiers, au contraire, prétendait que, malgré l'emprunt, la dette flottante serait encore de 950 à 970 millions à la fin de 1869, et il démontra que le budget présentait tous les ans un déficit de 260 à 270 millions, et que le gouvernement impérial avait emprunté quatre milliards pour le dissimuler.

Cette même année fut signalée par l'apparition du premier numéro de *La Lanterne* de Rochefort, qui devait faire tant de mal à l'Empire en le ridiculisant, et par le procès que fit le gouvernement aux journaux qui avaient ouvert une souscription pour élever un monument au représentant Baudin, victime du Deux-Décembre. Ce procès eut un retentissement considérable, et fut l'origine de la fortune politique de Gambetta. Les plaidoiries prirent plusieurs séances, pendant lesquelles Mes Crémieux, Emmanuel Arago, Gambetta, Clément Laurier et Leblond, avocats des prévenus, purent faire entendre publiquement de véhémentes protestations contre cette violation du droit qui, le 2 décembre, avait donné naissance à l'Empire.

De nouvelles élections se préparaient ; le mandat des députés, élus en 1863, allait prendre fin. Une propagande très active fut organisée à Paris et dans les départements ; légitimistes, orléanistes et républicains modérés se coalisèrent et formèrent une *Union libérale* qui patronna les candidats opposés à l'Empire. A tous ces efforts vinrent s'ajouter ceux de la Société Internationale des Travailleurs, fondée à Londres en 1864, par l'économiste allemand Karl Marx, et dont l'influence était alors très puissante dans les centres ouvriers. Les élections eurent lieu en mai 1869 ; 92 députés de l'opposition furent envoyés au Corps législatif, et parmi eux Gambetta et Rochefort.

Influencé par ce résultat imprévu qui avait fait éclater aux yeux de tous les tendances du pays, et voulant aller au-devant des revendications en faveur d'un gouvernement plus libéral qui ne tarderaient pas à se produire à la nouvelle Chambre, Napoléon III résolut de faire faire au gouvernement impérial un pas de plus vers le régime parlementaire, et, le 11 juillet (1869) il fit connaître ses intentions par un message au Corps législatif. Par le sénatus-consulte du 8 septembre il rendit à la Chambre le droit de nommer son président et son bureau ; lui accorda, concurremment avec l'Empereur, l'initiative des lois, et supprima les restrictions qui avaient été mises au droit d'interpellation. Les ministres devenaient responsables, mais continuaient à ne dépendre que de l'Empereur ; ils délibéraient en conseil, sous la présidence de l'Empereur, sur les affaires de l'Etat, au lieu de n'avoir à s'occuper, comme auparavant, que de celles ressortissant à leur ministère. Par contre, le Sénat recevait le droit de s'opposer à la promulgation des lois votées par le Corps législatif. Les séances du Sénat devenaient publiques. Puis, voulant se rapprocher davantage encore du régime parlementaire, Napoléon III chargea M. Emile Ollivier, envoyé à la Chambre comme républicain mais qui avait fini par se rallier à l'Empire, de constituer un ministère pris parmi les députés.

Le nouveau cabinet, formé le 2 janvier 1870, fut, dès le début, aux prises avec de sérieuses difficultés. Les funérailles de Victor Noir (tué le 10 janvier par le prince Pierre Bonaparte), l'arrestation de Rochefort, la grève du Creusot, donnèrent lieu à des troubles et à des manifestations qui énervaient le pays et affaiblissaient le gouvernement. Napoléon III s'en émut, et, à une opposition toujours plus audacieuse résolut d'opposer un gouvernement puisant une force nouvelle dans une nouvelle consultation populaire. Le 20 avril, un sénatus-consulte fut soumis au Sénat afin « de restituer à la nation la part du pouvoir constituant qu'elle avait déléguée ». Le pouvoir de modifier la Constitution était enlevé au Sénat, et aucun changement ne pourrait y être apporté sans avoir reçu l'approbation du suffrage universel directement consulté. L'Empereur et le ministère décidèrent également que les électeurs seraient convoqués pour le 8 mai suivant, et qu'on leur demanderait de se prononcer par *Oui* ou par *Non*, s'ils approuvaient « les réformes libérales opérées dans la Constitution depuis 1860 par l'Empereur », et s'ils ratifiaient le sénatus-consulte du 20 avril 1870. 7.336.434 votants répondirent affirmativement, 1.560.709 répondirent *Non*. C'était un incontestable succès pour Napoléon III, malgré les 40.000 *Non* qui avaient été relevés parmi les votes de l'armée. Son gouvernement, s'appuyant désormais sur la nation, semblait affermi pour longtemps, et il pouvait espérer que la succession au trône était assurée au fils qui lui était né le 16 mars 1856, au milieu de l'allégresse générale et pendant que se tenaient les séances du Congrès de Paris. Mais les événements vont maintenant se précipiter, et entraîner le second Empire dans une chute irrémédiable. Quatre mois après le plébiscite, le gouvernement de Napoléon III aura vécu.

XII

1870

La candidature Hohenzollern. — L'interpellation Cochery. — Les négociations. — La dépêche d'Ems. — La discussion au Corps législatif (séance du 15 juillet 1870). — La déclaration de guerre (20 juillet 1870). — La question des alliances. — Situation militaire de l'Allemagne. — Situation militaire de la France.

Le jour où l'on apprit à Paris que le prince Léopold de Hohenzollern, officier de cavalerie dans l'armée prussienne, avait, du consentement du roi de Prusse, accepté la candidature au trône d'Espagne qui lui avait été offerte par le maréchal Prim, au nom des Cortès espagnoles, l'émotion fut vive, et, le 5 juillet 1870, le duc de Gramont, ministre des affaires étrangères, déclarait à l'ambassadeur d'Angleterre que « le dessein de mettre la couronne d'Espagne sur une tête prussienne n'étant rien moins qu'une insulte à la France, la France ne la supporterait pas ».

Le même jour, M. Cochery, député de l'opposition, donna lecture de la demande d'interpellation suivante, signée par plusieurs de ses collègues : « Nous demandons à interpeller le gouvernement sur la candidature éventuelle d'un prince de la famille royale de Prusse au trône d'Espagne ». Le but de cette interpellation était d'empêcher le gouvernement de s'engager sans la participation des représentants du pays. Le duc de Gramont demanda à répondre le lendemain. Le même jour (5 juillet) M. Benedetti, ambassadeur de France à Berlin, reçut une dépêche de M. de Gramont l'invitant à se rendre auprès du roi de Prusse, à Ems, pour le prier d'intervenir auprès du prince de Hohenzollern et de lui conseiller de revenir sur son acceptation de la couronne d'Espagne. A cette dépêche était jointe une lettre particulière, dans laquelle M. de Gramont disait à M. Benedetti de demander au roi de Prusse une déclaration d'après laquelle le gouvernement prussien « n'approuvait pas l'acceptation du prince de Hohenzollern, et lui donnait l'ordre de revenir sur cette détermination ». Le 6 juillet, en présence du corps diplomatique, au grand complet dans la tribune qui lui était réservée, le duc de Gramont lut au Corps législatif une déclaration qui ne laissait plus de doute sur les intentions belliqueuses du gouvernement impérial. « Nous n'avons cessé de témoigner nos sympathies à la nation espagnole, dit le ministre, et d'éviter tout ce qui aurait pu avoir les apparences d'une immixtion quelconque dans les affaires d'une noble et grande nation, en plein exercice de sa souveraineté. Nous persisterons dans cette conduite ; mais nous ne croyons pas que le respect des droits d'un peuple voisin nous oblige à souffrir qu'une puissance étrangère, en plaçant un de ses princes sur le trône de Charles-Quint, puisse déranger à notre détriment l'équilibre actuel des forces en Europe, et mettre en péril les intérêts et l'honneur de la France. Cette éventualité, nous en avons le ferme espoir, ne se réalisera pas. Pour l'empêcher, nous comptons à la fois sur la sagesse du peuple allemand et sur l'amitié du peuple espagnol. *S'il en était autrement, forts de votre appui*, dit M. de Gramont en s'adressant aux députés, *et de celui de la nation, nous saurions remplir notre devoir sans hésitation et sans faiblesse* ».

Le roi de Prusse avait demandé à se concerter avec les princes de Hohenzollern, avant de communiquer sa réponse à notre ambassadeur. Mais le gouvernement français était pressé, il prévoyait que, par ses exigences, la guerre serait difficilement évitée, et il avait peur de se laisser devancer par la Prusse. M. de Gramont avait écrit à M. Benedetti qu'il « fallait prendre les devants dans le cas d'une réponse non satisfaisante, et, dès samedi, commencer les mouvements de troupes pour entrer en campagne dans quinze jours ».

Cependant le roi de Prusse paraissait disposé à nous accorder le désistement du prince Léopold. D'après les déclarations de M. Benedetti, il y était poussé par l'attitude de l'Europe qui trouvait mauvais qu'on cherchât querelle à la France. Toutefois, Guillaume Ier voulait que ce désistement fût fait sans qu'il se compromît personnellement : « Le gouvernement prussien n'est intervenu en aucune façon dans la candidature Hohenzollern, dit-il, le 9 juillet, à M. Benedetti ; quant à moi, n'en ayant point pris l'initiative comme roi, je puis comme parent en approuver l'abandon, mais sans aller au delà ». Il voulait que le prince Léopold se désistât lui-même, tandis que le gouvernement français demandait que la renonciation se présentât comme décidée grâce à la pression du roi de Prusse.

Le 11 juillet, les dépêches de M. de Gramont à notre ambassadeur devinrent plus pressantes. Le 12, il lui recommanda de faire son possible afin que la renonciation du prince de Hohenzollern soit « *annoncée, communiquée ou transmise par le roi de Prusse ou par son gouvernement.* C'est pour nous de la plus haute importance. La participation du roi doit, à tout prix, être consentie par lui, ou résulter des faits d'une manière suffisante ».

Ce jour-là, l'ambassadeur d'Espagne à Paris communiqua au gouvernement français un télégramme de Madrid, annonçant que le prince de Hohenzollern renonçait au trône d'Espagne ; et que le roi de Prusse approuvait sa résolution. La question semblant alors recevoir une solution pacifique, la nouvelle s'en répandit rapidement à la Bourse et y fut accueillie par une hausse considérable sur les fonds publics. Le gouvernement, cependant, n'était pas satisfait ; il était sous le coup d'une menace d'interpellation de la part de M. Clément Duvernois, un des familiers des Tuileries, qui, au nom de la Droite, avait demandé à interpeller le ministre « sur les garanties stipulées par lui pour éviter le retour de complications successives avec la Prusse ». Le même soir (12 juillet) M. de Gramont, télégraphiant à M. Benedetti que le prince Léopold s'était désisté, ajouta : « Pour que cette renonciation produise son effet, il paraît nécessaire que le roi de Prusse s'y associe et *nous donne l'assurance qu'il n'autoriserait pas de nouveau cette candidature* ». Le ministre des affaires étrangères satisfaisait ainsi les députés de la Droite relativement aux *garanties* qu'ils demandaient pour l'avenir.

Le 13 au matin, M. Benedetti rencontra Guillaume Ier pendant sa promenade; il lui communiqua qu'il avait reçu de son gouvernement une dépêche lui annonçant le désistement du prince de Hohenzollern, et, se conformant à la dernière dépêche de M. de Gramont, il transmit au roi de Prusse les nouvelles exigences du gouvernement français. Guillaume Ier refusa d'y accéder, et convint avec M. Benedetti qu'il l'inviterait à se rendre auprès de lui dès que la dépêche du prince de Hohenzollern lui serait parvenue. Mais le roi de Prusse changea d'avis, et, au lieu de recevoir M. Benedetti, il dépêcha auprès de lui un aide de camp, chargé d'une mission dont ce dernier rendit compte dans le rapport officiel suivant :

« Sa Majesté avait reçu, depuis une heure, par suite d'une communication écrite du prince de Hohenzollern, venant de Sigmaringen, l'entière confirmation de ce que le comte Benedetti lui avait dit le matin avoir appris directement de Paris, relativement à la renonciation du prince Léopold à la candidature au trône d'Espagne. Sa Majesté considérait, par cela même, cette affaire comme terminée.

« Le comte Benedetti, après que je lui eus transmis l'objet de ma mission, me déclara que, depuis son entretien avec le Roi, il avait reçu de M. de Gramont une nouvelle dépêche par laquelle il était chargé de demander une audience au Roi, et de soumettre de nouveau à Sa Majesté le désir du gouvernement français, savoir : 1° que Sa Majesté approuvât la renonciation du prince de Hohenzollern ; 2° qu'elle fournît l'assurance que, dans l'avenir, cette candidature ne serait pas de nouveau soulevée.

« A cela le Roi fit répondre au comte, par mon intermédiaire, que Sa Majesté approuvait la renonciation du prince Léopold, dans le même esprit et dans le même sens qu'il l'avait fait à l'égard de l'acceptation de sa candidature. Quant au second point — engagement pour l'avenir, — le Roi ne pouvait que se référer à ce qu'il avait lui-même répondu, le matin, au comte Benedetti.

« Le comte accueillit avec reconnaissance cette déclaration de Sa Majesté, et dit qu'il la transmettrait à son gouvernement, ainsi qu'il y était autorisé.

« Mais, pour le second point, il devait, ayant reçu à cet égard des instructions formelles par la dépêche de M. de Gramont, maintenir sa demande d'un nouvel entretien avec le Roi, ne serait-ce que pour s'entendre répéter par Sa Majesté ce qu'elle lui avait déjà dit, d'autant plus que cette dernière dépêche contenait des arguments qu'il devait soumettre au Roi.

« A la suite de cette entrevue, le Roi m'envoya une troisième fois auprès du comte Benedetti, après dîner, vers cinq heures et demie, pour lui répondre que Sa Majesté était obligée de refuser catégoriquement de s'engager dans une nouvelle discussion au sujet du second point : — engagements et assurances pour l'avenir ; que ce qu'il avait dit le matin était son dernier mot dans cette affaire, et que le comte pouvait s'en tenir absolument à ces paroles.

« Sur l'assurance qu'il ne fallait pas compter sur l'arrivée du comte de Bismarck pour le lendemain, le comte Benedetti déclara qu'il ne croyait pas devoir insister davantage, après cette déclaration de Sa Majesté.

« A. RADZIWILL,
« Lieutenant-colonel, aide de camp
de S. M. le Roi de Prusse.

« Ems, le 13 juillet 1870. »

De son côté, M. Benedetti télégraphiait à Paris : « Le roi me fait répondre qu'il ne saurait consentir à reprendre avec moi la discussion relative aux assurances qui devraient, à notre avis, nous être données pour l'avenir... Le roi consent, m'a dit encore son envoyé au nom de Sa Majesté, à donner son approbation entière et sans réserve au désistement du prince de Hohenzollern. Il ne saurait faire davantage ».

Guillaume Ier partait le lendemain pour Coblentz; M. Benedetti le vit encore une fois avant son départ, et en informa le gouvernement : « Je viens de voir le roi à la gare, télégraphia-t-il. Il s'est borné à me dire qu'il n'avait plus rien à me communiquer, et que les négociations qui pourraient être poursuivies, seraient continuées par son gouvernement ».

Il n'y avait pas jusque-là motif à rupture entre la France et la Prusse, et cependant on la désirait plus à Berlin qu'à Paris. L'entrée en scène de M. de Bismarck allait brusquer les événements. Resté à l'écart, à Varzin, pendant les pourparlers entre Guillaume Ier et M. Benedetti, il arrive à Berlin le 14, rappelle par le télégraphe l'ambassadeur de Prusse accrédité auprès du gouvernement français, et adresse aux représentants de l'Allemagne du Nord une dépêche qui portait à leur connaissance les incidents de la veille. Mais il le fait dans des termes qu'il sait devoir blesser la susceptibilité des Français, et, pour être sûr de l'effet qu'il veut produire, il communique aux journaux, en même temps qu'il l'expédie aux agents diplomatiques, la dépêche suivante : « Après que la nouvelle de la renonciation du prince de Hohenzollern a été officiellement communiquée au gouvernement français par celui de Madrid, l'ambassadeur de France a fait demander au Roi de l'autoriser à télégraphier à Paris que Sa Majesté le Roi s'obligeait pour l'avenir à ne jamais donner son consentement, si les Hohenzollern venaient à poser de nouveau leur candidature.

Après cela, Sa Majesté le Roi a refusé de recevoir l'ambassadeur français, et lui a fait dire, par l'aide de camp de service, que Sa Majesté n'avait plus rien à communiquer à l'ambassadeur ».

En annonçant à l'Europe que le roi de Prusse avait refusé de recevoir l'ambassadeur français, et étant donné que, d'après les usages diplomatiques, l'ambassadeur représente le souverain en personne, M. de Bismarck offensait personnellement Napoléon III. Puis, en attendant que sa manœuvre ait produit son effet, il s'empare de la déclaration lue par M. de Gramont, le 6 juillet, au Corps législatif, pour faire dire par ses journaux que la dignité du roi avait été outragée à Paris, et qu'il fallait une réparation.

M. Benedetti arriva à Paris le 15 juillet au matin, et fut reçu deux heures après par le Conseil des ministres, devant lequel il fit le récit détaillé des négociations et des incidents de la journée du 13 et de la matinée du 14.

Après l'audition de M. Benedetti, une déclaration fut rédigée ; M. Emile Ollivier en donna lecture au Corps législatif, M. de Gramont au Sénat. Dans ce document, le gouvernement, s'appuyant sur la dépêche de M. de Bismarck, annonça au pays « que le roi de Prusse avait notifié par un aide de camp à notre ambassadeur qu'il ne le recevrait plus, et que, pour donner à ce refus un caractère non équivoque, son gouvernement l'avait communiqué officiellement aux cabinets d'Europe ». Les ministres, cependant, n'ignoraient pas que cette dépêche avait dénaturé les faits ;

M. Benedetti l'a déclaré devant la Commission d'enquête sur le Quatre-Septembre, il n'avait été l'objet d'aucune offense à Ems, et le roi de Prusse n'avait pas refusé de le recevoir. Les ministres savaient tout cela, mais pour entraîner la France il fallait un prétexte, la dépêche *arrangée* par M. de Bismarck le leur fournit, quoique cette dépêche n'eût aucun des caractères qui distinguent les communications officielles faites de gouvernement à gouvernement.

Au Corps législatif, où M. Émile Ollivier fit suivre la lecture de la déclaration d'une demande de crédit extraordinaire pour être prêt à toute éventualité, la discussion fut passionnée. M. Thiers demandait que le gouvernement donnât connaissance des dépêches « d'après lesquelles on a pris la résolution qui vient d'être annoncée (l'appel des réserves et la demande de crédit), car il ne faut pas nous le dissimuler, dit M. Thiers, c'est une déclaration de guerre ! »

« Vous faites reposer toute cette grave, cette effroyable question, dit Gambetta au ministre, sur une dépêche notifiée, à votre insu, à tous les cabinets de l'Europe, par laquelle on aurait mis votre ambassadeur hors des portes de Prusse. Eh bien, je dis que ce n'est pas par extraits, par allusions, mais par une communication directe, authentique, que vous devez en saisir la Chambre ; c'est une question d'honneur, dites-vous, et il faut que nous sachions dans quels termes on a osé parler à la France ».

Tout d'abord, M. Emile Ollivier donna lecture

seulement de la fameuse dépêche de M. de Bismarck, qu'il savait travestir la vérité ; mais pressé par les interruptions des députés de la gauche, il consentit à lire les télégrammes de M. Benedetti. La lecture en était à peine terminée, que les interruptions reprirent plus violentes. « On ne peut faire la guerre là-dessus, déclare M. Horace de Choiseul. — Que tout le monde en juge ! dit M. Thiers. — Ceci connu, si vous faites la guerre, dit M. Emmanuel Arago, c'est que vous la voulez à tout prix. — Cela est vrai, malheureusement, conclut M. Jules Favre. — On a voulu nous infliger une humiliation », répondit M. Emile Ollivier.

Mais le discours le plus important de cette mémorable journée est certainement celui de M. Thiers : « L'histoire, la France, le monde vous regardent ; de la décision que vous allez prendre, dépendent la vie de milliers d'hommes, et peut-être les destinées de notre pays ; il faut réfléchir avant de prendre une décision ». Interrompu à tout moment par les exclamations violentes des membres de la Droite, l'orateur n'en continue pas moins : « Souvenez-vous du 6 mars 1866, leur dit-il ; vous me refusiez alors aussi la parole. Ce souvenir devrait vous inspirer le désir de m'écouter ; je suis très résolu à braver vos murmures. La demande principale du gouvernement a été accueillie, vous rompez sur une question de forme, vous voulez que l'Europe dise que vous faites verser des torrents de sang sur une question d'étiquette. Chacun ne doit prendre ici que la part de responsabilité qu'il veut accepter. Quant à moi, je n'en veux aucune, car j'ai souci de ma mémoire. Je demande à la face du pays qu'on nous communique les dépêches qui ont motivé la déclaration de guerre ; et ceux qui ne s'associent pas à ma demande, ne remplissent pas leur devoir. Ils laissent voir que leur résolution est une résolution de parti ».

M. de Gramont, revenu du Sénat au Palais-Bourbon, prit à son tour la parole : « Au surplus, messieurs, dit-il, après tout ce que vous venez d'entendre, il suffit de ce fait que le gouvernement prussien a informé tous les cabinets d'Europe qu'il avait refusé de recevoir notre ambassadeur, et de continuer à discuter avec lui. Cela est un affront pour l'Empereur et pour la France. Et si, par impossible, il se trouvait dans mon pays une Chambre pour le supporter ou pour le souffrir, je ne resterais pas cinq minutes ministre des affaires étrangères ».

Mais les députés de la Gauche ne se tinrent pas pour satisfaits, et M. Jules Favre reprit : « La question est réduite à celle de savoir si l'honneur de la France a été engagé. Il faut la préciser d'un mot. Comment l'honneur de la France a-t-il été engagé, et quelle est la preuve qui nous est fournie qu'il le soit? Où est la dépêche officielle ? où est le compte rendu de la conférence dans laquelle notre ambassadeur a vu méconnaître notre dignité nationale ? Voilà ce que nous avons intérêt et devoir d'examiner.

« Eh bien, on n'a rien apporté à cette tribune,

si ce n'est un télégramme, et nous savons quel est l'usage coupable qu'on peut faire d'un télégramme... Il faut que la Chambre voie les dépêches, et je dépose sur le bureau de la Chambre une résolution sur laquelle je provoque le vote de la Chambre, car je ne veux pas accepter la responsabilité d'un vote comme celui qu'on nous demande, et qui se passerait dans les ténèbres.

« Nous demandons communication des dépêches, et notamment de celles par lesquelles le gouvernement prussien a notifié sa résolution aux gouvernements étrangers. »

M. Buffet, qui, jusqu'au plébiscite, avait fait partie du cabinet Ollivier, réclama également communication des pièces, et il ajouta : « Avant d'avoir entendu les explications de l'honorable garde des sceaux, je croyais la communication éminemment utile ; après les avoir entendues, je la considère comme indispensable ».

Mais tous les efforts furent inutiles, l'opinion de la majorité était faite d'avance. La proposition Jules Favre fut repoussée, et les crédits demandés par le gouvernement furent votés par 245 voix contre 10.

Dès le 17 juillet, le service des voyageurs sur le réseau des chemins de fer de l'Est fut en partie supprimé, et la mobilisation des troupes commença. Le 19, le Corps législatif autorisa le gouvernement à émettre des bons sur le Trésor jusqu'à concurrence de 500 millions. Le 20, M. Emile Ollivier donna lecture à la Chambre, de la déclaration suivante : « Messieurs, l'exposé qui vous a été présenté dans la séance du 15, a fait connaître au Corps législatif les justes causes de guerre que nous avons contre la Prusse. Conformément aux règles en usage, et par ordre de l'Empereur, j'ai invité le chargé d'affaires de France à notifier au cabinet de Berlin notre ferme résolution de poursuivre par les armes les garanties que nous n'avons pu obtenir par la discussion. Cette démarche a été accomplie, et j'ai l'honneur de faire savoir au Corps législatif qu'en conséquence l'état de guerre existe à partir du 19 juillet entre la France et la Prusse. Cette déclaration s'applique également aux alliés de la Prusse qui lui prêtent contre nous le concours de leurs armes ».

Il est facile de se rendre compte par les détails qui précèdent que la guerre aurait pu être évitée en 1870, si le gouvernement impérial l'avait voulu. Toutefois, il est juste de reconnaître que les événements de 1866 avaient créé, entre la France et la Prusse, un état de choses qui ne pouvait se modifier que par les armes. La politique extérieure de Napoléon III avait subi trop d'humiliations, et la Prusse avait acquis un développement qui menaçait de troubler à tout moment la tranquillité de la France. Mais étant donné qu'il n'a pas su éviter cette situation, le gouvernement impérial est non seulement coupable de ne pas avoir pris, dès 1866, les mesures nécessaires pour assurer la sécurité du pays, mais surtout d'avoir déclaré la guerre alors qu'aucune préparation sérieuse n'avait été faite pour permettre à notre vaillante armée de vaincre un ennemi dont l'organisation militaire formidable n'était un mystère pour personne. L'Empereur lui-même ne l'ignorait pas, et s'il faut en croire le général du Barrail, Napoléon III connaissait également l'infériorité militaire de la France. « L'Empereur était malade, dit encore ce général dans ses *Souvenirs*. Il était tombé, depuis longtemps déjà, dans un état de débilité physique et morale qui ne lui laissait plus ni force ni volonté, et qui l'éloignait, par conséquent, de toute politique agressive et belliqueuse.

« Qui donc a voulu la guerre ? se demande le général du Barrail, et à cette question il fait une réponse qui, de sa plume, doit être retenue par l'histoire :

« Mais je suis bien forcé de reconnaître, dit-il, que l'Impératrice a été sinon l'unique, au moins le principal auteur de la guerre de 1870.

« Elle voyait arriver avec anxiété le moment où le Prince impérial succéderait à son père... Elle voulait que Napoléon IV, son fils, fût aussi fort et aussi inébranlable que l'avait été Napoléon III, son époux. Elle croyait qu'il ne serait solidement assis sur le trône paternel que lorsque ce trône aurait pour étai la Constitution de 1852, qui avait fait ses preuves. Or, pour ressaisir le pouvoir, tombé des mains défaillantes de l'Empereur, et pour le restaurer par des institutions vigoureuses, il fallait que le règne de Napoléon IV fût inauguré par une ère de succès militaires. Et, pour cela, il lui fallait une guerre contre l'Allemagne, une guerre qu'elle croyait d'avance devoir être aussi glorieuse que la guerre contre la Russie, et aussi courte que la guerre contre l'Autriche. Enfin, elle comprenait quelle faute elle avait commise en 1866, en empêchant l'Empereur d'accepter, par une initiative hardie, les offres que M. de Bismarck était venu lui apporter à Biarritz. Et cette faute, elle voulait la réparer.

« Elle poussait donc désespérément à la guerre, et son influence était considérable. Elle avait sur l'Empereur un pouvoir à peu près sans limite. Elle le dominait, moins encore par ses charmes que *par le souvenir des circonstances trop nombreuses où il les avait méconnus*. Longtemps déjà avant la guerre, un familier du Château me disait : « L'Empereur, voyez-vous, a tellement
« peur des scènes d'intérieur, qu'il serait capable
« de mettre le feu aux quatre coins de l'Europe,
« pour se soustraire à une de ces scènes de ménage
« *auxquelles il prête trop souvent le flanc par ses*
« *infidélités* ». Le pouvoir de l'Impératrice sur l'Empereur fut même assez fort pour obtenir le changement des dispositions primitives résolues en cas de guerre. D'après ce plan, nos forces étaient réparties en trois armées, confiées, la première au maréchal de Mac-Mahon, la deuxième au maréchal Bazaine, et la troisième au maréchal Canrobert. Dans cette combinaison, l'Empereur restait à Paris, et conservait le pouvoir. Mais l'affaiblissement de ses forces physiques et morales le transformait en obstacle et en gêne, au milieu d'une crise pareille, et c'est parce qu'elle fut plus

mère que femme, c'est parce qu'elle croyait le pouvoir plus en sûreté dans ses mains de Régente, que l'Impératrice, d'accord en cela avec ce qu'on appelait le parti militaire, fit partir, pour commander l'armée, un pauvre homme qui n'avait même plus la force de régner [1] ».

Quel acte d'accusation le général du Barrail a, sans le vouloir, dressé, en ces quelques lignes, contre le pouvoir personnel !

L'Impératrice avait trouvé dans la personne du duc de Gramont un puissant auxiliaire. Ennemi de la Prusse, il avait su gagner, pendant son séjour comme ambassadeur à Vienne, les bonnes grâces de l'empereur d'Autriche, et les relations qu'il avait conservées à la cour de Vienne lui avaient donné l'espoir que la France pouvait sérieusement compter sur la coopération des armées autrichiennes; il croyait également à une intervention armée de l'Italie. « Du 20 juillet au 3 ou 4 août, dit M. de Chaudordy dans sa déposition devant la *Commission d'enquête*, toutes les stipulations du traité furent arrêtées entre Florence, Vienne et Paris. On y régla la procédure d'après laquelle on passerait de la neutralité armée à l'alliance offensive, dans la supposition que l'armée française réussirait à franchir le Rhin, pénétrerait dans l'Allemagne du Sud, et tendrait la main vers Munich aux troupes autrichiennes et italiennes, qui se porteraient au-devant d'elles. Le gouvernement français n'était pas signataire du traité, conclu entre l'Autriche-Hongrie et

---

1. Général du Barrail, *Mes Souvenirs*, t. III.

l'Italie seules ; mais en réalité, l'empereur Napoléon avait été consulté sur tous les articles dont il se composait, il les avait approuvés ou modifiés suivant les circonstances, et l'instrument qui les contenait devait compter nécessairement comme un point capital dans les perspectives de la guerre qui allait s'engager. Comme je viens de le dire, ce traité supposait que les débuts de la campagne seraient favorables pour nos armes, et que nous suffirions à la tâche entreprise par nous, jusqu'au moment où nos alliés seraient en mesure, politiquement et militairement, d'entrer en lice, c'est-à-dire vers le 15 septembre...... Quant à la question de savoir si le traité a été signé, ajouta M. de Chaudordy, je ne puis répondre qu'une chose, c'est qu'un exemplaire définitif est parti de Metz, que M. le comte Vimercati l'a rapporté à Paris, et que, de Paris, il a été transmis à Florence et à Vienne, et est arrivé à sa destination avant la bataille de Wœrth ; puis on n'en a plus entendu parler... »

A ce témoignage il faut ajouter celui de M. Emile Ollivier : « La France était assurée de l'alliance de l'Autriche et de l'Italie, explique l'ancien garde des sceaux. Et cette alliance nous l'aurions eue, malgré les premières défaites, sans ce désastre et cette faute impardonnable de Sedan. Oui, nous avions le concours de l'Italie et de l'Autriche, même après Reischoffen. — Après Sedan, nous devions être abandonnés de tous.

« Les alliances, elles étaient si certaines, que ce plan de campagne qu'on a si fort reproché à l'Empereur, cet émiettement de corps d'armée sur la frontière, nous avait été imposé par l'état-major autrichien. Oui, nos troupes ont été placées d'après les plans mêmes de l'archiduc Albert, afin de pouvoir plus facilement lui donner la main, quand il arriverait à la tête de l'armée autrichienne.

« Eh bien, il y a encore mieux : même les alliances nous manquant, même abandonnés de tous, nous devions être vainqueurs, car la première victoire aurait suffi pour décider les hésitations dernières de l'Autriche et de l'Italie, alors intimidées par l'appui que la Russie donna à l'Allemagne.

« Nous devions gagner les premières victoires, — et les premières victoires c'était le gain définitif de la campagne... La mobilisation allemande ne pouvait être terminée que le 9 août. Nous, nous étions prêt le 30 juillet. Nous avions 280.000 soldats à Metz, prêts à marcher.

« Nous avions une supériorité incontestable à ce moment sur l'Allemagne. Notre armée sur le pied de paix était de beaucoup supérieure. Nous n'avions qu'à entrer en campagne, à bouleverser la mobilisation de nos ennemis. C'est ce que voulait faire Lebœuf, ce grand calomnié. Nous n'avions qu'à franchir la Sarre, nous ne trouvions devant nous que le VIII⁰ corps *en formation*. Nous passions sur lui comme un torrent, et nous écrasions les premiers corps prussiens sortant des défilés de Kaiserlstein.

« *L'Empereur n'a pas voulu.* A Saarbrück, il

n'avait pu se tenir à cheval, et était tombé à moitié évanoui dans les bras de son aide de camp. L'Empereur avait la pierre, il n'avait pas la force de commander, et *il ne voulait pas qu'un autre commandât à sa place*.

« Lebœuf supplia l'Empereur de le laisser ordonner la marche en avant. Si nous devions subir une défaite, il valait mieux tout au moins que ce fût sur le territoire ennemi que sur le nôtre. Mais nous étions sûrs de la victoire, nous tombions sur des troupes en pleine mobilisation, ne pouvant même accepter le combat. Lebœuf supplia, menaça, parla de se brûler la cervelle, l'Empereur fut inflexible.

« Voilà la première faute, la faute capitale. Nous avions quinze jours d'avance — la victoire assurée, — et l'entêtement maladif de l'Empereur nous l'avait fait perdre [1] ».

Aux affirmations de M. Emile Ollivier, il convient d'opposer l'avis du général Niox, professeur à l'Ecole supérieure de Guerre : « En Allemagne, tout était prêt pour la mobilisation de l'armée. Il suffisait d'un signal pour tout mettre en mouvement.

« En France, rien n'était en ordre : ni les troupes, ni le matériel de guerre, ni les places fortes. L'effectif de l'armée n'était pas suffisant, et les réserves n'étaient pas organisées pour entrer rapidement en campagne.

« Le souvenir des succès obtenus en Crimée, en Italie, en Afrique, au Mexique, nous entre-

---

1. *Les causes de la défaite*, journal *Le Gil Blas*, du 18 août 1896.

tenait dans une dangereuse confiance ; mais ces campagnes ne ressemblaient en rien à celle qui allait s'ouvrir contre l'armée allemande.

« Dès le début de la guerre, les Allemands mobilisèrent 800.000 hommes, prêts à entrer en campagne ; ils avaient, en outre, comme troupes de remplacement, 400.000 hommes de *Landwehr*.

« Les troupes de première ligne, dont l'effectif était de *460.000 hommes* avec 1.500 canons, furent réparties en trois armées. La mobilisation et les transports par chemins de fer se firent avec ordre et rapidité. *A la fin du mois de juillet,* c'est-à-dire quinze jours après la déclaration de guerre, les armées allemandes se trouvaient sur la frontière.

« L'armée française comptait alors 375.000 hommes de troupes actives, et 175.000 hommes de réserve (Ces derniers n'ayant reçu aucune instruction militaire).

« L'effectif des troupes de première ligne ne dépassait pas *250.000 hommes*. C'était la moitié de l'effectif des Allemands.

« Le système de mobilisation en usage en Allemagne, n'avait pas encore été adopté en France. L'appel des réserves fut long et compliqué.

« Les régiments furent dirigés sur la frontière avec leurs effectifs de paix ; les réserves et le matériel rejoignirent successivement, dans une grande confusion. Comme les réservistes n'étaient pas affectés aux régiments voisins de leurs résidences, les uns devaient traverser la France du nord au sud, les autres du sud au nord. Beaucoup ne purent arriver en temps utile.

« Les transports par chemin de fer n'avaient pas été préparés avec soin. Il y eut d'incroyables désordres ; une grande quantité de matériel se perdit ou s'égara. Nous espérions être prêts avant l'ennemi, — il le fut bien avant nous [1]. »

Et cependant, le manque de tenue des régiments qui partaient pour la frontière, la confusion qui régnait partout dans l'exécution des ordres donnés, trahirent un désordre qui aurait frappé les moins prévenus, si l'exaltation chauvine qui alors s'était emparée de tous, n'avait empêché de voir les choses sous leur aspect réel. On ne pensait déjà qu'aux victoires prochaines.

Le maréchal Lebœuf n'avait-il pas solennellement déclaré devant le Corps législatif, que nous étions *prêts* et *archiprêts* ? « La guerre dût-elle durer deux ans, il ne manquerait pas un bouton de guêtre », avait-il dit, et le pays eut confiance dans l'affirmation du ministre de la guerre. « Le maréchal Lebœuf croyait que l'armée était prête, affirme le général Trochu, dans ses *Mémoires*. Il le croyait avec le haut entourage militaire de l'Empereur, avec les maréchaux, avec les généraux ; car parmi tous ceux-là (le général Trochu excepté) le ministre de la guerre ne rencontra pas de contradicteurs.

« L'armée était prête dans la mesure que son organisation et sa tradition comportaient, prête

1. *La guerre de 1870*, par le général Niox.

comme elle l'avait été pour la guerre d'Orient, pour la guerre d'Italie, pour la guerre du Mexique, pour toutes les entreprises militaires de ce temps, c'est-à-dire prête à combattre avec succès, quelquefois avec éclat, les armées constituées et préparées comme elle.

« Elle ne l'était pas, ne pouvait pas l'être pour entrer en conflit avec la Prusse ». Et le général Trochu donne, comme explication, le dédain que le monde officiel de l'Empire affectait envers les institutions militaires de la Prusse. « La défaite de l'Autriche ne suffit pas à éclairer l'Empereur », ajoute-t-il.

« L'Empereur ne voulait pas la guerre, affirme de son côté le général du Barrail dans ses *Souvenirs*. L'Empereur ne pouvait pas la vouloir. Il savait mieux que personne les formidables armements de l'Allemagne, et l'infériorité de la France. »

De ces différentes affirmations, deux points surtout sont à retenir :

1° Que le traité d'alliance qui devait être signé entre la France, l'Autriche et l'Italie, peut se résumer en ces termes : « Soyez d'abord vainqueurs, et nous vous aiderons ». C'était la ligne de conduite que Napoléon III avait suivie lui-même vis-à-vis de l'Autriche, en 1866, et qui avait si peu servi à cette puissance ;

2° Que la guerre de 1870 a été entreprise avec une coupable légèreté et avec la même incurie qui avait déjà signalé les guerres précédentes, et sans aucun souci de l'organisation militaire à laquelle la Prusse s'était consacrée depuis le commencement du siècle, et qui lui avait permis de vaincre, en 1866, les Etats allemands réunis.

Tout concourait par conséquent à précipiter la France dans une aventure où elle a succombé, sans que le gouvernement se fût entouré des garanties morales et matérielles nécessaires pour éviter au pays les affreux désastres qu'il eut à subir.

Le 27 juillet, Napoléon III, accompagné du Prince impérial, quittait Saint-Cloud, se rendant à Metz, pour prendre le commandement en chef de l'*Armée du Rhin*. La veille, un décret avait conféré à l'Impératrice le titre de Régente.

XIII

LES PREMIÈRES HOSTILITÉS

L'affaire de Sarrebrück. — La surprise de Wissembourg. — La bataille de Wœrth. — Les cuirassiers à Morsbronn et à Frœschwiller. — La bataille de Forbach-Spickeren. — La retraite de l'armée de Mac-Mahon sur Châlons. — Bazaine est nommé commandant en chef de l'armée. — Les batailles de Borny, Rézonville, Mars-la-Tour, Saint-Privat, Gravelotte.

La première dépêche officielle que l'Empereur envoya du théâtre de la guerre à l'Impératrice, est datée du 2 août. Elle était ainsi conçue :

« Louis vient de recevoir le baptême du feu ; il a été admirable de sang-froid, et n'a nullement été impressionné.

« Une division du général Frossard a pris les hauteurs qui dominent la rive gauche de Sarrebrück.

« Les Prussiens ont fait une courte résistance.

« Nous étions en première ligne ; mais les balles et les boulets tombaient à nos pieds.

« Louis a conservé une balle qui est tombée près de lui.

« Il y a des soldats qui pleuraient en le voyant si calme.

« Nous n'avons eu qu'un officier et dix hommes tués.

« NAPOLÉON. »

Cette affaire fut considérablement exagérée, et les dépêches officielles avaient partout fait éclater une joie et des espérances de succès qui duraient encore quand, le 5 août, une autre dépêche vint jeter la consternation dans le pays : la division du général Abel Douay s'était laissée surprendre à Wissembourg. Les reconnaissances, mal faites, n'avaient pas prévenu le général de la proximité de l'ennemi, et nos soldats lavaient leur linge et faisaient la soupe, lorsque, vers huit heures du matin, les premiers obus bavarois tombèrent dans Wissembourg. Quoique attaquée à l'improviste, la division est bientôt en état de riposter, et nos soldats se préparent bravement à barrer la route à l'ennemi. Ils ont à combattre tout un corps d'armée allemand qui, de grand matin, a franchi la frontière sur quatre points différents. Aux régiments déjà engagés, d'autres viennent s'ajouter, et les nôtres ont fort affaire pour arrêter l'envahisseur. A onze heures, nous sommes cependant encore maîtres du terrain ; mais, les forces allemandes augmentant toujours, la situation des nôtres devient difficile ; malheureusement, un caisson de munitions est atteint par une bombe, fait explosion, et blesse un grand nombre de nos soldats. Le général Abel Douay, mortellement atteint, est remplacé par le général Pellé. Celui-ci continue la résistance, il espère que le général Ducrot enverra enfin quelques régiments au secours de cette division qui depuis quatre heures lutte désespérément contre un ennemi de beaucoup supérieur en nombre. Le général Pellé attendait également l'arrivée de Mac-Mahon, un télégramme l'ayant averti que le maréchal partirait pour Wissembourg, en chemin de fer, à dix heures vingt-cinq. Or, de Strasbourg, où se trouvait le maréchal, il faut à peine une heure pour se rendre à Wissembourg. Mais quoiqu'il sût que l'on se battait dans cette dernière ville, il ne partit qu'après le déjeuner. C'était d'une belle insouciance !

Pendant ce temps, la division française, écrasée, débordée par le nombre (5.000 Français ayant à subir le choc de 40.000 Allemands), doit battre en retraite, laissant un canon et environ 500 prisonniers entre les mains de l'ennemi.

Il y eut, de chaque côté, 1.200 à 1.500 hommes hors de combat.

Le combat de Wissembourg avait eu lieu le 4 ; il ne fut connu à Paris que le 5 vers trois heures, le gouvernement ayant retardé la communication de cet événement aussi longtemps qu'il l'avait pu, alors qu'à l'étranger la nouvelle était connue depuis la veille.

Le soir même du combat de Wissembourg, le maréchal de Mac-Mahon demanda à l'Empereur de lui envoyer des renforts afin de pouvoir reprendre l'offensive. De son côté, l'état-major allemand, incomplètement informé sur la direction prise par la division Abel Douay après sa défaite, cherchait à se renseigner sur les positions occupées par les corps d'armée français, et, dès le matin du 6, envoyait des reconnaissances battre le pays dans toutes les directions. Il n'y eut tout d'abord que quelques escarmouches sans importance, l'état-major prussien ne voulant, pas plus que le maréchal de Mac-Mahon, livrer bataille le 6. Les ordres du prince royal de Prusse étaient de reprendre la marche en avant le 7 ; c'est également le 7 que l'armée française devait reprendre l'offensive.

Cependant le 6, au matin, des engagements partiels se produisent ; c'est d'abord un détachement ennemi qui, du côté de Wœrth, centre de notre position, s'avance à portée du tir de nos soldats, puis à notre droite, devant le village de Gunstett, où les Prussiens essuient le tir de notre artillerie. Mais ni de part ni d'autre, on n'est disposé à engager sérieusement l'action ; on attaque et on se défend mollement.

Sur notre gauche, le commandant du 2ᵉ corps bavarois, mis en éveil par le canon qui tonne sur Wœrth, donne l'ordre d'attaquer Frœschwiller. Accueilli par un feu très nourri, l'ennemi est repoussé, et après une heure et demie de combat il est obligé de battre en retraite.

Au centre, où l'artillerie seule est engagée, nous avons peine à soutenir la lutte : 108 canons vomissent sur nos batteries une pluie de fer et de feu, nous avons à peine 50 canons et mitrailleuses pour leur riposter. Ces dernières, bientôt démontées, sont réduites au silence ; quant à nos canons, la plupart de leurs projectiles tombent sans éclater. A dix heures et demie, l'infanterie ennemie reçoit l'ordre de s'emparer de Wœrth et des mamelons situés au delà. Wœrth, abandonné par nous depuis le matin, est occupé facilement, mais dès que le premier bataillon se précipite à l'assaut des collines, notre feu plongeant le renverse « comme une trombe courbe les blés ». Deux autres bataillons essaient de gravir les hauteurs, mais nos soldats prennent l'offensive à leur tour, culbutent les bataillons ennemis, et les poursuivent jusqu'à l'entrée de Wœrth. Malheureusement, la faiblesse de notre artillerie ne permet pas à nos troupes de continuer la poursuite; par contre, le tir de nos chassepots, admirablement dirigé par nos fantassins, cause à l'ennemi des pertes horribles, et l'oblige à se réfugier dans les jardins, derrière les maisons, pendant que l'artillerie allemande lance sans interruption ses projectiles sur notre infanterie.

A notre droite, le général de Bose, commandant du XI° corps prussien, opérait tranquillement sa concentration, lorsque les premiers coups de canon furent tirés du côté de Wœrth. Les ordres donnés aux généraux allemands étant de toujours marcher droit au canon afin de soutenir les troupes engagées, le général de Bose dirigea ses forces vers Gunstett.

Il était environ huit heures lorsque les Français, protégés par le feu des cinq batteries placées sur les collines de la rive droite de la Sauër, essaient de s'emparer des hauteurs de Gunstett, si malencontreusement évacuées le matin. Mais la colline est maintenant occupée par l'artillerie ennemie, qui, de cette admirable position, démonte nos canons, et foudroie notre infanterie. C'est à ce moment que le XIe corps prussien arrive au secours des troupes engagées, franchit la Sauër à Spachbach, et entre dans le bois du Niederwald. Une mêlée horrible s'y engage, et nos vaillants soldats se servent si bien de leurs sabres-baïonnettes, qu'ils rejettent l'ennemi hors du bois, le mettent en pleine déroute, et le repoussent jusque sur Spachbach. Voulant à toute force poursuivre son succès et s'emparer du plateau de Gunstett, d'où l'artillerie ennemie nous fait beaucoup de mal, le général de Lartigue donne l'ordre d'attaquer la colline. Mais une nouvelle division du XIe corps allemand vient d'arriver, et, deux fois renouvelée, notre attaque est deux fois repoussée.

Néanmoins, à midi, sur toute la ligne de bataille, d'une étendue d'environ huit kilomètres, les Allemands, repoussés aux ailes et au centre, n'ont encore réussi à s'emparer d'aucune hauteur. Wœrth et Gunstett, qu'ils occupent, ont été abandonnés par nous sans nous avoir été disputés.

Lorsque, le matin, le canon s'était fait entendre, le maréchal de Mac-Mahon ne croyait pas à une bataille sérieuse. Mais en présence de la persistance des engagements partiels, il se décida à se porter sur les points menacés, et, vers une heure, prit position sur un tertre, en avant d'Elsasshausen, d'où il pouvait diriger l'action générale.

Vers la même heure, le prince royal de Prusse, s'apercevant lui aussi, que la bataille devenait sérieuse, vint se placer au centre de ses positions, en face de Wœrth, et prendre le commandement de ses armées.

Ordre est alors donné au II° corps bavarois de se porter en avant, dans la direction de Reichshoffen, de façon à couper la ligne de retraite à notre aile gauche, tandis que la division wurtembergeoise reçoit l'ordre de tourner notre droite, en se dirigeant sur Reichshoffen par Morsbronn et Eberbach. Trois corps d'armée, échelonnés sur toute la ligne d'attaque, soutiennent ces mouvements.

La première attaque a lieu à une heure et demie, en avant de Wœrth ; le tir de nos mitrailleuses et de notre infanterie décime les rangs ennemis, toujours renforcés par l'arrivée de troupes fraîches, mais il ne peut les empêcher de s'emparer de la position. Nos soldats tentent alors un nouvel assaut, et l'ennemi, malgré la supériorité du nombre, a de la peine à conserver le terrain conquis, quand de nouveaux secours lui arrivent. « Il se passe alors dans Wœrth une scène effroyable. Au milieu des balles et des obus, les renforts allemands remplissent les rues étroites du bourg ; les pièces de canon, les caissons d'artillerie, que le prince royal envoie au secours de ses troupes exténuées, renversent, au milieu d'un pêle-mêle sanglant, les habitants affolés et les soldats prussiens eux-mêmes ; les ponts s'écroulent ; les maisons s'enflamment ; les morts et les blessés encombrent les rues ; les roues des lourds canons creusent, dans cette boue humaine, d'affreuses ornières de pourpre. Les pontonniers, à leur tour, courent à l'aide des régiments qui se battent au sommet des coteaux ; il ne reste plus un seul homme sur la rive gauche ; tout le Ve corps, aussi nombreux à lui seul que l'armée entière de Mac-Mahon, écrase une simple division française, et l'oblige à abandonner ces crêtes si vaillamment disputées [1]. »

Pendant que notre centre soutenait une lutte si inégale, le général de Bose commandait au XIe corps de commencer l'attaque contre notre droite. Le mouvement est soutenu par douze batteries qui, des hauteurs de Gunstett, nous causent un mal horrible. Ordre est donné de marcher sur Morsbronn. « Ce village, faiblement occcupé par nos troupes, qui ne peuvent s'étendre jusque-là, est bientôt enlevé, et fournit aux Allemands un solide point d'appui pour leur attaque contre Eberbach et le Niederwald. Si ce mouvement réussit, Elsasshausen, attaqué de front et de flanc, court les plus grands dangers. Le général de Lartigue, qui commande la droite française, a engagé jusqu'à son dernier homme ; il ne lui reste que la brigade de cuirassiers du général Michel : il donne l'ordre de charger. Un seul des deux régiments doit marcher en avant ; mais tous deux s'élancent par le ravin à l'est d'Eberbach, suivis par le 6e lanciers attaché à la 4e division. Le ter-

1. *Fræschwiller*, par Alfred Duquet.

rain est mauvais, impossible pour une action semblable : des arbres coupés au ras du sol, des vignes épaisses comme des houblonnières, des fossés profonds, tout est obstacle pour la cavalerie. Avertie de la charge par le bruit formidable des chevaux et des cuirasses, la ligne de tirailleurs prussiens s'éparpille sur le flanc gauche, et enface du ravin. En échelons par la droite, le 8ᵉ en avant, les colonels en tête, les lourds cavaliers s'avancent au galop, insensibles à la fusillade qui pétille de tout côté, comblant les vides à la voix des chefs, semant la route de cadavres. Arrivés à Morsbronn, ils tombent sur le 32ᵉ prussien qui vient de se déployer, renversent la compagnie qui leur fait face, et, criblés de balles, s'élancent dans les rues du village, où de nouveaux ennemis les attendent. Le 80ᵉ régiment prussien accueille par des feux de salve les cuirassiers français : des deux régiments, à peine quelques cavaliers, suivis d'une poignée de lanciers, peuvent s'échapper par le sud-est dans la direction de Durrenbach, où ils sont poursuivis par les hussards allemands.

« Telle est la charge héroïque des cuirassiers de Reichshoffen. Aujourd'hui encore, on peut suivre les traces de cette mêlée terrible. De larges tumulus marquent la place où passa notre cavalerie, d'Eberbach à Morsbronn. Espacées d'abord au point de départ, les tombes se rapprochent, et forment comme un cimetière, à mesure que l'on s'avance [1]. »

1. Le Faure, *Histoire de la guerre franco-allemande*, tome I.

A la faveur du trouble jeté dans les rangs ennemis par la charge de nos cavaliers, le général de Lartigue fait replier son infanterie, et, sans laisser aux bataillons allemands le temps de se reformer, prévient leur attaque en ordonnant à ses troupes de reprendre l'offensive. Le mouvement réussit tout d'abord, et les colonnes ennemies, pliant devant l'attaque des nôtres, sont rejetées jusqu'à Morsbronn ; mais l'artillerie de Gunstett recommence son tir meurtrier ; en outre, de nouveaux régiments prussiens viennent augmenter le nombre des combattants ennemis. Nos troupes, cependant, ne veulent pas reculer, et s'élancent encore en avant. Elles sont hélas ! impuissantes à repousser, cette fois encore, le flot ennemi, et, sans arrêter de tirer, se replient sur Elsasshausen.

C'est autour de ce village que le maréchal concentre maintenant les trois divisions Conseil-Duménil, de Lartigue et Pellé. Mais le malheureux hameau est devenu l'objectif de l'artillerie du XIe corps ; 48 canons le criblent de leurs projectiles, et l'incendient ; le maréchal de Mac-Mahon, voulant tenter un suprême effort, fait reprendre l'offensive à ses troupes. Devant l'impétuosité de l'attaque, les Prussiens faiblissent, puis reculent, tandis que nos soldats les poursuivent, sabre-baïonnette au canon ; mais de nouvelles pièces ennemies ont été mises en batterie et de leur feu infernal écrasent nos fantassins. La lutte n'est plus possible ; nous battons en retraite.

Frœschwiller seul tenait encore, quand le maréchal de Mac-Mahon vit les bataillons allemands s'avancer en masse compacte contre cette position. Comprenant que toute résistance est devenue inutile, il fait appel à la division de cavalerie du général de Bonnemains, et ordonne aux quatre régiments de cuirassiers de se jeter sur l'ennemi. Au commandement de leurs chefs, les escadrons s'ébranlent; malheureusement, le terrain se prête encore moins au déploiement de la cavalerie que celui de Morsbronn, et le 1er régiment est rompu dès le commencement par un fossé qui l'oblige à tourner bride et à chercher une autre route en éprouvant des pertes énormes, tandis que le 4e est dispersé par le feu de l'artillerie allemande avant qu'il ne voie l'ennemi; il en est de même de l'autre brigade. Quarante-deux bouches à feu, tirant à obus et à mitraille, lancent leurs projectiles sur nos cuirassiers, et, dans un pêle-mêle effroyable, hommes et chevaux sont abattus. Les survivants se sauvent au hasard, afin d'échapper à cette boucherie. Cette charge héroïque, comme celle de Morsbronn, ne fut pour notre armée d'aucune utilité, les escadrons n'ayant pu atteindre les positions ennemies.

Le moment décisif approche. A quatre heures, le prince royal donne l'ordre d'une attaque générale contre Frœschwiller. Elle se fait par trois côtés à la fois, et malgré une résistance acharnée nos troupes sont obligées de se retirer.

Nos bataillons, à la débandade, poursuivis par l'ennemi, battent en retraite sur Reichshoffen; la division de Lartigue, seule, a sa ligne de retraite coupée, et se voit obligée de se diriger sur

LES PREMIÈRES HOSTILITÉS

Strasbourg. Mais nos soldats, bientôt rejoints par les régiments allemands, ne peuvent tenir à Reichshoffen, et reculent jusqu'à Niederbronn, où l'ennemi se heurte à la division de Lespart qui arrive de Bitche. Surpris par cette fusillade inattendue, les cavaliers ennemis font demi-tour. Il était sept heures. Niederbronn, abandonnée par nous peu après, fut occupée par les Bavarois vers huit heures du soir.

La bataille de Wœrth-Frœschwiller coûta aux Français 8.000 hommes tués ou blessés, 4.000 prisonniers, 28 canons, 5 mitrailleuses, 23 fourgons de fusils et d'armes blanches, et 1.193 chevaux. Parmi les morts se trouvaient les généraux Colson, Raoult, Maire, et quatre colonels.

Les Prussiens eurent 10.642 hommes hors de combat, dont 1.589 tués. Deux généraux et quinze colonels avaient été atteints.

Ces chiffres témoignent de l'acharnement de cette lutte où 46.000 Français et 120 canons eurent à combattre 126.000 Allemands et 300 bouches à feu.

Pendant que les troupes du maréchal de Mac-Mahon se battaient autour de Frœschwiller, le 5ᵉ corps français, sous les ordres du général de Failly, occupait, à la gauche du maréchal, la frontière entre Bitche et Sarreguemines. On reproche à ce général d'être resté inactif pendant la journée du 6 août, et d'avoir laissé écraser le maréchal sans lui envoyer de renforts. Pour se disculper, le général de Failly répond que le maréchal lui adressa du camp de Frœschwiller, le 6 août, une lettre dans laquelle il lui prescrivait les positions qu'il devait occuper en vue de l'attaque projetée pour le 7. Les défenseurs du général de Failly expliquent, en outre, que ce dernier, tout en entendant depuis le matin le canon de Frœschwiller, ne pouvait songer à envoyer du secours à Mac-Mahon, puisque le maréchal, sous les ordres duquel il se trouvait placé depuis la veille, ne lui en demandait pas, quoiqu'il eût la ligne de chemin de fer et le télégraphe à sa disposition pour communiquer avec le chef du 5ᵉ corps, les communications n'ayant été coupées que le 6 au soir.

La bataille de Wœrth-Frœschwiller n'est pas la seule qui attriste le souvenir de cette funeste journée du 6 août 1870. A la même date, notre 2ᵉ corps, sous les ordres du général Frossard, livra cette malheureuse bataille de Forbach-Spickeren qui révéla d'une façon si évidente le désarroi dans le commandement supérieur de nos troupes.

L'attaque, commencée à onze heures et demie, avait pris, dès le début, une tournure qui ne pouvait laisser de doute sur l'importance de l'action engagée ; aussi des deux côtés demanda-t-on des renforts. Jusqu'à une heure, les Français avaient conservé l'avantage, et les lignes prussiennes pliaient, quand des troupes fraîches, venues à leur secours, leur firent reprendre l'offensive. L'arrivée d'un régiment d'infanterie permit cependant à nos soldats de contenir l'ennemi.

« A trois heures, l'ennemi n'a donc fait aucun

progrès sérieux, dit M. A. Le Faure ; partout il se maintient avec des pertes très sérieuses, énergiquement repoussé dès qu'il veut déboucher, mais trouvant dans les épaisses forêts qui bordent de tout côté le champ de bataille, une protection efficace.

« D'ailleurs, les Français ne songent pas à profiter de leurs avantages : pour quelques instants encore, ils ont la supériorité du nombre, une de leurs divisions (Bataille) est en réserve ; une attaque vigoureuse pourrait rejeter l'ennemi, l'obliger à une retraite immédiate. Mais le général Frossard n'est pas présent sur le champ de bataille, il s'est borné à recommander de se tenir sur la défensive, et l'on ne peut agir sans son ordre. L'heure favorable s'écoule ainsi, tandis que le commandant du 2ᵉ corps envoie dépêches sur dépêches au maréchal Bazaine et aux diverses divisions du 3ᵉ corps, pour demander un secours qui ne viendra pas [1]. »

Malheureusement, la supériorité de l'artillerie allemande donne à l'ennemi un avantage marqué, et oblige nos batteries à abandonner leurs premières positions, et à se reporter en arrière. Cependant, les attaques des Allemands sont partout repoussées, et l'ennemi ne peut avancer. Mais de nouveaux renforts lui arrivent, puis d'autres encore, et la résistance acharnée de nos bataillons étant impuissante à les contenir, l'ennemi commence à gagner du terrain. « Lutte acharnée, dit M. A. Le Faure, où chaque pas en avant ou en

1. *Histoire de la guerre franco-allemande.*

arrière fait couler des flots de sang. A cheval, l'épée à la main, le général Laveaucoupet et son chef d'état-major enlèvent leurs soldats, et se jettent intrépidement au-devant de l'ennemi, chaque fois qu'il veut pousser plus avant. Sur l'Eperon (position vers laquelle les Allemands dirigent alors tous leurs efforts), les Prussiens gagnent-ils du terrain, s'efforcent-ils d'agrandir un peu l'espace qu'ils ont conquis, un vigoureux effort les repousse; mais après ce succès, il faut revenir sur ses pas, courir sur un autre point, recommencer la lutte avec un adversaire qui se cramponne au sol, aux arbres, derrière lesquels il se masque et s'abrite, incessamment soutenu par des troupes qui n'ont pas encore combattu. »

A cinq heures, les Allemands ont visiblement gagné du terrain, et ils se préparent à attaquer l'Eperon par trois côtés à la fois; nos troupes, faisant face à un ennemi dont le nombre grossit à chaque instant, tiennent tête partout. Après avoir subi des pertes énormes, les Allemands parviennent cependant à faire occuper l'Eperon par leur artillerie, et les Français, ne pouvant plus tenir, sont obligés de reculer.

Il est cinq heures et demie, le général Frossard donne l'ordre de la retraite; la résistance pourtant ne cesse pas, elle dure, sur certains points, jusqu'à la nuit close, et les renforts réclamés ne viennent pas.

La journée nous coûtait en tués, blessés ou disparus, 249 officiers et 3.829 hommes, parmi lesquels un général tué (Doëns) et quatre colonels ou lieutenants-colonels tués ou blessés. Les Prussiens avaient 223 officiers et 4.648 hommes hors de combat, parmi lesquels se trouvait le général de François, tué à l'assaut de l'Eperon.

Plus nombreux que les Allemands au commencement de l'action, les Français n'ont pas su profiter de leur avantage, et se sont laissé écraser par un ennemi dont le nombre augmentait sans cesse. A la fin de la journée, les Français étaient 30.000, contre 70.000 Prussiens.

Dès une heure de l'après-midi, toutes les troupes allemandes, d'un rayon de vingt à vingt-cinq kilomètres, s'étaient mises en marche, courant au canon, et leur arrivée successive sur le champ de bataille décida la victoire. Pendant ce temps, le général Montaudon, à la tête de la 1re division du 3e corps (Bazaine) se trouvait à Sarreguemines, à environ seize kilomètres du 2e corps (Frossard), et entendait tonner le canon sans demander si son concours pouvait être utile là où l'on se battait. Toutefois, sur une dépêche du maréchal Bazaine (deux heures quarante), la division se mit en route, mais elle arriva au point qui lui avait été assigné, à mi-chemin de Spickeren, à *sept heures et demie,* après avoir mis presque *cinq heures,* sur une route large, facile, sans obstacles, pour atteindre sa destination, à *sept kilomètres* environ de Sarreguemines.

Le général Castagny, séparé du champ de bataille par une distance de seize à dix-huit kilomètres, ayant entendu le canon vers midi, avait fait partir ses troupes dans la direction de Forbach.

Elles avaient déjà franchi six kilomètres, quand un des aides de camp du général, rencontrant des paysans qui lui affirmèrent que tout allait bien, retourna auprès de son chef pour lui communiquer ce renseignement ; le général s'en contenta et ramena ses troupes dans leur campement. Vers cinq heures, le canon s'étant de nouveau fait entendre, le général Castagny remit ses régiments en route et arriva à Forbach à la nuit, alors que le 2⁰ corps battait déjà en retraite.

Le général Metman (3⁰ division, 3⁰ corps) avait, dès onze heures et demie, reçu l'ordre de se porter à Bening, sur la route de Forbach ; il y arriva vers trois heures et demie. Quand il atteignit Forbach, où une dépêche du général Frossard l'avait appelé en toute hâte, il était trop tard ; tout était fini.

La 4⁰ division du 3⁰ corps, général Decaen, était à Saint-Avold, quartier général du maréchal Bazaine. En une demi-heure, par le chemin de fer, les troupes pouvaient arriver à Forbach. Ce n'est qu'à six heures que le maréchal donna l'ordre de s'y rendre ; un train seulement put passer, emmenant un bataillon ; c'est le seul renfort effectif qu'ait reçu le général Frossard [1].

A la suite de ces échecs successifs nos frontières se trouvaient ouvertes, et les Allemands, au nombre de cinq cent mille, entraient en France. Ils y pénétraient d'autant plus facilement que le maréchal de Mac-Mahon, dans la déroute de son armée, ne songeait qu'à la retraite, et négligeait

1. A. Le Faure, *Histoire de la guerre franco-allemande*.

de défendre les Vosges. Ne se croyant pas en état de résister à l'ennemi, il aurait au moins dû songer à l'arrêter dans sa marche en faisant sauter le tunnel de Saverne, qui, resté intact, assurait aux Allemands la libre exploitation de la grande ligne de chemins de fer qui, de Strasbourg à Paris, allait leur permettre de transporter leurs approvisionnements et leur matériel de guerre, sans encombre, jusqu'au point où s'étendait leur occupation, à Nancy d'abord, à Paris ensuite.

La Compagnie du chemin de fer de l'Est avait demandé, dès le 18 juillet, au ministre de la guerre, s'il ne jugeait pas utile de préparer des fourneaux de mines, pour pouvoir faire sauter, en cas de besoin, les souterrains des Vosges. Le ministre donna son approbation, et les travaux furent exécutés. Mais la Compagnie ne pouvait, de sa seule autorité, faire charger les mines ; d'autre part, en l'absence d'ordres supérieurs, les autorités locales n'osant rien prendre sur elles, deux ou trois jours furent ainsi perdus. « Lorsqu'enfin, à Paris, on sut que Mac-Mahon et de Failly ne se reformaient pas, comme on le supposait, sur le versant oriental des Vosges, des instructions furent lancées pour la destruction des ouvrages ; il était trop tard : ceux-ci étaient occupés par les Allemands, *dont rien n'égala la joie, dit un de leurs historiens, lorsqu'ils découvrirent qu'aucun obstacle n'arrêtait leur marche dans la traversée de la ligne des Vosges* [1]. »

1. Jacqmin, *Les chemins de fer pendant la guerre de 1870-1871.*

De Niederbronn, où il arriva le soir de la bataille de Wœrth-Froeschwiller, et qu'il abandonna une heure à peine avant l'arrivée d'un corps bavarois, le maréchal de Mac-Mahon se retira sur Saverne, où il était le 7 ; le 8 il atteignit Sarrebourg, abandonnant décidément les Vosges. L'Empereur lui avait télégraphié le 7 de se retirer sur Châlons ; le général de Failly, prévenu le 6 au soir, de la perte de la bataille de Wœrth, avait également reçu le 7 l'ordre de se replier sur Châlons, tandis que, du quartier impérial, on avait télégraphié au général Frossard de se retirer sous Metz, où les 2⁰, 3⁰, 4⁰ corps et la garde allaient former une armée « destinée soit à arrêter celle du prince Charles, soit à se jeter sur le flanc ou les derrières de celle qui paraît devoir pénétrer par Saverne ». Le 6⁰ corps, alors en formation, sous les ordres du maréchal Canrobert, reçut l'ordre de rejoindre l'armée de Metz.

Le 9 août, l'Empereur plaçait les 2⁰, 3⁰ et 4⁰ corps sous les ordres du maréchal Bazaine ; celui-ci fut remplacé à la tête du 3⁰ corps par le général Decaen. Dans un conseil tenu, le même jour, entre l'Empereur, le général Changarnier et le maréchal Bazaine, il fut décidé que l'armée de Metz s'établirait sur la rive gauche de la Nied française (à l'est de Metz) et qu'elle s'y fortifierait afin d'arrêter l'ennemi dans sa marche. Le 10, les troupes occupaient leurs positions, lorsqu'une dépêche de l'Impératrice prévint l'Empereur que les Iʳᵉ et IIᵉ armées prussiennes (général de Steinmetz et prince Frédéric-Charles) avaient fait leur jonction, et que l'armée de Metz allait se trouver en face de 300.000 Allemands. On abandonna alors l'idée d'une bataille à livrer sur la Nied, et les ordres furent donnés en vue d'une concentration des troupes autour de Metz ; on voulut attendre également l'arrivée du 6° corps (Canrobert). Le maréchal arriva à Metz le 12, mais le 6° corps n'y vint qu'en partie. Des ordres contradictoires avaient fait transporter les troupes d'abord de Châlons à Nancy, et ce n'est que le 7 que la Compagnie de l'Est reçut l'ordre d'avoir à diriger sur Metz tout le 6° corps. L'encombrement qui se produisit fut la cause des lenteurs qui l'empêchèrent d'arriver jusqu'à Metz au complet ; la voie avait été coupée par les Allemands, dans la nuit du 11 au 12, et une partie des trains, transportant hommes et matériel, fut obligée de rebrousser chemin.

Le 12, un nouveau plan fut adopté. Napoléon III, se rendant enfin compte de son insuffisance comme homme de guerre, remit le commandement en chef de l'armée entre les mains du maréchal Bazaine, avec mission de se replier sur Châlons par la route de Verdun. C'était, depuis le 7, c'est-à-dire en cinq jours, le troisième plan accepté par l'Empereur. Le départ de Metz fut fixé au 14, au point du jour ; mais, comme on ne fut pas prêt à temps, les troupes ne se mirent en mouvement qu'à onze heures, et avec une lenteur telle que le 3° corps (général Decaen), la garde et la division Grenier (4° corps) n'avaient pas encore quitté leurs positions autour de Metz vers quatre heures, lorsque les éclaireurs de la Ire armée allemande vinrent surprendre les mouvements de retraite de nos troupes. Le général de Goltz, commandant l'avant-garde ennemie, donna immédiatement l'ordre d'attaquer la 1re division de notre 3e corps placé près du village de Borny. Au bruit du canon, la 4e division, déjà en route pour Verdun, fait demi-tour et accourt au pas de charge. Les Français ne tardent pas à prendre l'avantage, mais le maréchal Bazaine, présent sur le champ de bataille, ne veut pas en profiter dans la crainte de retarder notre marche sur Verdun, et il ordonne au général Decaen de se contenter de maintenir l'ennemi, en ne lâchant que pied à pied mais sans chercher à pousser en avant. L'action cependant s'engage de plus en plus, Français et Allemands reçoivent des renforts, et des deux côtés on se bat avec acharnement ; 60 canons prussiens sont en ligne sur une étendue ne dépassant pas trois kilomètres, et nous causent beaucoup de pertes, quoique nos batteries et notre infanterie leur répondent par un feu très soutenu ; nos chassepots surtout font dans les rangs ennemis des trouées terribles et tuent un grand nombre d'officiers. La nuit seule met fin au combat.

A Borny, comme à Forbach, les Français étaient plus nombreux que les Allemands au commencement de la bataille, mais à la fin de la journée ils étaient 50.000 contre 70.000 Prussiens. Les pertes de l'ennemi s'élevaient à 5.000 hommes dont 1.200 morts; les nôtres s'élevaient à 3.000 hommes dont 500 morts. Le général Decaen, blessé une première fois au genou, avait refusé d'abandonner le champ de bataille; atteint une seconde fois une heure après, il fut emporté sur une civière, et mourut quelques jours plus tard. Le maréchal Bazaine fut atteint à l'épaule par un éclat d'obus; les généraux de Castagny, de Clérembault et Duplessis furent blessés.

Nous restions maîtres du champ de bataille, mais l'ennemi avait réussi à retarder de douze heures notre retraite sur Verdun. Cela ne fut pas la seule perte de temps qu'on eut à déplorer pendant cette malheureuse marche sur Verdun. L'état-major français avait négligé de prendre les dispositions indispensables; l'encombrement qui en résulta arrêta la marche de l'armée, et fut la cause d'un autre retard de vingt-quatre heures. Le désordre était tel, que le 15 août au soir nos têtes de colonne n'arrivèrent qu'à Rézonville et à Vionville, à dix kilomètres de Metz, pendant que les Allemands, avançant à marches rapides, nous suivaient de près, et inquiétaient déjà notre arrière-garde.

Le 16, au matin, la division de cavalerie placée en première ligne, sous les ordres du général de Forton, campait en avant du village de Vionville, et se laissait surprendre, vers huit heures et demie, par une division de cavalerie du prince Frédéric-Charles. Lorsque les premiers obus tombèrent dans le village, ce fut parmi les voituriers civils qui accompagnaient l'armée un sauve-qui-peut général; de nombreux chevaux s'échappèrent, et, effrayés, galopèrent dans tous les sens à travers les bivouacs de l'infanterie. La panique, heureusement, ne gagna pas les troupes, l'ordre fut bientôt rétabli, et notre artillerie ne tarda pas à répondre au feu de l'ennemi.

Le terrain sur lequel s'engageait l'action est coupé par la route de Rézonville à Verdun ; les trois villages de Gravelotte, Rézonville et Vionville se trouvent sur cette voie, à laquelle la ligne française était perpendiculaire. A gauche de la route le 2ᵉ corps (Frossard), à droite le 6ᵉ corps, plus à droite le 3ᵉ, puis le 4ᵉ corps.

Le but des Allemands est de couper la route de Verdun, et de rejeter l'armée de Bazaine sur Metz. L'attaque, commencée à Vionville, s'est rapidement développée et s'étend maintenant sur une ligne allant de l'est au nord-ouest, formant un arc de cercle jusqu'à Mars-la-Tour. De part et d'autre, on se bat avec acharnement, la supériorité de l'artillerie ennemie rend notre position difficile, et, à onze heures, notre aile droite faiblit. Les Prussiens veulent en profiter pour se porter en avant, lorsque les cuirassiers de la garde, appelés par le maréchal Bazaine, s'avancent et, par une charge impétueuse, essaient de les arrêter ; le tir de l'infanterie ennemie les oblige à faire demi-tour, laissant 22 officiers et 244 sous-officiers et soldats sur le champ de bataille. Mais les Allemands à leur tour chargent nos cuirassiers, et, les poursuivant jusque dans nos rangs, tombent à l'improviste sur l'état-major du maréchal Bazaine qu'ils dispersent. Le maréchal, ainsi que ses officiers, sont obligés de se servir de leurs sabres, et un officier allemand galope pendant quelque temps près de Bazaine, sans se douter que le général en chef se trouvait ainsi à sa portée. C'est grâce au couvre-nuque blanc qui lui cachait la tête, que le maréchal ne fut pas reconnu. Cependant, le 3⁰ bataillon de chasseurs à pied dirige un feu nourri contre les cavaliers allemands, que l'arrivée du 5ᵉ hussards français ne tarde pas à mettre en déroute. La 6ᵉ division de cavalerie allemande, qui veut réparer l'insuccès de la 13ᵉ brigade, est également repoussée, avec des pertes considérables.

L'entrée en ligne du général Bourbaki avec deux divisions de la garde, soutenues par le 6ᵉ corps, rend alors la situation de l'ennemi fort difficile. Mais le général commandant le IIIᵉ corps s'aperçoit du danger, et donne l'ordre d'attaquer le 6ᵉ corps français; cette attaque ne réussissant pas, ordre est donné à la 12ᵉ brigade de cavalerie de se porter au secours des troupes du IIIᵉ corps et de charger notre 6ᵉ corps. Sans se laisser arrêter par le feu meurtrier de notre infanterie, les Allemands se précipitent sur nos lignes, et atteignent nos batteries ; mais, rapidement rejoints par une brigade française, ils sont mis en déroute, et obligés de rebrousser chemin. Des deux régiments allemands, il n'est resté que 13 officiers et 150 hommes.

Français et Allemands ont reçu des renforts, et la lutte est devenue plus opiniâtre. Vers cinq heures la 38ᵉ brigade prussienne, prenant l'offensive contre notre 4ᵉ corps, est obligée de battre en retraite, après avoir perdu en quelques instants 72 officiers et 2.500 soldats, dont 300 prisonniers ; un régiment de dragons, venu pour dégager la 38° brigade, est également repoussé, et laisse plus du tiers de son effectif sur le terrain. La situation des trois régiments ennemis est compromise : sur l'ordre du général de Voigts-Rhetz, du X° corps, six régiments de cavalerie se précipitent à leur secours, mais le général de Ladmirault a vu le danger, il prévient le général Legrand qui accourt avec trois régiments de cavalerie ; les généraux de France et du Barrail, avec la brigade et le 2° chasseurs d'Afrique, se préparent également à combattre.

« A huit cents mètres en avant, on aperçoit, immobiles sur une crête, les régiments allemands, auxquels se sont joints les débris de la brigade de la garde. Un officier conseille d'entamer cette masse profonde avec le chassepot. « Au sabre ! » s'écrie le général Legrand, et, les hussards en tête, nos escadrons partent à fond de train. A vingt pas, les Prussiens déchargent leurs mousquetons, et aussitôt les sabres jouent. L'ennemi frappe du taillant, nous, de la pointe. Les officiers allemands ne tardent pas à reconnaître la supériorité que cette tactique assure aux Français, et ils crient à leurs hommes d'imiter nos cavaliers.

« Essoufflés par une course fournie à pleine allure, nos chevaux se brisent contre cette lourde troupe. A la tête de quelques hussards, le général de Montaigu pénètre dans les rangs ; mais il est blessé, terrassé et pris. Le général Legrand roule percé de coups. Un nouveau régiment allemand tombe sur les Français.

« Mais voici venir la brigade de la garde. D'un furieux élan, les lanciers traversent les dragons allemands; malheureusement, ils viennent donner dans la droite des cavaliers du général Legrand, et sont pris, à cause de leurs habits bleus, pour des Prussiens. Témoins de cette méprise, les uhlans se précipitent sur l'escadron de droite des lanciers; mais les dragons de la garde se jettent à leur tour sur le flanc des uhlans.

« La mêlée devient indescriptible, furieuse; au milieu de cette poussière qui aveugle, on n'y voit plus; les sabres frappent sans relâche, tuent presque au hasard. Dans cette masse confuse qui tourbillonne et se mêle à ce point qu'on ne peut distinguer les Français des Prussiens, des hussards, puis des cuirassiers allemands, font de larges trouées, tandis que nos infatigables chasseurs d'Afrique se jettent au plus épais de la mêlée.

« Huit mille cavaliers s'entretuent au milieu des hourras et du choc formidable du fer. Le général de France veut arrêter ce carnage. Il fait sonner le ralliement, et le tourbillon s'avance vers le ravin. Des deux côtés, on s'arrête; les trompettes appellent les cavaliers qui, acharnés à la lutte, ont peine à s'arracher à la mêlée. A gauche les chasseurs d'Afrique, à droite des cavaliers démontés, font feu sur l'ennemi; enfin un bataillon posté par le général de Ladmirault, sur la pente du ravin, tient à distance les escadrons allemands.

« Les régiments du général Clérambault (3ᵉ corps), arrivés en toute hâte, chargent à leur tour; mais l'ennemi ne les attend pas, et un escadron du 4ᵉ dragons, qui se jette en fourrageurs sur son flanc, échange les derniers coups de sabre de cette lutte gigantesque¹. »

Malheureusement le maréchal Bazaine n'avait pas été prévenu de l'arrivée du 4ᵉ corps, et, ignorant l'importance de l'action qui s'était engagée à notre aile droite, il ne pouvait profiter de l'avantage que nous avions de ce côté.

La situation était moins bonne à notre gauche, quoique l'ennemi n'eût pas gagné du terrain. A la nuit la lutte semblait terminée, lorsqu'à huit heures le prince Frédéric-Charles, qui, depuis trois heures de l'après-midi, dirigeait lui-même la bataille (il était accouru de Pont-à-Mousson après avoir franchi 27 kilomètres en une heure), ordonna la reprise du combat. La résistance qu'opposèrent nos troupes obligea l'ennemi à se retirer.

D'après le général Niox, l'effectif des combattants peut être évalué à 95.000 hommes pour les Allemands, à 135.000 pour les Français. Les Allemands eurent 16.000 hommes mis hors de combat, dont 4.500 tués. Les pertes des Français s'élevèrent à peu près au même chiffre, dont 1.400 tués et 5.000 disparus.

Aucun des adversaires ne pouvait s'attribuer la victoire, mais les Allemands avaient atteint leur but : empêcher l'armée française de continuer sa marche sur Verdun.

Les lignes françaises qui, le matin, s'étendaient perpendiculairement à la route de Rézonville à

1. A. Le Faure, *Histoire de la guerre franco-allemande.*

Mars-la-Tour, se trouvaient le soir échelonnées parallèlement à cette route, et faisant face aux lignes prussiennes. Les deux armées couchèrent sur le terrain. De part et d'autre, on s'attendait à recommencer la bataille le lendemain ; mais, à la grande surprise de chacun, le maréchal Bazaine donna l'ordre de se replier sur Metz, sous prétexte de se ravitailler. « Abandonner ainsi le terrain, c'était, en quelque sorte, s'avouer vaincu, dit le général Niox. L'armée en éprouva une grande tristesse et se demanda, dès ce moment, si la confiance mise dans le maréchal Bazaine était justifiée. »

Le général Soleille, commandant en chef de l'artillerie, avait averti Bazaine que l'armée manquait de munitions, et le maréchal accepta cette nouvelle sans la vérifier, quoique sur les 106.000 coups de canon que l'armée avait emportés de Metz, 26.000 seulement eussent été tirés ! Bazaine se souciait moins de marcher sur Verdun que de rester autour de Metz ; sa préoccupation constante était de maintenir ses communications de ce côté.

Des deux routes conduisant à Verdun, une seule, la plus longue, celle de Briey, nous restait. Les Prussiens avaient pour objectif de nous la couper ; les mouvements que Bazaine prescrivait le 17 au matin leur en facilitèrent la tâche.

En exécution des ordres donnés par le maréchal Bazaine, l'armée française s'étendait, le 18 août au matin, sur une ligne allant de Sainte-Ruffine, en face de Gravelotte, jusqu'à Saint-Privatla-Montagne ; cette dernière position dominant la route de Verdun. En face de Gravelotte se trouvait le 2ᵉ corps (Frossard) ; le 3ᵉ corps (Lebœuf) reliait le 2ᵉ au 4ᵉ corps (Ladmirault), celui-ci étant à Amanvilliers ; le 6ᵉ corps (Canrobert) occupait Saint-Privat. Les 2ᵉ, 3ᵉ et 4ᵉ corps avaient une ligne de réserve, formée par la garde impériale, tandis que le 6ᵉ corps, qui aurait dû être chargé de nous conserver à tout prix la seule route de Verdun dont nous pouvions disposer, fut laissé à ses propres forces, alors que le maréchal Canrobert n'avait pas toute son artillerie, puisqu'une partie en était restée à Châlons.

Pendant que notre armée continuait de reculer, l'état-major prussien, toujours tenu au courant des mouvements des Français, réglait la marche des troupes allemandes au fur et à mesure, et d'après les positions que prenaient nos régiments. Les mouvements de l'ennemi s'exécutèrent ainsi méthodiquement pendant la journée du 17, dès que les Prussiens se furent assurés que nous abandonnions le champ de bataille, et furent repris le 18 à quatre heures du matin. A dix heures et demie les ordres furent donnés pour les dispositions à prendre en vue de la bataille.

Le roi de Prusse, accompagné du général de Moltke, était arrivé le 16 au soir, et avait pris la direction générale des opérations.

Le maréchal Bazaine avait établi son quartier général à Plappeville, près de Metz, à sept kilomètres en arrière du champ de bataille. Le 18, vers six heures du matin, le maréchal Lebœuf le prévenait des mouvements de l'ennemi ; il l'en avisait une seconde fois à neuf heures ; à l'aile droite, les mêmes mouvements furent signalés au maréchal Bazaine par le commandant du 6ᵉ corps. Des travaux de défense avaient été faits sur toute la ligne ; on attendait l'ennemi.

A onze heures, le premier coup de canon se fait entendre : c'est le IXᵉ corps prussien qui ouvre le feu contre notre 4ᵉ corps. Celui-ci occupe, à Amanvilliers, le centre de notre ligne, d'où l'action s'étend rapidement sur notre aile droite, jusqu'à Saint-Privat. Elle a commencé également sur notre gauche, mais l'effort principal est dirigé contre notre centre et notre aile droite, où la position extrême du 6ᵉ corps, Saint-Privat et Sainte-Marie-aux-Chênes, est défendue seulement par une batterie et le 94ᵉ de ligne. Le tir de l'ennemi a augmenté d'intensité, et à trois heures, d'Amanvilliers à Sainte-Marie-aux-Chênes, nos troupes ont à supporter le feu de 300 canons prussiens tirant à la fois ; les villages de Sainte-Marie-aux-Chênes et de Saint-Privat sont, eux seuls, exposés aux projectiles de 84 pièces. A trois heures et demie, la position n'est plus tenable à Sainte-Marie-aux-Chênes, le colonel de Geslin rallie ses braves troupiers, et, sous le tir acharné de l'ennemi, se replie sur Saint-Privat.

Pendant que l'aile droite française lutte ainsi contre une artillerie bien supérieure, l'aile gauche résiste vigoureusement aux attaques répétées de l'ennemi, et les repousse avec succès. La situation des Allemands est, à un moment, si critique, qu'une panique se produit, et que des préparatifs se font en vue de la retraite. Mais le général de Steinmetz a demandé des renforts, et l'entrée en ligne du IIe corps (armée du prince Frédéric-Charles) fait reprendre l'offensive aux Prussiens. Refoulés encore et poursuivis par nos soldats, ils sont pris de panique, s'enfuient en désordre, et, se culbutant les uns les autres, roulent au fond d'un ravin. La tentative n'est plus renouvelée, et la situation de notre armée est bonne de ce côté, quoique les 2° et 3° corps aient eu à supporter le choc de trois corps allemands.

Il n'en est pas de même à notre aile droite, où jusque vers cinq heures 300 canons ont dirigé leur feu infernal contre Saint-Privat, défendu seulement par les 66 pièces dont disposait le 6° corps ; encore notre tir a-t-il dû se ralentir de plus en plus faute de munitions. Les Allemands, profitant de la mollesse de la riposte, tentent alors contre notre droite un mouvement tournant. Heureusement, le général de Ladmirault a envoyé quelques caissons de munitions et une brigade de dragons au secours du 6° corps, permettant ainsi à Canrobert d'opposer à l'ennemi une résistance plus efficace.

C'est la garde prussienne, sous les ordres du prince de Wurtemberg, qui donne le signal de l'attaque : « Trois brigades sont en ligne, s'avançant dans un ordre admirable, dit M. A. Le Faure ».

Mais nos artilleurs ont épuisé leurs munitions, ils ne peuvent plus prêter leur appui aux fantassins ; ceux-ci attendent de pied ferme que l'ennemi se soit rapproché et se trouve plus à portée des chassepots. Nos soldats, impatients, sont à leur poste ; jardins, haies, palissades, les pierres même, tout leur sert d'abri, et le maréchal Canrobert a de la peine à empêcher ses hommes de tirer.

Enfin, voici les Allemands, et le signal est donné. En quelques instants, la moitié des officiers allemands tombent frappés par nos balles, et le feu de notre infanterie fait dans les rangs ennemis d'effrayants ravages ; le prince de Wurtemberg qui, sur une hauteur, suit les mouvements de l'action, ordonne la retraite. Cependant les canons prussiens n'ont pas cessé de lancer leurs projectiles contre Saint-Privat et le 6ᵉ corps dont près de 5.000 hommes sont déjà hors de combat. Le village est en feu, les soldats n'ont ni mangé ni bu de la journée, et, encouragés par l'exemple que leur donne le maréchal Canrobert, ils tiennent encore, luttant contre un ennemi supérieur en nombre et protégé par une puissante artillerie.

Mais les Prussiens ne se sont retirés que pour revenir, le prince de Wurtemberg a donné l'ordre au XIIᵉ corps (saxon) d'opérer contre le 6ᵉ corps le mouvement tournant projeté dès le matin. L'attaque ne recommencera que lorsque le mouvement tournant sera accompli, et que le XIIᵉ corps sera en mesure d'y concourir en nous attaquant par le flanc. Elle se fait vers sept heures, et par trois côtés à la fois. 30.000 hommes, soutenus par une artillerie formidable, s'acharnent contre ce village en ruines, et les efforts les plus héroïques de nos braves soldats sont impuissants à résister à un pareil choc. Le 6° corps est obligé de se replier ; il le fait en bon ordre, protégé par deux régiments, le 100° et le 94° de ligne, auxquels viennent bientôt s'ajouter sept batteries d'artillerie, qui arrêtent la poursuite de l'ennemi.

Le maréchal Canrobert avait demandé des renforts à Bazaine, il l'avait averti de la difficulté qu'il avait à se maintenir dans ses positions ; mais Bazaine ne s'était occupé que de l'aile gauche, de celle qui se trouvait le mieux soutenue, négligeant le centre et l'aile droite, contre lesquels l'ennemi dirigea son principal effort à la fin de la journée. Le général en chef français négligea d'imprimer à la bataille une direction quelconque ; il laissa chaque commandant de corps d'armée à son initiative personnelle, sans chercher à relier l'action d'un corps à celle du corps voisin. C'est ainsi que l'aile gauche et sa réserve avaient ignoré la position critique du 6° puis du 4° corps, et n'avaient pu les soutenir. Les Allemands, au contraire, avaient un plan d'ensemble qui fut ponctuellement suivi et observé jusqu'à la fin. Mais leurs dispositions n'auraient pas réussi, grâce à la vaillance du 6° corps, si le maréchal Canrobert avait obtenu les renforts qu'il demandait. Qui sait ? le XII° corps aurait peut-être été coupé du reste de l'armée allemande, et la défaite de l'aile gauche aurait sans doute entraîné celle de l'aile droite, déjà fortement ébranlée. Une victoire, ce jour-là, aurait pu avoir pour nous des conséquences immenses. C'eût, peut-être, été le salut.

Les Allemands avaient mis en ligne 180.000 hommes, les Français 120.000. Les Allemands perdirent 900 officiers et 20.000 hommes, dont plus de 5.000 tués. Les Français eurent 13.000 hommes mis hors de combat, dont 589 officiers, 1.200 hommes tués, et 6.000 disparus.

Le lendemain 19 août, les troupes françaises se replièrent sous Metz, où le maréchal Bazaine se laissa investir.

XIV

SEDAN

Arrivée de l'Empereur au camp de Châlons. — Le conseil de guerre du 17 août. — Le général Trochu et l'Impératrice. — Les hésitations du maréchal de Mac-Mahon. — Opposition du gouvernement à la marche de l'armée sur Paris et au retour de l'Empereur. — La jonction avec l'armée de Metz. — La marche sur Montmédy. — Les Prussiens nous gagnent de vitesse. — La surprise de Beaumont. — La bataille de Sedan. — Bazeilles. — Le général de Wimpfen. — La capitulation. — Napoléon III prisonnier.

Les débris du corps d'armée de Mac-Mahon, transportés par chemin de fer, commencèrent à arriver à Châlons le 14 août. Les dix-huit bataillons de la garde mobile de la Seine s'y trouvaient déjà, et devaient être réunis au 12ᵉ corps, qui venait d'être placé sous les ordres du général Trochu.

L'Empereur y arriva le 16 au soir, dans un wagon de 3ᵉ classe, accompagné de son fils et du prince Napoléon. Il avait abandonné l'armée de Metz, le matin, au moment où s'échangeaient les premiers coups de canon de la bataille de Borny.

Le lendemain 17, un conseil de guerre fut réuni, dans lequel, grâce à l'insistance du prince Napoléon, furent adoptées les résolutions suivantes :

Le maréchal de Mac-Mahon sera nommé commandant en chef ;

Le général Trochu, nommé gouverneur de Paris, aura sous ses ordres les troupes chargées de la défense de la capitale ;

La garde mobile retournera à Paris ;

L'Empereur rentrera à Paris quelques heures après le général Trochu.

L'armée de Châlons se retirera sous Paris, et son chef, le maréchal de Mac-Mahon, se trouvera placé sous les ordres de Bazaine, « afin de maintenir l'unité dans le commandement ».

Le conseil de guerre avait été présidé par Napoléon III, avec une passivité qui ne s'expliquerait guère si le général Trochu ne nous avait laissé, de la physionomie du souverain pendant cette conférence, une description caractéristique : « L'Empereur, vieilli, mais encore valide en apparence, dit le général dans ses *Mémoires*, courtois et bienveillant selon son ordinaire, remarquablement calme, mais comme absorbé, presque muet, me parut moralement affaibli, et peu capable de trouver en lui-même, au milieu de la tempête des événements, une direction et des résolutions.

« Au cours de la conférence, il ne prit l'initiative d'aucune proposition, la laissant à peu près tout entière au prince Napoléon et à nous-même, n'entra dans la discussion que par quelques courtes réflexions qui n'objectaient ni n'approuvaient. Enfin, il me sembla que cet homme, destiné du commencement à la fin de sa vie à de si extraordinaires fortunes, se laissait aller au courant de la dernière, avec un certain degré de philosophie. »

Le général Trochu, arrivé à Paris le 18, se rendit immédiatement auprès de l'Impératrice, que l'Empereur avait déjà prévenue de son retour à Paris. « Ceux qui ont conseillé à l'Empereur les résolutions que vous m'annoncez, sont des ennemis, dit l'Impératrice au général. L'Empereur ne reviendra pas à Paris : il n'y rentrerait pas vivant. L'armée de Châlons fera sa jonction avec l'armée de Metz. » Le général avait préparé une proclamation annonçant au pays que l'Empereur l'avait nommé gouverneur de la capitale. Dès les premiers mots, l'Impératrice l'arrêta : « Général, il ne faut pas que le nom de l'Empereur figure dans une proclamation, à l'heure présente », lui dit-elle. Le général Trochu eut beau insister et expliquer qu'il représentait l'Empereur, qu'il ne pouvait annoncer à la population qu'il était chargé de défendre la capitale, sans dire que c'était l'Empereur qui lui en avait donné la mission, l'Impératrice fut inflexible, prétextant qu'il y avait des inconvénients, vu l'état des esprits à Paris, à laisser subsister cette indication, et le nom de l'Empereur ne figura pas dans la proclamation.

Depuis le 10 août, un ministère dont le général comte de Palikao était le président, avait remplacé le ministère Emile Ollivier. L'opinion du comte de Palikao était que l'armée de Châlons devait se joindre à l'armée de Metz, pour former un seul corps compact à opposer à l'ennemi, et il avait réussi à faire accepter ses idées par l'Impératrice et le Conseil des ministres. C'est ce qui explique la résistance rencontrée auprès de la souveraine par le général Trochu. Déjà, le 17, à dix heures et demie du soir, c'est-à-dire avant l'arrivée du général Trochu, le ministre de la guerre avait télégraphié à l'Empereur pour le supplier de renoncer à l'idée de ramener l'armée de Châlons à Paris, et Napoléon III, ébranlé, avait répondu le lendemain 18, au ministre de la guerre : « Je me rends à votre opinion ». Le 19, le comte de Palikao demandait à Mac-Mahon de faire sa jonction avec Bazaine, et le maréchal répondit le même jour : « Veuillez dire au Conseil des ministres qu'il peut compter sur moi, et que je ferai tout pour rejoindre Bazaine ».

Le duc de Magenta, cependant, n'agissait pas ainsi par conviction ; les nouvelles reçues de l'armée de Metz, les dernières dépêches surtout annonçant que toutes les routes de Verdun étaient occupées par les Prussiens, et faisant craindre que le maréchal Bazaine ne pût peut-être pas gagner Verdun, jetèrent dans l'esprit de Mac-Mahon un nouveau doute sur la direction à prendre. Le 20, à huit heures quarante-cinq du matin, il télégraphia à Paris pour annoncer « qu'il resterait en position jusqu'à connaissance de la direction prise par Bazaine » ; puis, par une deuxième dépêche, il fit savoir au ministre de la guerre que décidément il se dirigeait sur Reims. Le lendemain 21, au milieu d'un désordre navrant, l'armée se mit en marche.

A Reims, l'Empereur reçut, le 22, une dépêche du ministre de la guerre, demandant au maréchal d'abandonner à nouveau son projet de revenir sur Paris : « Ne pas secourir Bazaine aurait à Paris les plus graves conséquences, disait le ministre. En présence de ce désastre, il faudrait craindre que la capitale ne se défendît pas ». Le même jour, l'Empereur avait reçu enfin une dépêche de Bazaine, datée du 19, rendant compte, dans des termes assez énigmatiques, des résultats de la journée de Saint-Privat. Le maréchal terminait sa dépêche en annonçant « qu'il comptait toujours prendre la direction du Nord, et se rabattre ensuite par Montmédy sur la route de Sainte-Menehould à Châlons, si elle n'est pas fortement occupée. Dans ce cas, il continuerait sur Sedan, et même Mézières, pour gagner Châlons ». La réception de ces deux télégrammes leva toutes les hésitations de Mac-Mahon qui écrivit à Bazaine : « Reçu votre dépêche du 19. Suis à Reims ; me porte dans la direction de Montmédy. Serai après-demain sur l'Aisne, d'où j'agirai selon les circonstances pour vous venir en aide ». Mais entre la date d'expédition du télégramme du 19 et son arrivée à Reims le 22, le maréchal Bazaine avait, à la date du 20, adressé au maréchal de Mac-Mahon une dépêche, que celui-ci ne reçut point. Le maréchal Bazaine avait confié cette dépêche à deux agents de la police, pour qu'elle fût remise au colonel Stoffel, attaché à l'état-major de Mac-Mahon ; elle arriva à Reims et de là fut portée au château de Courcelles, où se trouvaient le maréchal et son état-major, et, cependant, *le maréchal n'en eut pas connaissance.* Par quelles circonstances fatales ce fait incroyable a-t-il pu se produire? on en est réduit aux conjectures. Dans cette dépêche, Bazaine disait ceci : « J'ai dû prendre position près de Metz, pour donner du repos aux soldats, et les ravitailler en vivres et en munitions. L'ennemi grossit toujours autour de moi, et je suivrai très probablement, pour vous rejoindre, la ligne des places du nord, et vous préviendrai de ma marche, *si je puis toutefois l'entreprendre sans compromettre l'armée* ». La restriction par laquelle le maréchal Bazaine terminait, aurait *peut-être* fait revenir Mac-Mahon sur sa détermination de marcher sur Montmédy, mais personne ne peut l'affirmer, car l'insistance que l'Impératrice et le Conseil des ministres avaient mise dans la dépêche adressée à l'Empereur le 22, à Reims, et les considérations politiques qu'ils avaient invoquées, auraient certainement fait hésiter le maréchal de Mac-Mahon avant qu'il ne reprît le chemin de Paris.

Quoi qu'il en soit, le 22 août la marche sur Montmédy était décidée ; elle commença le lendemain. Pour réussir, il aurait fallu un esprit de décision et une rapidité d'exécution auxquels ni le commandement en chef ni les troupes n'étaient plus habitués. Lentement, l'armée se mit en mouvement le 23 ; on avançait difficilement, les troupes, fatiguées, au milieu de ces allées et venues, ne savaient où on les conduisait ; les vivres manquaient, le ravitaillement était devenu presque impossible, l'intendance se trouvant toujours trop éloignée du soldat. De plus, il avait plu, et les chemins étaient mauvais.

Le changement de direction opéré par l'armée de Mac-Mahon avait dérouté l'état-major prussien, et jusqu'au 26 il était resté sans renseignement certain ; un journal parisien, saisi à la poste, apprit à l'ennemi que notre armée avait abandonné la route de Paris. A leur tour, les Prussiens la quittent, et, à partir du 27, changeant de front, se dirigent vers le nord, ayant pour objectif la Meuse, du côté de Beaumont, de façon à barrer la route à Mac-Mahon.

Tandis que les Allemands avançaient à marches forcées, l'armée de Mac-Mahon, péniblement, se dirigeait sur Montmédy. Le maréchal, mal informé sur la direction prise par l'ennemi, fit faire aux troupes des marches inutiles qui fatiguèrent et démoralisèrent les soldats. Un engagement qui eut lieu le 27, à Buzancy, entre une brigade du 5ᵉ corps et une reconnaissance allemande, lui apprit que l'armée du prince royal de Prusse se dirigeait sur les Ardennes. Comprenant alors le danger auquel il allait exposer son armée, le maréchal de Mac-Mahon résolut de la conduire à Mézières, pour de là marcher vers l'ouest. C'était définitivement renoncer à secourir Bazaine. Napoléon III approuva le projet du maréchal ; celui-ci en avisa aussitôt Bazaine, et, le même jour 27, télégraphia au ministre de la guerre que la marche du prince royal de Prusse lui coupant toute ligne de retraite, il se retirait sur Mézières, d'où il se dirigerait vers l'ouest.

Mais le comte de Palikao, qui ne voyait pas la situation sous le même aspect que le maréchal de Mac-Mahon, télégraphia à l'Empereur, le 27, à 11 heures du soir : « Si vous abandonnez Bazaine, la révolution est dans Paris, et vous serez attaqué vous-même par toutes les forces de l'ennemi. Contre le dehors, Paris se gardera. Les fortifications sont terminées. Il me paraît urgent que vous puissiez parvenir jusqu'à Bazaine ». Au maréchal de Mac-Mahon, il télégraphia le 28, à 1 h. 30 du matin : « Au nom du Conseil des ministres et du Conseil privé, je vous demande de porter secours à Bazaine, en profitant des trente heures d'avance que vous avez sur le prince royal de Prusse ». Le maréchal de Mac-Mahon n'eut pas le courage de résister, et s'inclina devant la toute-puissante raison d'Etat. Alors recommença cette marche sur Montmédy, acceptable et possible le 22, à condition d'être menée à toute vitesse, et qui, entreprise le 28, avec des troupes démoralisées et fatiguées, devait irrémédiablement aboutir à un désastre.

Les ordres donnés le 28 en vue de cette marche produisirent sur les officiers et les soldats un effet déplorable ; ils croyaient marcher sur Paris, et voilà qu'on les obligeait à revenir sur leurs pas pour reprendre la route de Montmédy. Le changement de direction s'opéra au milieu d'une confusion extraordinaire ; les colonnes s'entre-croisaient et se mêlaient, occasionnant un encombrement dont hommes et chevaux eurent de la peine à sortir. Le temps perdu en marches et en contre-marches avait permis aux Allemands de nous suivre de plus près ; la cavalerie qui précédait l'armée du prince de Saxe surveillait nos mouvements et, se montrant constamment sur les derrières de nos colonnes, les fatiguait par des escarmouches sans importance, suffisantes, cependant, pour retarder encore leur marche.

Le 29, au soir, les III° et IV° armées allemandes, sous les ordres du prince royal de Prusse et du prince de Saxe, avaient atteint leur but, et le plan de l'ennemi se dessinait clairement : un réseau, en forme de demi-cercle, dans lequel il s'agissait d'enserrer l'armée française. Un conseil de guerre fut tenu, le même soir, au quartier général du roi de Prusse ; on y décida que l'action serait engagée dès le lendemain, du côté de Beaumont.

Le 5ᵉ corps français (général de Failly) arriva à Beaumont dans la nuit du 29 au 30 août, et y installa ses campements. Les soldats, déjà fatigués par les marches de la journée, réveillèrent les habitants, frappèrent à toutes les portes pour demander des vivres, puis on ne songea qu'au repos, négligeant les précautions les plus élémentaires pour se garder, malgré le peu de distance qui séparait nos troupes de l'ennemi. Dès le matin, des paysans accoururent prévenir le général de Failly de la proximité des Prussiens, mais ils furent accueillis par des railleries, sous prétexte que rien dans les rapports des généraux de division ne pouvait faire supposer la présence de l'ennemi. A midi, les officiers déjeunaient, les hommes étaient en corvée, les chevaux à l'abreuvoir. Un coup de canon, tiré à moins de mille mètres par l'artillerie allemande, fait partout retentir ce cri : « L'ennemi ! » Malgré la suprise, il n'y pas de panique, si ce n'est parmi les habitants qui se sauvent, affolés ; les batteries sont attelées, les soldats se rassemblent, régiments par régiments, et ne tardent pas à prendre l'offensive ; mais ni le général commandant le corps d'armée, ni aucun autre général, ne se trouve là, le déjeuner les retient ailleurs, et le colonel de Béhague prend la direction de l'attaque. Cependant les chefs de corps ne tardent pas à venir prendre leur poste, et la bataille s'engage, meurtrière. Malheureusement, la position occupée par le 5° corps le met pour ainsi dire à la discrétion de l'ennemi, la ville de Beaumont étant dominée par une ceinture de collines et de bois dont le général de Failly n'a pas songé à tirer parti.

Tout d'abord l'artillerie seule est engagée, mais la bataille ne tarde pas à s'étendre, et des deux côtés l'infanterie entre en ligne. Les batteries allemandes ont facilement raison des nôtres ; après avoir réduit au silence nos canons, elles déciment nos bataillons qui reculent, écrasés par les obus. Cette lutte inégale dure deux heures, après lesquelles nos troupes abandonnent Beaumont et battent en retraite du côté de Mouzon ; le 5° cuirassiers est envoyé pour protéger nos mouvements, il traverse la Meuse à gué, et reçoit l'ordre de charger. La charge semble inutile et dangereuse au colonel de Contenson qui commande le régiment ; mais l'ordre étant formel, nos braves cavaliers fondent sur l'ennemi ; repoussés une première fois, ils s'élancent à nouveau, colonel en tête. Vains efforts, le colonel est tué ; à côté de lui tombent le lieutenant-colonel et un chef d'escadron ; sept autres officiers sont tués ou blessés, cent hommes sont hors de combat. Le soir, toute l'armée avait passé sur la rive droite de la Meuse, dans un pêle-mêle et un désordre affreux. Lorsque les cuirassiers, pour échapper à une destruction complète, voulurent à leur tour se replier, les ponts et les gués étaient tellement encombrés, qu'ils en furent réduits à traverser la Meuse à la nage. Un grand nombre de cavaliers et de chevaux y trouvèrent la mort.

La bataille de Beaumont coûta 4.800 hommes aux Français ; 3.500 aux Allemands. Le général de Failly eut un cheval tué sous lui. Quant à l'Empereur, il adressa, à 5 h. 30, la dépêche suivante à l'Impératrice : « Il y a encore eu un *petit engagement* aujourd'hui, sans grand importance, et je suis resté à cheval assez longtemps ». Cette dépêche prouve suffisamment combien peu Napoléon III s'était tenu au courant des événements de la journée.

Mais le maréchal de Mac-Mahon n'envisagea pas la situation sous le même jour que son souverain. S'exagérant au contraire l'importance de l'échec subi par le 5ᵉ corps, il donna l'ordre de se diriger sur Sedan, afin de faire reposer ses troupes, sans qu'il se rendît compte du danger auquel il les exposait. S'il avait hâté la marche sur Mézières où son armée aurait été plus en sûreté, il aurait plus facilement pu tenir tête à l'ennemi. « En s'attardant à Sedan, dit un historien militaire allemand, le maréchal de Mac-Mahon fournissait, à un adversaire bien supérieur en nombre, l'occasion de l'immobiliser dans cette position, et de l'entourer de toutes parts. Par lui-même, Sedan n'est ni un appui sérieux pour la défense pendant une bataille, ni un bon point de ralliement pour l'armée dans le cas d'un revers. De toute manière donc, cet arrêt de Mac-Mahon à Sedan était une lourde faute, que le maréchal et l'armée tout entière devaient cruellement expier. En outre, toutes les dispositions de Mac-Mahon dans ces journées du 30 et du 31 août sont marquées au coin d'une indécision fatale, d'un manque de suite, présages certains d'une catastrophe imminente[1]. »

Quant à Napoléon III, « souverain sans pouvoir et sans autorité, déjà moralement déchu, il suivait tristement et inutilement les troupes, comme un condamné son cortège funèbre »[2]. De Carignan, où il s'était tenu pendant la bataille de Beaumont, il se rendit à Sedan par chemin de fer, laissant ses équipages encombrer les routes et entraver la marche des colonnes. Il y arriva vers onze heures, se dirigeant à pied jusqu'à la porte de Paris, suivi d'une faible escorte. Enveloppé

---

1. *Opérations des armées allemandes*, traduction du capitaine Costa de Serda.
2. *La guerre de 1870*, par le général Niox.

d'un large caban dont le capuchon lui cachait la moitié du visage, il se rendit à la sous-préfecture où il mandait en même temps le général commandant la place. Le lendemain, il adressa à l'armée la triste proclamation suivante :

« Soldats !

« Le début de la campagne n'ayant pas été heureux, j'ai voulu, mettant de côté toute considération personnelle, confier le commandement des armées à ceux des maréchaux que l'opinion publique désignait particulièrement. Jusqu'alors le succès n'a pas couronné leurs efforts : j'apprends pourtant que l'armée du maréchal Bazaine s'est reformée sous les murs de Metz, et que celle du maréchal Mac-Mahon n'a que peu souffert dans la journée d'hier. Vous n'avez donc aucun motif de découragement.

« Nous avons empêché l'ennemi de pousser jusqu'à la capitale, et la France entière se lève pour chasser l'envahisseur.

« Dans ces difficiles circonstances, confiant dans l'Impératrice, qui me remplace dignement à Paris, *j'ai préféré le rôle de soldat à celui de souverain.* Aucun sacrifice ne me semblera trop lourd pour sauver notre patrie. La France, Dieu merci, compte encore des hommes de courage, et *s'il devait s'y trouver des lâches, la loi militaire et l'opinion publique sauraient en faire justice.*

« Soldats ! soyez dignes de votre antique réputation ! Que chacun fasse son devoir, et Dieu n'abandonnera pas notre pays. »

Le 31, le I⁰ʳ corps bavarois traversa la Meuse sur le pont de Bazeilles, et tenta contre ce village une attaque, qu'une division d'infanterie de marine repoussa vigoureusement, obligeant l'ennemi à repasser le fleuve. Ordre fut alors donné de faire sauter le pont, mais l'officier du génie chargé de l'opération ne put le mettre à exécution : on avait négligé de charger les mines, et il dut attendre que les poudres dont il avait besoin fussent arrivées. Cela permit aux Bavarois de profiter de la nuit pour retraverser la Meuse. Lorsque l'officier du génie reçut les poudres, il était trop tard. A ce moment, pour détruire le pont, il aurait fallu de l'artillerie. Le commandant Lambert, chargé de la défense de Bazeilles, en demanda inutilement.

A Sedan, la journée se passa sans qu'aucun ordre fût donné aux troupes ; on se contenta de distribuer des vivres. Le maréchal de Mac-Mahon inspecta les fortifications, et, à cinq heures et demie, réunit chez lui un conseil de guerre, qui, lui non plus, ne prit aucune résolution importante. On laissa ainsi à l'ennemi le temps nécessaire pour resserrer davantage le cercle dont il cherchait à entourer notre armée. L'état-major prussien donna ses instructions en conséquence dans la soirée, et ses ordres ayant reçu un commencement d'exécution dans la nuit même du 31 août, l'armée allemande se trouva prête à combattre avant le jour.

Le bataille commença dès quatre heures du matin (1ᵉʳ septembre), par une nouvelle attaque des Bavarois contre Bazeilles. L'accueil que leur fait notre infanterie de marine les oblige à reculer jusqu'à la Meuse, où des renforts leur arrivent et leur permettent de reprendre l'offensive. L'infanterie de marine, à son tour, recule ; mais la brigade Reboul et quelques bataillons du 12° corps viennent à son secours, et la résistance devient acharnée. « Dans l'intérieur du village, on luttait de part et d'autre avec une égale bravoure et une telle ténacité, dit le colonel allemand Borbstaedt, qu'on en arrivait bientôt à un combat sans merci. C'était maison par maison, rue par rue, qu'il fallait enlever Bazeilles; dans quelques-unes de ces maisons, on ne parvenait à déloger le défenseur qu'en suivant des rues latérales, pour déboucher ensuite par derrière et lancer dans l'intérieur des torches incendiaires[1]. »

L'action se continue ainsi avec des alternatives diverses, mais l'ennemi n'est pas encore entièrement maître du village : quelques soldats d'infanterie de marine, sous les ordres du commandant Lambert, se sont fortifiés dans une maison, et pendant deux heures tiennent tête au 15° régiment bavarois, et lui infligent des pertes énormes. Voyant que la lutte menaçait de se prolonger, les Bavarois ont recours au canon, mais rien n'y fait, et le courage de cette poignée de braves ne faiblit pas. La maison n'a plus ni toiture, ni porte, ni fenêtres, et la résistance dure toujours. Vers dix heures, les munitions manquant, les soldats veulent se frayer un passage en traversant les rangs ennemis à la baïonnette : « Je les arrêtai, dit le commandant Lambert dans son rapport, en leur disant que

1. *Opérations des armées allemandes.*

j'allais sortir, et que si l'on me tuait il serait à temps de vendre chèrement leur vie. Au moment où je franchissais la porte, j'eus sur la poitrine plus de vingt baïonnettes, et j'aurais été infailliblement massacré, si un capitaine bavarois ne s'était précipité entre ses hommes et moi [1] ».

Une fois maîtres du village, les Bavarois se livrent à des actes de sauvagerie que n'excusent pas les rigueurs de la guerre. Bazeilles est plus qu'à moitié détruit, mais cela ne suffit pas à l'ennemi, il veut venger la mort d'un colonel tué la veille par un coup de feu parti des avant-postes du village. Pour punir les habitants d'avoir soutenu la résistance de nos soldats, le feu est mis aux maisons ; puis, voulant achever plus vite leur horrible besogne, les Bavarois ont recours au pétrole, dont ils se servent pour alimenter les foyers d'incendie. Hommes, femmes et vieillards sont soumis à leurs mauvais traitements ; de nombreux habitants, presque une centaine, dont un vieillard de quatre-vingt-six ans, des femmes, des enfants, sont mis à mort ; une malheureuse voit, sous ses yeux, fusiller son mari.

Le maréchal de Mac-Mahon, dès l'ouverture du feu, s'était porté en avant des lignes ; il revenait de Bazeilles, lorsque, vers six heures, il fut blessé d'un éclat d'obus. Ne pouvant plus se tenir à cheval, il remit le commandement en chef au général Ducrot, qui, immédiatement, donna l'ordre de battre en retraite sur Mézières. Mais le général de

[1]. Cette héroïque défense a été popularisée par le tableau si connu d'Alphonse de Neuville : *Les dernières cartouches.*

Wimpfen, arrivé à Sedan le 30, venant d'Algérie pour prendre le commandement du 5ᵉ corps à la place du général de Failly, n'approuva pas la résolution prise par le général Ducrot. Il ne voulait pas se décider à la retraite, alors que le 12ᵉ corps, sous les ordres du général Lebrun, faisait plier l'ennemi du côté de Bazeilles et lui infligeait des pertes sérieuses. Le général de Wimpfen, à son passage à Paris, avait été désigné par le ministre de la guerre, pour succéder au maréchal de Mac-Mahon dans le cas où celui-ci serait empêché d'exercer son commandement. Les ordres donnés par Ducrot ne le satisfaisant pas, de Wimpfen s'autorisa de ses lettres de service, et, vers neuf heures, informa Ducrot que, suivant les instructions du ministre, il prenait le commandement en chef.

A ce moment, les ordres de retraite sur Mézières, donnés par le général Ducrot, avaient déjà reçu un commencement d'exécution, mais le général de Wimpfen se hâta de les contremander, et prescrivit de se porter sur Bazeilles, d'où, grâce à la bonne situation occupée par le général Lebrun, on pourrait tenter une trouée vers Carignan, et de là gagner Montmédy. Ces hésitations, non seulement nous faisaient perdre un temps précieux, mais permettaient aux armées allemandes de continuer l'exécution des mouvements qui leur avaient été prescrits, et de resserrer de plus en plus le cercle qui devait envelopper l'armée française. Cependant, sur toute la ligne autour de Sedan, nos soldats se battent bravement, et, jusqu'à dix heures et demie, aucun des deux adversaires ne peut revendiquer l'avantage. Mais les Allemands ont reçu des renforts, ils ont appelé la réserve à leur secours, et bientôt l'artillerie puissante de deux corps d'armée déciment les troupes occupant le bois de la Garenne et le plateau d'Illy. L'artillerie de la garde prussienne, sous les ordres du prince de Hohenlohe, vient joindre son action à celle des Ve et XIe corps, et nos soldats, ne pouvant plus tenir, abandonnent le plateau. La situation est critique ; c'est la cavalerie, qui, cette fois encore, est appelée à protéger et à soutenir l'infanterie.

Il est environ deux heures, lorsque le général Margueritte reçoit l'ordre de charger. Avant de donner les dernières instructions, il veut se rendre exactement compte des positions occupées par l'ennemi, et, accompagné de son état-major, se porte sur la crête du plateau. La présence d'un groupe d'officiers sur un point aussi découvert, ayant attiré l'attention des Allemands, ils dirigent leur tir de ce côté, et atteignent le général Margueritte, qui, mortellement blessé, tombe face contre terre. Soulevé par quelques officiers, il reprend connaissance, mais il ne peut articuler aucun mot, une balle lui ayant perforé les deux joues, et coupé une partie de la langue. Insouciant de la mitraille qui tombe, deux officiers parviennent à redresser le général sur ses genoux ; il reste ainsi un moment, affaissé, puis faisant un suprême effort, il se relève, raide comme une barre de fer, sa tête penchée à droite saignant abondamment. Mis en selle, soutenu des deux côtés, le général est ramené du côté de ses troupes, et défile sur le front de sa division. A la vue de leur chef blessé, un sentiment de rage monte au cœur des soldats; le général a recouvré toute sa connaissance, il veut parler, mais les mots restent étouffés dans sa gorge, à peine ceux qui l'entourent entendent-ils le commandement : « En a... av... vant ! » Remplaçant alors la voix par le geste, le général lève un bras défaillant, et l'étendant dans la direction de l'infanterie prussienne, indique le mouvement à exécuter, pendant que de l'autre main il soutient sa mâchoire fracassée. A ce geste héroïque, les soldats, transportés d'enthousiame et d'admiration, répondent par le cri de : « Vive le général ! » que suivent aussitôt ceux de : « Il faut le venger !... Vengeons-le !... A la charge ! » Le général de Galiffet prend la place du général Margueritte, et les cavaliers, assujettissant dans leur main la poignée de leur sabre avec la dragonne enroulée autour de la garde ou un foulard noué solidement sur le poing crispé, se disposent à fondre sur l'ennemi [1].

Au commandement de leur chef, chasseurs et hussards franchissent le plateau, descendent dans la plaine, et, dans un galop furieux, s'élancent sur les régiments prussiens; dépassant bientôt les premières lignes, sabrant tout sur leur passage, ils s'enfoncent dans les masses ennemies. Ecrasés par le nombre, nos cavaliers sont obligés de se replier, pour se reformer aussitôt. « Les charges se multiplient ainsi pendant plus d'une demi-heure. A mesure que les escadrons se reforment, sous

1. *Charges héroïques*, par Georges Bastard.

les ordres de leurs chefs, ils s'ébranlent de nouveau, et par trois fois renouvellent ces charges héroïques, afin de briser le triple cercle de fer, d'acier et d'airain qui les broie. Tumultueuse mêlée au milieu de laquelle passent, dans des tourbillons de poussière sillonnés d'éclairs, des troupes de chevaux mutilés, estropiés, traînant leurs entrailles ; combat de cavaliers à l'arme blanche contre des fantassins qui ripostent à coups de fusils, et qui terrassent ceux-ci sous leur feu foudroyant ». Quatre-vingt-sept officiers et huit cent quarante hommes tués ou blessés sont restés sur le terrain.

A la faveur du désarroi produit dans les rangs ennemis par ces charges successives, l'infanterie veut essayer de reprendre l'offensive, mais les chevaux, démontés de leurs cavaliers et excités par le bruit de la fusillade, l'odeur de la poudre et la douleur que leur causent leurs blessures, sont revenus en arrière et, dans leur course furieuse, piétinent les hommes et rompent nos lignes que les officiers sont désormais impuissants à reformer, tandis que l'ennemi resserre de plus en plus le cercle de feu qui entoure nos troupes. Celles-ci, débandées, pour échapper aux projectiles se précipitent vers la ville, où elles croient trouver un refuge, mais le tir des batteries allemandes ne ralentit pas, et poursuit les fuyards jusque sous les remparts. Quatre cent vingt-six canons prussiens font tomber sur notre armée un orage de fer et de feu.

Le général Ducrot (1ᵉʳ corps) à Illy, le général Douay (7ᵉ corps) à Floing, font des efforts surhumains, soit pour conserver, soit pour reprendre leurs positions, mais le courage de nos soldats, comme la bravoure de leurs chefs, est impuissant à rompre le cercle qui les étreint, et à empêcher l'ennemi de gagner du terrain d'instant en instant. Le général de Wimpffen, se rendant compte de l'inutilité qu'il y a à continuer la lutte dans des conditions aussi désastreuses, voudrait pouvoir profiter de la bonne contenance du 12ᵉ corps (général Lebrun) à Bazeilles, et, par un coup d'audace, jeter les Bavarois dans la Meuse, et s'ouvrir un passage vers Carignan. En même temps qu'il fait prévenir les généraux Ducrot et Douay, il fait part de sa résolution à l'Empereur, par la lettre suivante :

« Sire,

« Je me décide à forcer la ligne qui se trouve devant le général Lebrun et le général Ducrot, plutôt que d'être prisonnier dans la place de Sedan.

« Que Votre Majesté vienne se mettre au milieu de ses troupes ; elles tiendront à honneur de lui ouvrir un passage.

« Une heure un quart, 1ᵉʳ septembre.

« DE WIMPFEN. »

Napoléon III est venu à cheval, le matin, sur le champ de bataille ; deux de ses aides de camp ayant été blessés, il est rentré à Sedan. Sans énergie, incapable de prendre un parti, il écoute tous les avis, et ne s'arrête à aucun : la pensée dominante chez lui est, maintenant, d'arrêter l'effusion du sang. Du haut de la cidadelle où il se fait conduire, il voit l'étendue du désastre, et, sans mot dire, retourne à la sous-préfecture où il convoque les généraux Douay, Ducrot et Lebrun ; tous reconnaissent que la résistance est inutile.

Cependant le mouvement offensif décidé par le général de Wimpfen était déjà commencé, et l'ennemi, devant ce choc imprévu, avait été obligé de céder ; malheureusement, notre arrière-garde, attaquée par des forces supérieures, au lieu de chercher à se rapprocher du 12° corps qui tenait toujours, commit la faute de se réfugier sous le canon de la citadelle et dans Sedan, dont les portes étaient ouvertes. Le général de Wimpfen, espérant toujours voir arriver l'Empereur, se plaça alors à la tête de troupes de tous corps, massées près de la ville, pour tenter un nouvel effort. Arrivé à la Balan, vers quatre heures, il rencontra un officier qui lui remit une lettre de Napoléon III le prévenant que le drapeau blanc avait été hissé à la citadelle, l'invitant à cesser le feu et le chargeant de négocier avec l'ennemi.

« Je refusai, à plusieurs reprises, de me rendre à cette injonction, dit le général de Wimpfen dans son rapport au ministre de la guerre. Malgré les pressantes instances de l'Empereur, je n'en crus pas moins devoir tenter un suprême effort, et je rentrai en ville pour appeler à moi toutes les troupes qui s'y étaient accumulées ; mais, soit fatigue provenant d'une lutte de douze heures sans prendre de nourriture, soit instructions mal comprises, soit ignorance des suites dangereuses que pouvait avoir leur agglomération dans une ville impropre à la défense, peu d'hommes répondirent à mon appel... »

Le général de Wimpfen, entraînant les deux mille soldats de toutes armes qui s'étaient joints à lui, se dirigea alors sur Balan. Officiers et soldats marchent dans le rang, sans distinction de grades ou d'armes ; des artilleurs à pied à côté de fantassins, des zouaves à côté de cavaliers démontés, des gardes mobiles et quelques gardes nationaux, se trouvent parmi eux. Au son du clairon sonnant la charge, la colonne se jette sur le village occupé par les Bavarois. Ceux-ci se défendent vigoureusement, et la lutte s'engage dans un corps-à-corps terrible; Français et Allemands se serrent de près, et tirent presque à bout portant, au milieu d'une pluie d'obus que les Prussiens envoient sur le village. Toutes les maisons sont occupées par l'ennemi, et les coups de feu partent des fenêtres, des jardins, des coins des rues ; nos artilleurs chargent leurs pièces à cinquante mètres des Allemands. Mais le nombre des Bavarois augmente toujours, et la résistance devient impossible ; il faut se replier, et les clairons sonnent la retraite.

« Ce fut le dernier effort de la lutte, dit le général de Wimpfen, l'effectif de ces troupes étant trop peu considérable pour tenter la seule retraite qui fût possible eu égard à la disposition des forces ennemies.

« A six heures, je rentrai, le dernier, dans la ville encombrée de caissons, de voitures, de chevaux, qui arrêtaient toute circulation. Les soldats, entassés dans les rues avec le matériel d'artillerie, étaient exposés aux plus grands périls en cas de bombardement. J'apprenais de plus qu'il restait un seul jour de vivres dans les magasins de la place, les approvisionnements annoncés de Mézières par le chemin de fer ayant été renvoyés à Mézières au premier coup de canon. »

Le drapeau blanc que Napoléon III avait fait hisser sur la citadelle avait été arraché par un officier d'état-major, au moment où le général de Wimpfen, refusant de traiter avec l'ennemi, entraînait deux mille soldats vers Balan.

L'Empereur n'eut pas l'énergie d'aller se placer au milieu de ses troupes et, en sauvant l'honneur du drapeau, essayer de mourir sur le champ de bataille : il se contenta d'inviter le général de Wimpfen à cesser le feu ; mais le général, ne reconnaissant pas à l'Empereur le droit de faire hisser le drapeau parlementaire à l'insu du commandant en chef, refusa de traiter avec l'ennemi, et envoya sa démission.

Napoléon III ne l'accepta pas, et adressa au général une nouvelle lettre : « Vous ne pouvez songer à donner votre démission, lui dit-il, quand il s'agit de sauver l'armée par une honorable capitulation. Je n'accepte donc pas votre démission. Vous avez fait votre devoir pendant toute la journée, faites-le encore. C'est un service que vous rendez au pays. Le roi de Prusse a accepté l'armistice, et j'attends ses propositions. Croyez à mon amitié ».

A ce moment, le roi de Prusse ignorait encore la présence de Napoléon III dans Sedan ; ce fut le parlementaire, le lieutenant-colonel Bronsart de Schellendorf, envoyé à Sedan pour faire connaître les conditions imposées par Guillaume, capitulation de l'armée et de la place, qui lui en apporta la nouvelle.

Quant à l'Empereur, il fit porter, par le général Reille, la lettre suivante au roi de Prusse :

« Monsieur mon frère, n'ayant pu mourir au milieu de mes troupes, il ne me reste qu'à remettre mon épée dans les mains de Votre Majesté. Je suis de Votre Majesté le bon frère.

« NAPOLÉON. »

Le roi de Prusse répondit immédiatement :

« Monsieur mon frère, tout en regrettant les circonstances dans lesquelles nous nous rencontrons, j'accepte l'épée de Votre Majesté, et je vous prie de nommer un de vos officiers muni de vos pleins pouvoirs, pour négocier la capitulation de l'armée qui s'est si bravement battue sous vos ordres. De mon côté, j'ai désigné le général de Moltke à cet effet. Je suis de Votre Majesté le bon frère.

« GUILLAUME. »

Le général de Wimpfen, après avoir longuement hésité, accéda à la demande de l'Empereur, et à huit heures se rendit à la sous-préfecture. Après avoir reçu les instructions de Napoléon III, il se dirigea vers le quartier général prussien, muni d'une lettre lui donnant « tous les pouvoirs pour traiter des conditions à faire à l'armée ». Là, il se trouva en présence de M. de Bismarck et de M. de Moltke : « Votre armée déposera les armes et sera conduite prisonnière en Allemagne », déclara tout d'abord M. de Bismarck ; puis, venant à parler de la paix, il dit que la Prusse exigeait en outre une indemnité de guerre de quatre milliards, et la cession de l'Alsace et de la Lorraine allemande, de façon à avoir, pour la protéger contre les menaces de la France, une bonne ligne stratégique avancée. Le général de Wimpfen eut beau discuter les conditions humiliantes que l'on voulait imposer à l'armée, invoquer les précédents, et dire que la France ne consentirait certainement pas à une cession de territoire, M. de Bismarck fut inflexible. « Après l'effort que l'Allemagne vient de faire, déclara le ministre de Guillaume, elle en voudrait à la Prusse, si le Roi se contentait de paroles et d'argent ; elle veut des garanties matérielles, qui assurent son repos ; car elle ne sera peut-être pas en état de renouveler d'ici cinquante ans une pareille guerre, nécessitant de si grands sacrifices. Il faut donc dès aujourd'hui que vous consentiez à être prisonniers de guerre, ainsi que nous l'avons décidé. » — « Ou bien, ajouta M. de Moltke, dès demain nous recommencerons le feu. »

Le général de Wimpfen répondit qu'il ne pouvait souscrire à de pareilles conditions sans avoir pris l'avis des généraux commandant sous ses ordres, et il ajouta qu'il ferait connaître le lendemain à neuf heures les décisions qui auraient été prises.

Le général de Wimpfen revint auprès de l'Empereur à une heure du matin, et lui fit part des exigences de l'ennemi : « J'ai tenté sans succès d'en obtenir de meilleures, lui-dit-il. Je ne compte plus que sur les démarches de Votre Majesté pour nous sortir, aussi honorablement que possible, de notre malheureuse situation ». Napoléon III répondit qu'il se rendrait auprès du roi de Prusse dès cinq heures du matin.

Le général de Wimpfen, de son côté, convoqua les généraux commandant les corps d'armée, à un conseil de guerre, qui se réunit à six heures du matin. Tous les chefs de corps, sauf les généraux Pellé et Carré de Bellemare, ayant reconnu l'impossibilité de continuer la lutte, le général de Wimpfen retourna au quartier général prussien vers dix heures, et signa avec M. de Moltke la capitulation de Sedan.

Dans cette journée, tristement historique pour nous, où 124.000 Français avaient désespérément lutté contre plus de 200.000 Allemands, nous eûmes 3.000 hommes tués, 14.000 blessés. La capitulation livra à l'ennemi 70.000 prisonniers, 10.000 chevaux, 553 pièces de campagne et de siège, 66.000 fusils.

Quant à Napoléon III, parti, en tenue de ville, dans une calèche attelée à la Daumont, il s'était rendu à Donchery, où était le quartier général du roi de Prusse. Mais le roi avait refusé de se trouver en présence de son prisonnier avant que la capitulation ne fût signée, et, comme il avait quitté Donchery, l'Empereur n'y rencontra que M. de Bismarck. L'entrevue eut lieu dans la maison d'un tisserand. Napoléon III avait espéré qu'en rendant son épée *sans condition* il obtiendrait pour l'armée une capitulation moins dure ; il se heurta contre la volonté inflexible de de Moltke, qui fit partager son opinion au roi.

Après un entretien assez long, dans lequel Napoléon III déclara ne pas pouvoir traiter de la paix puisqu'il était prisonnier, M. de Bismarck conduisit l'Empereur au château de Bellevue, près de Fresnois, où devait se rendre le roi de Prusse. Guillaume arriva vers deux heures ; l'Empereur alla au-devant de lui : « Nous étions tous les deux très émus de nous rencontrer en pareille circonstance, écrivit le roi de Prusse à la reine Augusta. Je ne puis exprimer tout ce que j'éprouvai, lorsque je pensai que trois ans auparavant j'avais vu l'Empereur qui était alors au faîte de sa puissance ».

Le lendemain, à neuf heures du matin, l'Empereur, accompagné d'un général prussien, quittait le château de Bellevue pour se rendre en Belgique, où il prit le train, qui le conduisit à Cassel. Près de cette ville se trouve le château de Wilhelmshöhe, que le roi de Prusse assigna comme résidence à son prisonnier.

Pendant que l'Empereur était sur la route de l'Allemagne, les soldats français étaient conduits dans la presqu'île d'Iges, près de Sedan, où ils furent parqués dans la boue, sans abris, exposés à une pluie incessante, et privés de vivres. Ils y restèrent du 3 au 7 septembre, ayant non seulement à souffrir de la faim, mais encore à supporter les humiliations et les mauvais traitements, qu'en vainqueurs impitoyables les peu chevaleresques Bavarois leur firent subir. L'histoire a conservé à la presqu'île d'Iges le nom de *Camp de la Misère,* que les soldats lui avaient donné.

XV

APRÈS SEDAN

Chute de l'Empire. — Le gouvernement de la Défense nationale. — La guerre en province. — La capitulation de Strasbourg et de Metz. — Le siège de Paris. — L'armistice. — La reddition de Belfort et de Bitche.

Le lendemain des batailles de Frœschwiller et de Forbach, le gouvernement avait convoqué les Chambres pour le 9 août. Les sentiments d'hostilité que les députés manifestèrent à l'égard du ministère Ollivier obligèrent celui-ci à se retirer dès la première séance. Il fut remplacé par un cabinet dont l'Impératrice-Régente donna la présidence au général Cousin-Montauban, comte de Palikao.

Le 2 septembre, alors que la capitulation était un fait accompli, l'armée prisonnière et l'Empereur en route pour l'Allemagne depuis la veille, on ignorait ces choses à Paris, où la population s'attendait à des dépêches annonçant enfin des victoires. Cependant des bruits alarmants, venus on ne sait d'où, avaient semé dans les milieux politiques une inquiétude que les déclarations vagues du ministère n'étaient pas faites pour calmer. A la question de Jules Favre : « Où est l'Empereur ? Communique-t-il avec ses ministres ? » le comte de Palikao répondit : « Non ».

Ce n'est qu'à quatre heures que l'Impératrice apprit la fatale nouvelle par une dépêche de l'Empereur ainsi conçue : « L'armée est défaite et captive ; moi-même je suis prisonnier ». Le Conseil des ministres fut aussitôt réuni, et le soir à huit heures une proclamation fut affichée pour annoncer au pays qu'après trois jours de luttes héroïques, soutenues par l'armée du maréchal de Mac-Mahon, 40.000 hommes avaient été faits prisonniers. « L'Empereur a été fait prisonnier dans la lutte », disait également la proclamation. La nouvelle se répandit rapidement, et de nombreux députés se rendirent auprès de leur président, M. Schneider, pour lui demander de convoquer immédiatement le Corps législatif. Celui-ci se réunit en effet dans la nuit même, à une heure du matin, et, au milieu de l'émotion générale, reçut communication de la douloureuse nouvelle. Lorsque le ministre de la guerre eut terminé la lecture des dépêches, le président proposa de remettre la séance au lendemain dimanche. Mais Jules Favre demanda aussitôt la parole, et, au nom de vingt-sept de ses collègues, proposa au Corps législatif de prononcer la déchéance de Louis-Napoléon Bonaparte et de sa dynastie. Il demanda en outre la nomination d'une commission investie de tous les pouvoirs de gouvernement, et ayant « la mission expresse de résister à outrance et de chasser l'ennemi du territoire ». Cette proposition de déchéance put être faite sans qu'aucune protestation ne s'élevât.

Le matin du 4 septembre, à huit heures et demie, un nouveau conseil des ministres fut tenu, sous la présidence de l'Impératrice-Régente. On y décida qu'un projet de loi serait soumis à la Chambre, pour modifier le conseil de régence par l'adjonction de deux sénateurs et de trois députés. Mais comme cette proposition rencontra de nombreuses résistances parmi les députés amis du gouvernement, le ministère consentit à remplacer le mot : « régence » par celui de : « gouvernement ». M. Thiers, de son côté, proposa la rédaction suivante : « *Vu la vacance du pouvoir*, il sera nommé par le Corps législatif une commission de gouvernement et de défense nationale. Une Constituante sera convoquée dès que les circonstances le permettront ».

Sur les protestations que les premiers mots de sa proposition soulevèrent, M. Thiers remplaça les mots : « Vu la vacance du pouvoir », par : « Vu les circonstances », et les trois propositions (celle de M. Jules Favre, celle du gouvernement et celle de M. Thiers) furent renvoyées à l'examen d'une même commission. Les députés se retirèrent aussitôt dans leurs bureaux, pour procéder à l'élection de cette commission. Pendant que les représentants délibéraient dans leurs bureaux, la foule envahit la Chambre.

Les rues de Paris avaient, dès le matin, présenté une animation extraordinaire. Des groupes stationnaient près des kiosques des Boulevards et sur la place de la Concorde, autour de la statue de Strasbourg ; chacun commentait les événements, et on s'attendait à de l'imprévu. Le pont Royal et le pont de la Concorde étaient barrés par des détachements de gendarmes à cheval, des gardes municipaux et des sergents de ville. Quoique le Corps législatif ne fût convoqué que pour une heure, une foule compacte, dès midi, avait envahi la place de la Concorde. Il était environ deux heures un quart, lorsqu'une colonne de gardes nationaux, débouchant sur la place, parvint à rompre le cordon de gardes municipaux placés à l'entrée du pont, et envahit le Palais-Bourbon. La séance était suspendue et les députés encore dans leurs bureaux au moment où la foule pénétra dans les tribunes aux cris de : « La déchéance ! la déchéance ! » MM. Gambetta et Crémieux essaient en vain de calmer l'effervescence des envahisseurs, et les adjurent d'assister avec dignité à la reprise de la séance. Un calme relatif finit cependant par régner, et les assistants semblent disposés à attendre pacifiquement le retour des députés à leurs bancs, lorsqu'une nouvelle irruption se produit, mais cette fois dans l'enceinte même des députés, et aux cris de : « Vive la République ! » Le tumulte à ce moment est à son comble, et le président de la Chambre, M. Schneider, déclare la séance levée, sans que la foule quitte la salle. Les cris de : « Déchéance ! »

et de : « Vive la République ! » retentissent à nouveau, et Gambetta, entraîné lui aussi par le mouvement populaire, donne au peuple lecture de la déclaration suivante :

« Citoyens !

« Attendu que la Patrie est en danger ;

« Attendu que tout le temps nécessaire a été donné à la représentation nationale pour prononcer la déchéance ;

« Attendu que nous sommes et que nous constituons le pouvoir régulier issu du suffrage universel libre ;

« Nous déclarons que Louis-Napoléon Bonaparte et sa dynastie ont à jamais cessé de régner sur la France ! »

Les applaudissements frénétiques qui accueillent ces dernières paroles sont aussitôt suivis des cris de : « Vive la République ! » Mais le tumulte ne s'apaise pas.

Jules Favre se joint à Gambetta pour essayer d'obtenir le silence ; il n'est pas plus heureux, la foule réclamant avant tout la proclamation de la République.

« Voulez-vous ou ne voulez-vous pas la guerre civile ? demande Jules Favre.

— Non, non, pas de guerre civile ! Guerre aux Prussiens seulement ! répondent des voix nombreuses.

— Il faut que nous constituions immédiatement un gouvernement provisoire », reprend Jules Favre.

Mais la foule juge cette réponse insuffisante :

« La République ! proclamez la République ! » crie-t-elle. Jules Favre, cependant, ne cède pas aux injonctions des envahisseurs : « La République, ce n'est pas ici que nous devons la proclamer », leur répond-il.

« Citoyens, allons la proclamer à l'Hôtel de Ville ! » dit alors Gambetta.

Et la foule évacua la Chambre pour se diriger vers l'Hôtel de Ville, pendant que les députés, réunis dans la salle à manger de la présidence, au nombre de cent cinquante à deux cents, discutaient le rapport de M. Martel sur les trois propositions qui avaient été soumises au Corps législatif, et adoptaient à une grande majorité la proposition de M. Thiers, après l'avoir modifiée ainsi qu'il suit :

« *Vu la vacance du trône*, la Chambre, nomme une commission de gouvernement et de défense nationale. Cette commission est composée de cinq membres choisis par le Corps législatif. Elle nommera les ministres.

« Dès que les circonstances le permettront, la nation sera appelée, par une Assemblée constituante, à se prononcer sur la forme de son gouvernement. »

Sur la proposition de M. Garnier-Pagès, la Chambre décida d'envoyer une délégation à l'Hôtel de Ville afin de faire connaître aux députés qui s'y trouvaient la résolution qui venait d'être adoptée.

Pendant ce temps, l'Impératrice, prévenue que le Corps législatif avait été envahi, quittait les

Tuileries en compagnie de Mme Lebreton, sœur du général Bourbaki, et se réfugiait au domicile de son dentiste, d'où elle partit pour l'Angleterre.

A l'Hôtel de Ville, où s'étaient rendus les députés de Paris, la République avait été proclamée, aux acclamations de la foule.

Tout d'abord un ministère fut constitué, et la proclamation suivante adressée à la population :

« Citoyens de Paris !

« La République est proclamée.

« Un gouvernement a été nommé d'acclamation.

« Il se compose des citoyens :

Emmanuel Arago.	Glais-Bizoin.
Crémieux.	Pelletan.
Jules Favre.	Picard.
Jules Ferry.	Rochefort.
Gambetta.	Jules Simon.
Garnier-Pagès.	

« Le général Trochu est chargé des pleins pouvoirs militaires pour la défense nationale.

« Il est appelé à la présidence du gouvernement.

« Le gouvernement invite les citoyens au calme ; le peuple n'oubliera pas qu'il est en face de l'ennemi.

« Le gouvernement est, avant tout, un gouvernement de défense nationale ».

Quant au ministère il fut ainsi composé :

Jules Favre, ministre des affaires étrangères.

Gambetta, ministre de l'intérieur.
Général Le Flô, ministre de la guerre ;
Amiral Fourichon, ministre de la marine ;
Crémieux, ministre la justice ;
Ernest Picard, ministre des finances ;
Jules Simon, ministre de l'instruction publique et des cultes ;
Dorian, ministre des travaux publics ;
Magnin, ministre de l'agriculture et du commerce.

A six heures du soir, Gambetta envoya, au nom du gouvernement de la Défense nationale, une dépêche à tous les préfets, sous-préfets, généraux, au gouverneur de l'Algérie, et à toutes les stations télégraphiques de France, pour faire connaître partout la déchéance de l'Empire et la proclamation de la République.

A l'armée, le gouvernement adressa une proclamation se terminant ainsi :

« Soldats ! En acceptant le pouvoir dans la crise formidable que nous traversons, nous n'avons pas fait œuvre de parti.

« Nous ne sommes pas au pouvoir, mais au combat.

« Nous ne sommes pas le gouvernement d'un parti, nous sommes le gouvernement de la Défense nationale.

« Nous n'avons qu'un but, qu'une volonté : le salut de la Patrie, par l'armée et par la nation groupées autour du glorieux symbole qui fit reculer l'Europe il y a quatre-vingts ans.

« Aujourd'hui comme alors, le nom de République veut dire :

« Union intime de l'armée et du peuple pour la défense de la Patrie ! »

Aux agents diplomatiques de France, M. Jules Favre, vice-président du gouvernement de la Défense nationale, ministre des affaires étrangères, adressa une circulaire dont nous extrayons le passage suivant :

« Prêts à tout, nous envisageons avec calme la situation qui nous est faite.

« Cette situation, je la précise en quelques mots ; je la soumets au jugement de mon pays et de l'Europe.

« Nous avons hautement condamné la guerre, et, protestant de notre respect pour le droit des peuples, nous avons demandé qu'on laissât l'Allemagne maîtresse de ses destinées.

« Nous voulions que la liberté fût à la fois notre lien commun et notre commun bouclier ; nous étions convaincus que ces forces morales assuraient à jamais le maintien de la paix. Mais comme sanction, nous réclamions une arme pour chaque citoyen, une organisation civique, des chefs élus ; alors nous demeurions inexpugnables sur notre sol.

« Le gouvernement impérial, qui avait depuis longtemps séparé ses intérêts de ceux du pays, a repoussé cette politique. Nous la reprenons, avec l'espoir qu'instruite par l'expérience, la France aura la sagesse de la pratiquer.

« De son côté, le roi de Prusse a déclaré qu'il faisait la guerre non à la France, mais à la dynastie impériale.

« La dynastie est à terre. La France libre se lève.

« Le roi de Prusse veut-il continuer une lutte impie, qui lui sera au moins aussi fatale qu'à nous ?

« Veut-il donner au monde du dix-neuvième siècle ce cruel spectacle de deux nations qui s'entre-détruisent, et qui, oublieuses de l'humanité, de la raison, de la science, accumulent les ruines et les cadavres ?

« Libre à lui : qu'il assume cette responsabilité devant le monde et devant l'histoire !

« Si c'est un défi, nous l'acceptons.

« Nous ne céderons ni un pouce de notre territoire, ni une pierre de nos forteresses.

« Une paix honteuse serait une guerre d'extermination à courte échéance.

« Nous ne traiterons que pour une paix durable.

« Ici, notre intérêt est celui de l'Europe entière, et nous avons lieu d'espérer que, dégagée de toute préoccupation dynastique, la question se posera ainsi dans les chancelleries.

« Mais fussions-nous seuls, nous ne faiblirons pas.

« Nous avons une armée résolue, des forts bien pourvus, une enceinte bien établie ; mais surtout les poitrines de trois cent mille combattants décidés à tenir jusqu'au dernier.

« Après les forts, les remparts ; après les remparts, les barricades. Paris peut tenir trois mois, et vaincre ; s'il succombait, la France, debout à son appel, le vengerait : elle continuerait la lutte, et l'agresseur y périrait.

« Voilà ce que l'Europe doit savoir. Nous n'avons pas accepté le pouvoir dans un autre but. Nous ne le conserverions pas une minute si nous ne trouvions pas la population de Paris et la France entière décidées à partager nos résolutions.

« Je les résume d'un mot devant Dieu qui nous entend, devant la postérité qui nous jugera : nous ne voulons que la paix. Mais si l'on continue contre nous une guerre funeste, que nous avons condamnée, nous ferons notre devoir jusqu'au bout, et j'ai la ferme confiance que notre cause, qui est celle du droit et de la justice, finira par triompher. »

Ce langage ne fut pas entendu ; l'Europe, toute aux influences prussiennes, abandonna la France à son sort, et celle qui, si souvent, versa généreusement son sang pour la défense des faibles, apprit ce que vaut dans l'adversité la reconnaissance des nations.

M. Thiers qui, au lendemain du Quatre-Septembre, avait accepté la patriotique mission de visiter les principaux gouvernements d'Europe dans l'espoir d'obtenir, sinon des alliances, au moins une intervention des puissances, ne fut pas plus heureux. Pourtant, le gouvernement anglais ayant offert de servir d'intermédiaire entre la France et la Prusse, des pourparlers en faveur de la paix furent engagés, et le 17 septembre M. Jules Favre eut une entrevue avec M. de Bismarck à Ferrières. Mais l'entente ne put se faire, la Prusse ne voulant traiter que si la France renonçait à l'Alsace et à la Lorraine, condition que le gouvernement de la Défense nationale ne pouvait accepter. M. de Bismarck ne consentait même pas à ce que les populations fussent consultées; il exigeait l'annexion brutale, par droit de conquête. M. Jules Favre offrit *tout ce que nous avions d'argent;* il ne pouvait aller au delà sans s'exposer à être désavoué par le pays.

La guerre fut continuée. Une délégation composée de trois membres du gouvernement de la Défense nationale (Crémieux, Glais-Bizoin et l'amiral Fourichon) fut envoyée à Tours, pour organiser la résistance en province, et, le 9 octobre, Gambetta sortit de Paris en ballon, et rejoignit ses collègues du gouvernement.

A partir de ce moment, la guerre prit un aspect nouveau, et la véritable guerre nationale commença. Le fougueux tribun sut communiquer son ardeur patriotique non seulement à tous ceux qui l'approchaient, mais à la France entière, sans distinction de parti, et d'un bout du pays à l'autre on se rendit à l'appel du gouvernement de la Défense nationale. Tous les hommes valides furent appelés, et, pendant les quatre mois que dura la défense nationale, près de 600.000 hommes furent armés et équipés.

Trois armées furent improvisées :

L'*Armée de la Loire*, placée d'abord sous le commandement du général de La Motte-Rouge, puis sous celui du général d'Aurelle de Paladines ;

L'*Armée du Nord*, sous les ordres du général Faidherbe ;

L'*Armée des Vosges*, sous les ordres du général Cambriels.

Au mois de décembre, l'armée de la Loire se divisa en deux fractions dont l'une devint la *2ᵉ armée de la Loire*, sous les ordres du général Chanzy, l'autre l'*Armée de l'Est*, sous les ordres du général Bourbaki.

Deux divisions de 15.000 hommes chacune opérèrent également dans l'Est, principalement dans le département de la Côte-d'Or, sous les ordres des généraux Garibaldi et Cremer.

Malheureusement, ni les prodiges faits par le gouvernement de la Défense nationale, ni l'héroïsme de ses armées improvisées, ni le patriotique dévouement de Paris, ne suffirent à repousser l'ennemi.

Le 23 septembre, après une résistance de six semaines, Toul fut obligée de capituler.

Le 28 septembre, ce fut le tour de Strasbourg, après avoir subi quarante-six jours de siège régulier, pendant lesquels plus de 190.000 projectiles avaient été envoyés sur la ville dont *six cents maisons* furent brûlées.

La reddition de Strasbourg, la ville patriotique, sentinelle avancée de la France et gardienne de notre frontière, fut un deuil pour la Patrie ; mais lorsque survint la capitulation de Metz, ce fut dans le pays une impression plus douloureuse encore, mêlée de surprise et de colère. Metz, la cité vierge, souillée par l'ennemi! L'armée de Bazaine, espoir suprême de la France, livrée par son chef!

Gambetta, vibrant d'émotion, annonça la nouvelle au pays, en ces termes :

« Français!

« Élevez vos âmes et vos résolutions à la hauteur des effroyables périls qui fondent sur la Patrie. Il dépend encore de nous de lasser la mauvaise fortune et de montrer à l'univers ce que c'est qu'un grand peuple qui ne veut pas périr, et dont le courage s'exalte au sein même des catastrophes.

« Metz a capitulé.

« Un général, sur qui la France comptait, même après le Mexique, vient d'enlever à la Patrie en danger plus de deux cent mille de ses défenseurs.

« Le maréchal Bazaine a trahi!

« Il s'est fait l'agent de l'homme de Sedan, le complice de l'envahisseur, et, au mépris de l'honneur de l'armée, dont il avait la garde, il a livré, sans même essayer un suprême effort, 120.000 combattants, 20.000 blessés, ses fusils, ses canons, ses drapeaux, et la plus forte citadelle de la France, Metz, vierge jusqu'ici des souillures de l'étranger.

» Un tel crime est au-dessus même des châtiments de la justice..... »

A l'armée, Gambetta adressa, quelques jours

après, une proclamation commençant en ces termes :

« Soldats !

« Vous avez été trahis, mais non déshonorés Depuis trois mois, la fortune trompe votre héroïsme. Vous savez aujourd'hui à quels désastres l'ineptie et la trahison peuvent conduire les plus vaillantes armées.

« Débarrassés de chefs indignes de vous et de la France, êtes-vous prêts, sous la conduite de chefs qui méritent votre confiance, à laver dans le sang des envahisseurs l'outrage infligé au vieux nom français ?

« En avant ! Vous ne lutterez plus pour l'intérêt ou les caprices d'un despote : vous combattrez pour le salut même de la Patrie, pour vos foyers incendiés, pour vos familles outragées, pour la France, notre mère à tous, livrée aux fureurs d'un implacable ennemi. Guerre sainte et nationale, mission sublime, pour le succès de laquelle il faut, sans jamais regarder en arrière, nous sacrifier tous et tout entiers !

« D'indignes citoyens ont osé dire que l'armée avait été rendue solidaire de l'infamie de son chef. Honte à ces calomniateurs, qui, fidèles au système des Bonapartes, cherchent à séparer l'armée du peuple, les soldats de la République ! »

. . . .

Cependant, le désastre, si grand fût-il, qui venait de s'abattre sur la France, ne ralentit pas l'organisation de la résistance en province. Gambetta, qui, dès son arrivée à Tours, avait pris la direction des opérations militaires, forma le plan de faire marcher toutes les armées au secours de Paris. Mais il fallut renoncer à ce projet dès les premiers jours de décembre.

La *1ʳᵉ armée de la Loire* ne put dépasser Orléans. Obligée d'abandonner cette ville à la suite des combats d'Artenay (10 octobre), elle l'occupa après la bataille de Coulmiers (9 novembre), et l'abandonna de nouveau le soir de la bataille d'Orléans (3 et 4 décembre). A la suite de cet échec, le général d'Aurelle de Paladines fut relevé de son commandement, et l'Armée de la Loire divisée en deux groupes, dont l'un (d'environ 100.000 hommes) devint la *2ᵉ armée de la Loire*, et, sous les ordres du général Chanzy, se retira sur le Mans. Le plan du général Chanzy était de réorganiser son armée et de marcher sur Paris. Mais la reddition de Metz avait permis aux Allemands d'utiliser l'armée du prince Frédéric-Charles, qui maintenant se dirigeait sur la Loire. Une série de combats furent livrés autour du Mans, du 6 au 12 janvier, mais nos troupes, composées en grande partie de *mobilisés* sans instruction militaire, démoralisées par les souffrances physiques, ne purent résister longtemps, et le Mans fut évacué le 12 au matin.

Le second groupe de l'Armée de la Loire, placé sous les ordres du général Bourbaki, devait également marcher sur Paris, mais lorsque le gouvernement reconnut l'impossibilité d'exécuter ce plan, ordre fut donné à Bourbaki de se porter vers l'est, d'envahir l'Alsace, et de couper les communications des envahisseurs avec l'Allemagne. « Le plan était grandiose, dit le général Niox ; pour réussir, il fallait agir en secret, et rapidement ». Malheureusement, notre armée, hâtivement improvisée, ne disposait pas de moyens suffisants pour le réaliser. L'*Armée de l'Est*, soutenue par Garibaldi et Cremer, arriva jusqu'à Héricourt, et menaçait déjà les Allemands qui investissaient Belfort, lorsque l'insuccès de ses efforts (15, 16 et 17 janvier) l'obligea à battre en retraite. Le général Bourbaki, désespéré de n'avoir pu réussir, essaya de se suicider. Il fut remplacé par le général Clinchant (27 janvier).

Quant à l'armée du Nord, composée d'environ 25.000 hommes, dont 8.000 *mobiles*, elle livra, sous les ordres du général Farre d'abord, puis sous ceux du général Faidherbe, plusieurs batailles dont les plus importantes sont : Bapaume (3 janvier) et Saint-Quentin (19 janvier).

Sans avoir remporté de succès décisifs, l'Armée du Nord soutint toujours l'honneur du drapeau, et partout combattit vaillamment. Son action a suffi pour protéger les nombreuses places fortes qui couvrent le nord de la France.

Pendant que la délégation de Tours organisait des armées en province, dans l'espoir qu'elles marcheraient au secours de la capitale, le gouvernement de Paris faisait fabriquer des armes et des munitions par l'industrie privée, et organisait l'armée de Paris.

Le 17 septembre, les premières colonnes allemandes commençaient à arriver sur la Seine. Le 20, l'investissement était complet, et Paris ne communiquait plus avec l'extérieur qu'au moyen de ballons qui emportaient en même temps dépêches et pigeons voyageurs. Ceux-ci, en revenant à Paris, rapportaient les nouvelles de la province.

Au 4 septembre, alors que les armées allemandes étaient déjà en route et se préparaient à assiéger la capitale, Paris n'avait ni armes, ni munitions, en quantité suffisante pour se défendre ; l'activité déployée à partir de ce moment fut telle, qu'à la fin du mois de septembre la défense disposait de 800 canons de campagne et de 2.400 pièces de rempart. Plus de 500.000 hommes, dont 300.000 gardes nationaux, furent armés.

Les hostilités autour de Paris commencèrent dès le 19 septembre. Il s'agissait, pour la défense de Paris, de conserver les hauteurs de Châtillon, de Meudon et de Montretout, mais l'opération fut manquée.

Le 23 septembre, un combat fut livré près de Villejuif, il permit à nos troupes d'occuper les redoutes des Hautes-Bruyères et du Moulin-Saquet, succès qui remonta un peu le moral des troupes et de la population.

Le 30 septembre, à Chevilly ; le 13 octobre, à Bagneux ; le 21, à la Malmaison ; les 28 et 30 au Bourget eurent lieu différents engagements dont le résultat ne modifia guère la situation ni des assiégeants ni des assiégés. La bataille la plus importante du siège est celle de Champigny. Elle fut décidée à la suite de la nouvelle, arrivée à Paris le 14 novembre, de la victoire de Coulmiers, dont les résultats furent exagérés. Le gouvernement, espérant que l'armée de Paris arriverait à rompre le cercle d'investissement et à rejoindre celle de la Loire que l'on croyait en marche sur Paris, prévint la délégation de Tours qu'une grande sortie serait tentée vers le sud. Malheureusement, le ballon qui portait la dépêche tomba en Norvège, et la dépêche n'arriva à Tours que le 30 novembre, trop tard pour que l'action de l'Armée de la Loire pût être engagée utilement pour l'Armée de Paris [1].

La sortie avait été décidée pour le 29 novembre, mais une crue subite de la Marne empêcha la construction des ponts, et l'armée du général Ducrot ne put opérer son passage que le 30. Malheureusement, des démonstrations avaient été faites la veille sur plusieurs points où contre-ordre n'avait pas été donné, et les Prussiens, mis en éveil, avaient eu le temps de se mettre sur leurs gardes.

Commencée le 30 novembre, à neuf heures du matin, la bataille de Champigny ne cessa qu'à la nuit ; suspendue pendant la journée du 1er décembre, elle reprit, le 2, par une rigoureuse offensive des Allemands, sans que l'ennemi parvînt à enlever

---

[1]. C'est à la suite de cette dépêche, que, sur l'ordre de M. de Freycinet, l'Armée de la Loire reprit l'offensive, et livra les batailles de Villepion (1er décembre), de Loigny-Pourpry (2 décembre) et d'Orléans (3 et 4 décembre).

nos positions. Soldats et *mobiles* s'étaient bravement battus ; mais, durement éprouvés par le froid et la fatigue (le thermomètre, dans la nuit du 1ᵉʳ au 2 décembre, était descendu à 10° au dessous de zéro), le général Ducrot ne crut pas devoir les laisser bivouaquer plus longtemps, et leur fit repasser la Marne. Continuer la lutte dans des conditions aussi désavantageuses eût été exposer les troupes inutilement, en présence des forces considérables que les Allemands avaient pu concentrer.

Le 5 décembre, le comte de Moltke informa le gouvernement de la Défense nationale que l'Armée de la Loire avait été défaite, et la ville d'Orléans réoccupée par les troupes allemandes. Le chef d'état-major prussien communiquait cette nouvelle au gouvernement de Paris dans l'intention évidente de le pousser à demander un armistice, en lui laissant entendre que le secours qu'il attendait ne viendrait pas. Le gouvernement de la Défense nationale, sans se laisser décourager, fit afficher le texte de la communication allemande, avec la réponse qui y fut faite, et, s'adressant à la population, termina par ces mots : « Cette nouvelle ne change rien ni à nos résolutions ni à nos devoirs. Un seul mot les résume : Combattre ! »

Combattre, c'était tout ce que demandaient les Parisiens, car le principal reproche qu'ils faisaient au gouvernement, c'était précisément son inaction.

Le 21 décembre, une sortie fut tentée vers le nord, où le général Faidherbe venait de réorganiser son armée. L'action fut engagée au petit jour et le village du Bourget [1] rapidement enlevé, mais l'ennemi, fortement retranché de ce côté, nous obligea à nous replier.

Cependant les Allemands commençaient à s'impatienter des longueurs d'un siège qui, d'après leurs prévisions, devait durer quinze jours, et, après deux mois de résistance, menaçait de se prolonger encore ; aussi le bombardement de Paris fut-il décidé. Il commença le 27 décembre, contre les forts de l'est, et le 5 janvier contre ceux du sud et les quartiers de la rive gauche de la Seine. Du 5 au 26 janvier, 200 à 300 obus tombèrent, chaque jour, dans la ville, et environ 400 personnes furent atteintes, sans que la population eût un instant de défaillance. Pourtant l'inaction commençait à lui peser, et elle réclamait des sorties ; il lui semblait impossible de subir un siège et un bombardement, et d'attendre tranquillement les événements.

Pour donner satisfaction au sentiment public, le général Trochu décida qu'une nouvelle sortie serait tentée, et que la garde nationale y concourrait. Elle se fit le 19 janvier, avec la redoute de Montretout et le parc de Buzenval comme objectif. Quoique les premières positions fussent rapidement enlevées et que Montretout restât en notre pouvoir, la retraite dut être ordonnée.

Alors Paris commença à désespérer ; rationné

---

1. Un premier combat avait déjà été livré au Bourget les 28 et 30 octobre, et le village, occupé par nous à la suite d'un heureux coup de main, fut réoccupé par les Allemands le 30, après un sanglant combat.

pour la viande de cheval depuis le 15 décembre, et depuis le 15 janvier pour le pain, les vivres allaient manquer ; de plus, la mortalité avait plus que triplé. L'effervescence produite par l'insuccès de la bataille de Montretout-Buzenval augmenta encore lorsque fut connue la défaite de Chanzy au Mans, et, le 22 janvier, une insurrection ayant éclaté, le général Trochu remit le commandement des troupes au général Vinoy, tout en restant président du gouvernement.

Le 21, un conseil de guerre avait été réuni, et tous les généraux reconnaissaient l'inutilité de continuer la résistance ; mais le secret avait été bien gardé, et la population ne connut ni la réunion, ni ce qui avait fait l'objet de ses délibérations. Un autre conseil fut convoqué pour le lendemain : on y apprit, non sans stupéfaction, que les approvisionnements de farine allaient être épuisés, et que Paris n'aurait plus de pain dans trois jours. La capitulation était devenue inévitable.

Le 23 janvier, Jules Favre se rendit auprès de M. de Bismarck, à Versailles, afin d'entamer des négociations en vue d'un armistice, et, le 28, une convention fut signée, en vertu de laquelle toutes les opérations militaires seraient suspendues pendant vingt et un jours, afin de « permettre au gouvernement de la Défense nationale de convoquer une Assemblée librement élue, qui se prononcera sur la question de savoir si la guerre doit être continuée, ou à quelles conditions la paix doit être faite ». L'Armée de l'Est, ayant été tenue en dehors de l'armistice, fut obligée de se réfugier en

Suisse, tandis que la place de Belfort, investie depuis le 3 novembre, et défendue par le colonel du génie Denfert-Rochereau et une garnison de 18.000 hommes, continuait à résister aux Allemands. Le 16 février seulement, sur l'ordre du gouvernement de la Défense nationale, Belfort se rendit aux Prussiens. La garnison sortait avec armes et bagages, et devait rallier le poste français le plus voisin.

Quant à la place de Bitche, assiégée dès le 7 août, elle n'ouvrit ses portes que le 27 mars, après un siège qui avait duré deux cent trente jours, dont dix de bombardement, et alors que le traité de paix avait, depuis un mois, été accepté par l'Assemblée nationale. L'héroïque garnison, sous les ordres du colonel Tessier, garda ses drapeaux, ses armes, ses bagages, ses munitions, ses voitures et 14 pièces de canon, et refusa de se laisser rendre les honneurs de là guerre par les Allemands. Ceux-ci ne prirent possession de la place, que lorsque le dernier soldat français l'eut évacuée.

Au moment de la déclaration de guerre, le gouvernement impérial avait songé à utiliser notre marine et à tenter un blocus des ports allemands de la Baltique. Ce projet fut abandonné après nos premières défaites. La flotte de guerre resta dans les ports, et les marins furent appelés aux armées de terre. Le rôle important qu'ils ont joué dans la défense de Paris mérite d'être signalé.

XVI

L'ASSEMBLÉE NATIONALE

La séance du 1ᵉʳ mars (la déchéance confirmée). — Vote des préliminaires de paix. — La rançon de la France. — Protestation des députés d'Alsace et de Lorraine.

Les élections avaient eu lieu le 8 février, et l'Assemblée nationale se réunit à Bordeaux le 12. Le 19, elle nomma M. Thiers (élu par vingt-six départements) chef du pouvoir exécutif, et lui confia la douloureuse mission de négocier le traité de paix. M. Thiers se rendit à Versailles, et, le 21 février, commença avec M. de Bismarck une longue discussion qui aboutit à des préliminaires sur lesquels l'Assemblée nationale devait se prononcer.

Le 1ᵉʳ mars, à l'ouverture de la séance, M. Victor Lefranc donna lecture du rapport concernant la ratification des préliminaires de paix. A peine cette lecture fut-elle terminée, que le député de la Meuse, Bamberger, en son nom et en celui de ses collègues de l'Alsace et de la Lorraine, protesta contre ce projet de traité, et, dans son discours, déclara « qu'un seul homme devait signer ce traité, Napoléon III, dont le nom sera éternellement cloué au pilori de l'histoire ». A ces mots, M. Conti, l'ex-secrétaire de l'Empereur, se précipita à la tribune, et essaya de défendre son ancien maître, mais une immense clameur accueillit ses paroles, et les cris de : *Déchéance !* se firent entendre. C'est alors que, sur la proposition de M. Target et de plusieurs de ses collègues, l'Assemblée nationale vota, à l'unanimité moins cinq ou six voix, la résolution suivante :

« *L'Assemblée nationale, dans les circonstances douloureuses que traverse la Patrie, et en face de protestations et de réserves inattendues, confirme la déchéance de Napoléon III et de sa dynastie, déjà prononcée par le suffrage universel, et le déclare responsable de la ruine, de l'invasion et du démembrement de la France.* »

L'incident clos, M. Jules Grévy, président, soumit au vote de l'Assemblée les préliminaires de paix signés à Versailles : 546 députés se prononcèrent en faveur de la paix, 107 votèrent contre. L'Alsace tout entière et une grande partie des départements de la Moselle et de la Meurthe, en tout près de 1.500.000 hectares, comprenant 1.628.132 habitants, étaient cédés à la Prusse ; la France s'engageait, en outre, à payer à l'empereur d'Allemagne [1] la somme de cinq milliards.

1. Le roi de Prusse avait été proclamé *empereur allemand*,

Sitôt que le résultat du vote fut proclamé, M. Grosjean, député du Haut-Rhin, monta à la tribune, et, au nom de tous les députés de la Moselle, du Bas-Rhin et du Haut-Rhin, donna, d'une voix émue, lecture de la déclaration suivante :

« Les représentants de l'Alsace et de la Lorraine ont déposé, avant toute négociation de paix, sur le bureau de l'Assemblée nationale, une déclaration affirmant de la manière la plus formelle, au nom de ces provinces, leur volonté et leur droit de rester françaises.

« Livrés, au mépris de toute justice et par un odieux abus de la force, à la domination de l'étranger, nous avons un dernier devoir à remplir.

« Nous déclarons encore une fois nul et non avenu un pacte qui dispose de nous sans notre consentement.

« *La revendication de nos droits reste à jamais ouverte à tous et à chacun, dans la forme et dans la mesure que notre conscience nous dictera.*

« Au moment de quitter cette enceinte, où notre dignité ne nous permet plus de siéger, et malgré l'amertume de notre douleur, la pensée suprême que nous trouvons au fond de nos cœurs est une pensée de reconnaissance pour ceux qui, pendant six mois, n'ont pas cessé de nous défendre, et d'inaltérable attachement à la Patrie dont nous sommes violemment arrachés.

dans les salles du palais de Versailles, le 18 janvier, en présence de tous les princes de l'Allemagne.

« Nous vous suivrons de nos vœux, et nous attendrons avec une confiance entière dans l'avenir, que la France régénérée reprenne le cours de sa grande destinée.

« Vos frères d'Alsace et de Lorraine, séparés en ce moment de la famille commune, conserveront à la France, absente de leurs foyers, une affection filiale, jusqu'au jour où elle viendra y reprendre sa place. »

Cette déclaration est aujourd'hui encore *l'acte de foi* des Alsaciens-Lorrains, et toujours attachés à la mère-patrie, ils n'oublient pas que : « *La revendication de leurs droits reste à jamais ouverte à tous et à chacun, dans la forme et dans la mesure que leur conscience leur dictera* ».

Lorsque le traité de paix définitif fut signé (10 mai 1871), Napoléon III alla s'établir en Angleterre, à Chislehurst, près de Londres, où il mourut le 6 janvier 1873.

XVII

RÉSUMÉ DE LA POLITIQUE EXTÉRIEURE DU SECOND EMPIRE

Napoléon III eut la bonne fortune de pouvoir, presque dès le commencement de son règne, s'imposer à l'Europe par une expédition heureuse.

La guerre de Crimée qui, ainsi qu'on l'a vu, éclata au sujet de la protection des Lieux-Saints, avait encore une autre cause. Le peu d'empressement que l'empereur de Russie avait mis à reconnaître, après le Coup d'Etat, le nouvel empereur français ; le titre de « bon ami » qu'il lui avait donné au lieu de celui de « bon frère », dont se servent les souverains entre eux, avaient froissé l'amour-propre de Napoléon III. En se montrant intraitable dans la question des Lieux-Saints, ce dernier eut non seulement l'occasion de se concilier les sympathies du clergé catholique, mais encore de précipiter une guerre que la Russie, il faut bien le dire, désirait également, et d'infliger à l'orgueil du Tsar une blessure cruelle à laquelle celui-ci ne survécut pas.

La Russie vaincue, Napoléon III renonça à tout avantage positif, et se contenta pour la France de la gloire de ses armes ; satisfaction d'amour-propre qui nous coûta cent mille hommes et un milliard et demi, et eut pour résultat le déplacement de l'axe de la politique européenne de Saint-Pétersbourg à Paris. L'Empire était alors dans toute sa gloire. « Il faut avoir représenté notre politique à l'étranger de 1856 à 1859, pour se rendre compte du prestige qu'il avait, dit M. de Rothan. Tous les regards se reportaient vers Paris, tout le monde recherchait notre bon vouloir. »

Malheureusement, le fardeau était au-dessus des forces de Napoléon III, et le rang que la France occupa alors en Europe pendant quelques années n'eut pas pour elle les conséquences qu'on était en droit d'en attendre.

Séduit par le grand principe des *nationalités* qui, à la suite de la révolution de 1848, avait agité tous les pays d'Europe, Napoléon III rêvait de voir l'Europe formée de grands Etats unitaires par la réunion en une seule nation des différents groupes de **même race** qui, jusqu'alors, constituaient de nombreux petits gouvernements, confédérés comme en Allemagne, autonomes comme en Italie, ou vivant sous la suzeraineté étrangère comme en Turquie et en Autriche, où deux provinces italiennes, la Lombardie et la Vénétie, formaient, sous le nom de *Royaume Lombard-Vénitien,* une dépendance de l'empire des **Habsbourg.** La question des principautés danubiennes (Moldavie et Valachie), que le Congrès de Paris n'avait pas réglée, fournit à Napoléon III l'occasion de faire triompher la politique des *nationalités*.

Les populations roumaines de la Moldavie et de la Valachie aspiraient depuis longtemps à être réunies et gouvernées par les mêmes lois. Une conférence eut lieu à Paris, de mai à juillet 1858, et une convention signée entre les grandes puissances décida que, sous le nom de *Principautés-Unies,* la Moldavie et la Valachie formeraient deux Etats distincts, mais régis par les mêmes lois et les mêmes institutions. Chacune des deux principautés devait élire son prince (hospodar), et un grand conseil était chargé d'en faire les lois communes aux deux pays.

Pour bien manifester leur désir de s'unir, Moldaves et Valaques choisirent pour leur prince le colonel roumain Couza.

La réunion de la Moldavie et de la Valachie fut surtout l'œuvre de Napoléon III, car c'est à son instigation que la conférence la réalisa. Trois ans après, les *Principautés-Unies* devinrent le *Royaume de Roumanie.*

La campagne d'Italie, entreprise par Napoléon III pour soustraire l'Italie au joug autrichien, eut également pour conséquence l'union de peuples de même race sous un gouvernement unique. « Nous voulons l'Italie libre jusqu'à l'Adriatique », disait-il dans une de ses proclamations ; mais, obligé de s'arrêter au Mincio, par les préliminaires de Villafranca, il avait, au grand désappointement des Italiens, consenti au retour dans leurs Etats, des ducs de Modène et de Toscane. Les Italiens avaient encore un autre sujet de mécontentement dans la protection que Napoléon III ne cessait d'accorder au Saint-Siège : ils avaient à cœur de faire de Rome la capitale de leur patrie. Napoléon III s'y opposa, fit occcuper la ville par une garnison française, et envoya, en 1867, des troupes françaises combattre Garibaldi qui, avec une armée de volontaires, venait d'envahir les Etats du Pape. Si nous en croyons M. de Rothan, cette intervention néfaste, et surtout l'opposition de Napoléon III à l'annexion des Etats romains, fut une des principales causes de l'abstention de l'Italie en 1870. En 1869, dit ce diplomate dans son intéressant ouvrage, le général de Ménabréa était venu à Paris proposer de la part de Victor-Emmanuel, à l'Empereur, une alliance offensive et défensive avec l'Italie, à condition de laisser à celle-ci la faculté d'occuper et de s'incorporer tout le territoire pontifical, sauf Rome et ses environs immédiats. L'Empereur s'y refusa, et le comte de Ménabréa lui aurait dit en partant : « Puisse Votre Majesté ne pas regretter un jour les quatre cent mille baïonnettes que j'étais venu mettre à sa disposition ».

En persistant à ne pas vouloir sacrifier la cause du Pape à celle de la France, Napoléon III nous priva du concours de l'Italie quand éclata la guerre contre l'Allemagne, sans qu'il pût empêcher Victor-Emmanuel de s'emparer de Rome en 1870, dès que les dernières troupes françaises en furent sorties. De sorte que l'unification de l'Italie, commencée par Napoléon III, continuée, pour ainsi dire, malgré lui, fut achevée contre son gré. Politique qui eut pour résultat de nous faire perdre le bénéfice moral des sacrifices que nous avions faits pour l'Italie.

Le premier échec sérieux qu'éprouva la politique extérieure de Napoléon III fut celui que lui infligea, en 1863, la Russie, de connivence avec la Prusse, lors de l'insurrection de la Pologne [1], et dont le contre-coup se fit sentir quand survint la question du Slesvig-Holstein. En tenant rancune à l'Angleterre de sa peu scrupuleuse manière d'agir dans les affaires de la Pologne, et en refusant de s'associer à elle pour engager une action diplomatique en faveur du Danemark, l'Empereur laissa la Prusse et l'Autriche le dépouiller odieusement. Puis, après avoir abandonné le Slesvig, duché danois, aux convoitises de l'Allemagne, il essaya de sauver les apparences, en ayant l'air de croire aux sentiments allemands du Slesvig. « *Les égards de l'Empereur pour les aspirations des nationalités, lui imposaient de la répugnance à s'opposer par les armes aux vœux des Allemands* », écrivait M. Drouyn de Lhuys.

En 1866, quand les spoliateurs du Danemark étaient sur le point d'en venir aux mains, et que M. de Bismarck, avant d'engager la Prusse dans une guerre contre l'Autriche, voulut s'assurer des dispositions de Napoléon III, celui-ci le rassura complètement sur l'attitude de la France

---

1. Voir ci-dessus, chap. X.

en cas de conflit entre la Prusse et l'Autriche. Il ne fit même aucune objection contre l'alliance de l'Italie et de la Prusse, quoiqu'il fût de la dernière imprudence de consentir à une tentative d'agrandissement de la Prusse sans avoir obtenu pour la France des garanties suffisantes pour le maintien de sa situation en Europe. Mais Napoléon III n'avait pas envisagé l'éventualité du succès de la Prusse, il croyait à la victoire de l'Autriche. Aussi fut-il surpris par les événements, lorsque quinze jours à peine après l'ouverture des hostilités, l'Autriche, vaincue à Sadowa, lui demanda d'intervenir après de l'Italie. Au lieu d'agir seulement auprès de Victor-Emmanuel, et d'occuper la Vénétie pour permettre à l'Autriche d'opposer toute son armée à la Prusse, Napoléon III offrit sa médiation à l'Italie et à la Prusse en même temps. Celle-ci ne fit pas d'objection de principe à la proposition de Napoléon III, mais laissa ses armées continuer leur marche sur Vienne, pendant que ses diplomates faisaient traîner les négociations.

Napoléon III espérait pouvoir maintenir à l'Autriche sa situation de puissance allemande ; il n'y réussit pas, la Prusse s'y étant formellement opposée. Nous avons vu plus haut comment, en refusant de jeter une armée sur le Rhin pour appuyer ses réclamations, il avait laissé échapper l'occasion d'obtenir pour la France la rectification de sa frontière rhénane. Les avertissements, pourtant, ne lui avaient pas manqué, puisqu'à la date du 21 juin 1866 notre attaché militaire

Berlin, M. de Clermont-Tonnerre, écrivait à son gouvernement: « Le but actuel de M. de Bismarck paraît être de prolonger notre inaction par un mirage d'acquisitions territoriales, en rassurant en même temps l'Allemagne contre la réalité de ce danger [1] ».

Napoléon III croyait trop aux dispositions loyales affichées par M. de Bismarck ; lorsqu'il s'aperçut qu'il était leurré, il n'était plus temps, et il fut dans l'obligation d'accepter un état de choses nouveau, dont le danger n'échappa à personne, et qui fit dire qu'à Sadowa il y eut deux vaincus: Napoléon III et François-Joseph.

Napoléon III ne voulut cependant pas paraître regretter la tournure prise par les événements. Dans une circulaire à nos représentants à l'étranger et que l'on prétend avoir été l'œuvre personnelle de l'Empereur, il se déclara même satisfait : « Une puissance irrésistible, faut-il le regretter? disait-il, pousse les peuples à se réunir en de grandes agglomérations, en faisant disparaître les Etats secondaires ». En écrivant cela, il voulut prouver à l'Europe que les événements qui venaient de se produire n'étaient que la réalisation d'un principe qui lui était cher. Principe très séduisant et qui, de prime abord, ne semble pas devoir souffrir de restriction si on l'envisage uniquement sous le rapport des aspirations des peuples et du droit des nations. Mais, étant donné l'état actuel de la civilisation, il demande à être pratiqué avec beaucoup de prudence, car tout

---

1. *La politique française en 1866*, par G. de Rothan.

pays qui laisse s'élever à sa porte une puissance pouvant, à un moment donné, devenir une menace, met sa propre existence en danger. C'est ce que Napoléon III ne comprit pas en 1866 ; emporté par ses rêves humanitaires, il laissa la Prusse acquérir une situation qui lui permit peu après de contre-balancer, puis de ruiner, pour de longues années, l'influence de la France.

L'annexion du Luxembourg eût été pour la France une mince compensation, mais enfin c'en eût été une. Les hésitations et les lenteurs que Napoléon III mit à engager l'affaire avec le roi de Hollande, faillirent faire éclater la guerre entre la France et la Prusse. Mais on était à la veille de l'Exposition universelle de 1867, et la France n'étant ni disposée ni prête à faire la guerre, le Luxembourg nous échappa.

L'année 1867 vit aussi se terminer cette lamentable expédition du Mexique qui atteignit si gravement le prestige de la France. Napoléon III dut céder devant l'attitude menaçante des Etats-Unis, et rappeler nos troupes. Elles débarquèrent à Toulon le 5 mai. Le 19 juin, l'infortuné Maximilien, fusillé par les troupes mexicaines, à Queretaro, expia cruellement la confiance qu'il avait eue en Napoléon III.

XVIII

RÉSULTATS DU RÈGNE DE NAPOLÉON III

Avant d'établir le bilan de ce que coûta à la France le règne de Napoléon III, voire même celui de Napoléon Ier, et pour rendre cette histoire plus complète, il est nécessaire de faire le tableau des principales tranformations qui se sont produites sous le second Empire. Il sera d'autant plus facile de faire ressortir ensuite les conséquences que les gouvernements impériaux ont eues sur les destinées de la France.

L'enseignement primaire. — Sous l'inspiration de M. Duruy, ministre de l'instruction publique de 1863 à 1869, fut votée, en 1867, une loi qui établit une école communale de filles dans toute commune de 500 âmes, créa des écoles de hameaux pour les localités écartées, assura un logement et un traitement aux instituteurs adjoints et aux institutrices, accorda des primes aux instituteurs qui ouvriraient des cours pour les adultes, ajouta aux matières de l'enseignement élémentaire l'histoire et la géographie, créa 10.000 bibliothèques populaires.

La loi de 1867 accorda en outre la *gratuité* à tous les enfants dont les familles seraient hors d'état de payer, et donna aux communes le droit d'établir dans leurs écoles la gratuité absolue, à condition que les fonds nécessaires à leur fonctionnement fussent fournis par le budget communal.

L'enseignement secondaire et l'enseignement supérieur furent également améliorés et étendus, et l'*Ecole pratique des hautes études* créée.

M. Duruy avait, en outre, projeté d'organiser l'*enseignement secondaire des filles,* mais l'opposition du clergé fit avorter le projet.

L'armée. — Sous la monarchie de Juillet, tout conscrit porteur d'un « *mauvais numéro* » avait la faculté de se faire *remplacer*, ou d'échanger son numéro avec celui d'un conscrit du même canton. La durée du service militaire était de sept ans.

La *loi de 1855*, dite *loi de dotation de l'armée,* supprima le remplacement direct, sauf entre parents jusqu'au sixième degré. Les conscrits qui voulaient se faire *exonérer* du service devaient payer une somme fixée tous les ans par le gouvernement, au lieu de fournir un *remplaçant*. Ils étaient ainsi dégagés des responsabilités qui résultaient pour eux de la désertion de leurs remplaçants. Comme on ne pouvait plus « *acheter un homme* », l'industrie des « *marchands d'hommes* » disparut. Les fonds versés par les exonérés formèrent la *caisse de la dotation de l'armée.* L'Etat devait les consacrer au rengagement des anciens soldats; mais le nombre des exonérés dépassait celui des rengagés, et le gouvernement employait à d'autres services les fonds de la caisse de dotation; le nombre d'hommes sous les drapeaux s'abaissa notablement.

La faculté de s'exonérer à prix d'argent, en éloignant de l'armée les conscrits de familles aisées, qui alors étaient les seuls instruits, tendait à abaisser son niveau intellectuel. L'argent mettait une inégalité choquante dans l'accomplissement d'un devoir sacré : les uns étant retenus au service par leur pauvreté, tandis que les autres se trouvaient assez riches pour envoyer quelqu'un se faire tuer à leur place. Les classes supérieures perdaient le goût militaire; l'armée formait, dans la nation, comme un corps spécial[1].

Après la guerre austro-prussienne, quand le gouvernement impérial reconnut la nécessité de réorganiser son armée, il fit voter, en 1868, une nouvelle loi militaire et un emprunt de 450 millions destinés à l'appliquer. Cette loi porta de sept à neuf ans la durée du service militaire; cinq ans se passaient sous les drapeaux, quatre ans dans la réserve. Le remplacement libre fut substitué à l'exonération par l'Etat. La *garde nationale mobile* fut créée; elle se composait des conscrits qui avaient tiré « *un bon numéro* » et de ceux qui se faisaient remplacer. Mais, quand, deux ans

---

1. *Histoire de la civilisation contemporaine en France*, par A. Rambaud.

après le vote de cette loi, la guerre éclata, la *garde mobile* n'existait encore que sur le papier.

Cependant la France avait pu croire que le jour où elle serait appelée à défendre ses frontières, son armée serait prête. Le gouvernement le lui avait affirmé solennellement, et l'Empereur lui-même l'avait déclaré, dans son discours d'ouverture de la session législative de 1869, où, le 18 janvier, il tint aux députés le langage suivant, qu'il est utile de rappeler, afin de bien établir sa responsabilité dans les événements qui suivirent :

« La loi militaire et les subsides, accordés par votre patriotisme, ont contribué à affermir la confiance du pays et, dans le juste sentiment de sa fierté, il a éprouvé une réelle satisfaction le jour où il a su qu'il était en mesure de faire face à toutes les éventualités.

« Les armées de terre et de mer, fortement constituées, sont sur le pied de paix ; l'effectif maintenu sous les drapeaux n'excède pas celui des régimes antérieurs, mais notre armement perfectionné, nos arsenaux et nos magasins remplis, nos réserves exercées, la garde nationale mobile en voie d'organisation, notre flotte transformée, nos places fortes en bon état, donnent à notre puissance un développement indispensable.

« Le but constant de mes efforts est atteint ; les ressources militaires de la France sont désormais à la hauteur de ses destinées dans le monde. Dans cette situation, nous pouvons proclamer hautement notre désir de maintenir la paix ; il n'y a point de faiblesse à le dire, lorsqu'on est prêt pour la défense de l'honneur et de l'indépendance du pays. »

Ces paroles rassurantes furent confirmées peu de temps après par le *Moniteur Universel,* journal officiel de l'Empire, dans l'article nécrologique consacré au maréchal Niel, mort le 13 août (1869) article dont voici la conclusion :

« L'Histoire dira avec quelle activité, quelle persévérance, quelle merveilleuse fécondité de ressources, le maréchal Niel, entrant profondément dans la pensée de l'Empereur, est parvenu à résoudre ce problème jusqu'alors réputé insoluble, de doubler les forces militaires de la France non seulement sans augmenter ses charges en temps de paix, mais en les allégeant pour les familles, et en diminuant les charges du Trésor.

« Rappelons ici ce qui a été fait : le tableau est assez grand pour pouvoir se passer de commentaires :

« Une armée de ligne de 750.000 hommes disponibles pour la guerre, près de 600.000 hommes de garde nationale mobile ; 1.200.000 fusils fabriqués en moins de dix-huit mois, les places mises en état et armées, les arsenaux remplis, un matériel immense prêt à suffire à toutes les éventualités, quelles qu'elles soient ; et, en face d'une telle situation, la France confiante dans sa force, garantie solide de la paix.

« Tous ces grands résultats obtenus en deux années. »

Comment, en présence de discours et de chiffres

aussi rassurants, la France ne pouvait-elle pas envisager l'avenir avec confiance lorsqu'en juillet 1870 se présenta l'éventualité d'une guerre avec la Prusse ! Cette guerre, la France ne la désirait pas, mais elle la savait inévitable depuis que la Prusse avait rompu à son avantage l'équilibre européen. Le gouvernement impérial n'avait à cet égard aucune illusion, l'emprunt de 450 millions, émis en 1868, en vue de la réorganisation de nos forces militaires en est une preuve suffisante. Mais l'Empereur se berçait d'illusions, et la majorité du pays avait en lui, il faut bien le dire, une confiance absolue. Aussi la déception fut-elle d'autant plus grande lorsque nos premiers revers firent voir aux plus aveugles le néant de toutes les promesses qui avaient été faites : malgré tous les sacrifices consentis, l'armée de ligne n'atteignait pas, à beaucoup près, le chiffre annoncé ; en outre, la garde mobile, qui aurait pu être une armée de seconde ligne, n'avait pas été préparée à la guerre, les places fortes étaient dégarnies, les arsenaux vides, et le matériel de guerre insuffisant. Puis, pour combler la mesure, nous avions des armées sans cohésion, dont les chefs se jalousaient et travaillaient surtout à obtenir les faveurs d'un empereur sans autorité dans son entourage immédiat, trop faible pour imposer sa volonté, et peut-être incapable d'en avoir une, étant donné son état physique vers la fin du règne. Si encore il avait su s'entourer de conseillers sûrs, se rendant compte de la gravité de la situation, et ayant le courage de lutter contre l'influence, prépondérante, alors, de l'Impératrice ! Mais non, les ministres eux-mêmes étaient divisés; d'un côté se trouvaient ceux qui avaient la confiance de l'Impératrice, de l'autre ceux qui ne l'avaient pas. De sorte qu'on laissait les événements se développer au hasard, s'en remettant, pour sauvegarder les intérêts de la France, aux inspirations d'un souverain que la Constitution de 1852 rendait, du reste, seul responsable.

C'est dans ces conditions que fut engagée cette malheureuse guerre contre l'Allemagne, qui nous coûta l'Alsace et la Lorraine, et un capital de huit milliards 748.484.318 francs pour lequel la France paie une surcharge d'impôts de 423 millions 631.911 francs.

La marine. — C'est en 1858 que l'ingénieur Dupuy de Lôme construisit le premier navire cuirassé, la frégate *La Gloire*. L'année suivante, le même ingénieur lança deux vaisseaux de ligne, le *Solférino* et le *Magenta*. La France eut ainsi la première escadre cuirassée, et fut un moment maîtresse de la mer [1].

Les colonies. — En 1853, le général Randon, gouverneur de l'Algérie, attaqua et se rendit maître de la Grande-Kabylie. En 1860, Napoléon III fit, avec l'Impératrice, un voyage à Alger. Il retourna en Algérie, en 1865, et y fit un séjour d'un mois pendant lequel il parcourut les

1. *Histoire de la civilisation contemporaine en France*, par A. Rambaud.

trois provinces. Ce voyage eut pour résultat de sérieuses améliorations en faveur des colons et des indigènes.

Quant à notre colonie du Sénégal, elle fut considérablement agrandie et fortifiée, de 1854 à 1865, grâce au général Faidherbe.

En Océanie, où la France n'avait aucune possession, elle a occupé, en 1853, la Nouvelle-Calédonie, grande île fertile, au climat sain, où elle a fondé un grand établissement pénitentiaire.

On a vu plus haut comment, en 1862, la France a été amenée à prendre possession de la Cochinchine [1].

Le canal de Suez. — La Société pour le percement de l'isthme de Suez fut constituée par M. Ferdinand de Lesseps, en 1855. Les travaux, malgré les entraves suscitées par l'Angleterre, purent être commencés en 1858, et durèrent dix ans. Le canal fut inauguré le 17 novembre 1869, par M. de Lesseps, en présence du Khédive, de l'impératrice Eugénie, de l'empereur d'Autriche, du prince royal de Prusse, et d'un grand nombre de personnages de tous les pays.

La navigation à vapeur. — En 1862, les frères Péreire constituèrent chez nous la Compagnie Générale Transatlantique, et, le 14 avril, la *Louisiane*, paquebot de cette Compagnie, partait de Saint-Nazaire, et en treize jours atteignait la Martinique.

1. **Voir chapitre VIII.**

Le développement des chemins de fer. — Le développement que prit, dès le commencement de l'Empire, la construction des voies ferrées, ne contribua pas peu à cette prospérité passagère dont on se plaisait à faire remonter l'origine à Napoléon III.

La monarchie de Juillet, par la loi organique de 1842, avait imprimé à l'établissement des chemins de fer une impulsion qui était en pleine activité, quand survint en 1847 une crise commerciale et financière[1], provoquée par une récolte insuffisante, dont l'intensité paralysa totalement les efforts du gouvernement et des Chambres. Les travaux furent interrompus, les valeurs de chemins de fer subirent une dépréciation considérable, et plusieurs compagnies, hors d'état de remplir leurs engagements, telles que celles de Bordeaux à Cette et de Lyon à Avignon, furent déclarées déchues de leurs concessions.

La révolution du 24 février 1848, qui vint se greffer sur la crise, ne pouvait que l'aggraver. Quelques compagnies, désorganisées et surprises par les événements, se trouvèrent, du jour au lendemain, impuissantes à exécuter leurs contrats, et furent contraintes de s'adresser au gouvernement, qui mit sous séquestre les chemins d'Orléans, de Bordeaux à la Teste, de Marseille à Avignon, et de Paris à Sceaux, et racheta le chemin de fer de Paris à Lyon[2].

Une commission spéciale, nommée à l'effet

---

[1]. Voir, plus loin, le passage consacré aux finances.
[2]. Léon Say, *Dictionnaire des finances*.

d'étudier les procédés les plus efficaces, pour sauver le réseau des difficultés du moment, conclut au rachat des chemins de fer par l'Etat. Les chemins de fer auxquels s'appliquait le projet de rachat étaient évalués en capital à la somme de 624 millions de francs. Présenté à l'Assemblée nationale, ce projet fut l'objet d'une minutieuse discussion qui, interrompue par les événements de juin, ne fut plus reprise, le gouvernement ayant renoncé à le défendre.

Toutefois, lorsque l'insurrection fut calmée, le gouvernement aida les compagnies que la crise politique et financière avait le plus compromises, en leur donnant le moyen de continuer les travaux interrompus.

A la compagnie de Marseille à Avignon il accorda une garantie d'intérêts de 7 0/0 ; à celles de Tours à Nantes et d'Orléans à Bordeaux, il prolongea la durée des concessions jusqu'à cinquante ans, fixées, la première à trente-quatre ans, et la seconde à vingt-huit ans ; d'autres avantages, moins importants, leur furent encore accordés. Mais la secousse produite par la révolution avait été trop violente pour que les capitaux se montrassent empressés à s'engager dans des opérations compromises, et, dans les quatre années qui s'écoulèrent de 1848 à la fin de 1851, les pouvoirs publics n'eurent à accorder que deux concessions, celle de la ligne de Paris à Rennes, dont le tronçon jusqu'à Chartres était déjà ouvert à la circulation et exploité par l'Etat, et celle du chemin de Lyon à Avignon, votée le 1er décembre, veille du Coup d'Etat. Les charges du Trésor étaient alors trop lourdes, et les sources de revenu trop atteintes pour que le gouvernement pût songer à entreprendre lui-même des constructions dont les moyens financiers lui manquaient. Et cependant on n'était pas encore sorti de la période des tâtonnements, et bien des esprits n'étaient pas encore fixés sur le système qu'il serait préférable d'adopter : construction par l'Etat, ou concession à des sociétés financières.

En attendant, le nombre considérable de concessions qui avaient été accordées à des sociétés particulières n'ayant aucun lien entre elles, avait fait naître de graves inconvénients. Les transbordements des voyageurs et des marchandises, la diversité des prix de transport et l'accroissement des frais d'exploitation, étaient autant de difficultés qui nuisaient au développement des transactions.

L'avènement de Napoléon III modifia la situation. Son premier soin fut d'encourager les compagnies à fusionner, en portant à quatre-vingt-dix-neuf ans la durée de toutes les concessions, faveur qui n'avait été accordée qu'à neuf compagnies, et en octroyant aux plus importantes la concession de lignes nouvelles traversant des régions présumées productives. La fusion des compagnies commença dès 1852, et déjà se formaient les trois groupes importants des chemins de fer du Nord, de Paris à Orléans et de Paris à la Méditerranée. Le mouvement de concentration s'accentua rapiment, et le nombre des compagnies, qui, en 1846, s'élevait à 33, et en 1852, date des décrets de fusion, à 28, descendait à 24 en 1855 et à 11 en 1857, année où sombra le Grand-Central. Ce chemin, dont les actions avaient donné lieu à un agiotage éhonté avant même qu'il ne fût livré à l'exploitation, s'était trouvé dans l'impossibilité de tenir ses engagements, et se vit dans l'obligation de liquider ; son réseau fut partagé entre les compagnies de la Méditerranée et d'Orléans. En 1859, le nombre des compagnies se réduisait définitivement à six.

De cette année date par conséquent la formation des six grandes compagnies qui se partagent l'exploitation des chemins de fer français, et dont le monopole constitue une puissance avec laquelle l'Etat est souvent obligé de compter. Napoléon III, pressé par les circonstances, voulait des résultats immédiats, il lui en fallait quand même ; en abandonnant aux compagnies tous les avantages qu'il leur avait accordés, il leur a permis de se soustraire presque complètement, et pour longtemps, à l'action directe de l'Etat. Il a, il est vrai, en même temps, diminué la contribution financière de l'Etat dans la construction des lignes nouvelles ; mais le profit ne fut qu'apparent, puisqu'en restreignant le concours financier de l'Etat et en prolongeant les concessions pour quatre-vingt-dix-neuf ans, Napoléon III a, pour cette même période, laissé presque entièrement l'administration du plus important des services publics entre les mains de compagnies dont le but essentiel n'est pas de servir l'Etat, mais de réaliser des bénéfices. Encore ne faut-il pas oublier que, si le concours financier de l'Etat a été plus restreint au début, il est devenu plus important que jamais quelques années plus tard, quand fonctionnèrent les garanties d'intérêts.

Les compagnies, encouragées par le pouvoir, poussèrent les travaux très activement. Comme il s'agissait, pour Napoléon III, de créer un mouvement d'affaires aussi étendu que possible, l'ouverture, sur plusieurs points à la fois, des chantiers nécessaires à l'établissement des lignes en cours d'exécution et de celles nouvellement concédées, fut pour lui un excellent moyen d'atteindre le résultat désiré. Cependant, l'avenir des chemins de fer semblait un moment compromis, quand éclata la crise financière de 1857. Les compagnies venaient d'inaugurer le régime établi par les conventions qui furent signées après le partage du Grand-Central entre les compagnies d'Orléans et de la Méditerranée. « Ces conventions, en déchargeant le Trésor d'une partie des sacrifices que les conventions antérieures lui imposaient, et en les attribuant aux compagnies, n'avaient pas tenu un compte suffisant des forces de ces dernières et de la situation du pays, et elles devaient être un obstacle au progrès du réseau et à la prospérité des compagnies concessionnaires. La crise financière et commerciale qui éclata à la fin de 1857, rendit la situation plus difficile encore[1]. »

A ce moment, le public, pris de peur, aban-

1. Léon Say. *Dictionnaire des finances.*

donna, cette fois encore, les valeurs de chemins de fer ; il en résulta une dépréciation qui rendait le placement des titres d'autant plus difficile. Paralysées par cette défiance, les compagnies, impuissantes désormais à exécuter leurs contrats, se trouvèrent dans l'obligation d'en demander la revision.

Le gouvernement, tenant compte de l'état critique des finances publiques, vint au secours des compagnies, et consentit à de nouvelles conventions. Approuvées en 1859, elles établirent définitivement le système de la garantie d'intérêts, et assurèrent aux actions de *l'ancien réseau*, c'est-à-dire à celui existant avant 1857, un *minimum* de dividende.

En résumé, à la fin de 1851, la longueur des lignes ferrées en exploitation était de 3.354 kilomètres, pour la construction desquelles il avait été dépensé la somme totale de 1.463.719.960 francs, dont *579.484.564 à la charge de l'Etat*, et 883.520.396 francs à celle des compagnies.

A la fin de 1857, la longueur des chemins concédés ou en exploitation était de 16.069 kilomètres, soit une différence de 12.715 kilomètres pour six années, et pour lesquels il avait été dépensé 2.700 millions de francs, dont *200 millions* seulement par l'Etat. Ainsi qu'on l'a vu plus haut, l'écart considérable qui existe entre la contribution du gouvernement impérial et celle de la monarchie de Juillet et de la deuxième République, s'est trouvé largement compensé quand les garanties d'intérêts vinrent grever le budget.

En 1870, à la chute de l'Empire, la France avait un réseau ferré de 17.439 kilomètres en exploitation ; il a plus que doublé depuis.

Les finances. — En 1847, par suite d'une mauvaise récolte, la France avait traversé une crise intense dont les effets désastreux n'avaient pas encore cessé lorsqu'éclatèrent en 1848 la révolution de Février et l'insurrection de Juin. La République, dès son avènement, se trouva donc en présence d'une situation fort difficile : les déposants des Caisses d'épargne demandaient à retirer leur argent, et les souscripteurs à l'emprunt émis en 1847 par le gouvernement de Louis-Philippe, prenaient prétexte de la baisse des fonds publics, et refusaient de remplir leurs engagements.

En outre, les impôts ne se payaient plus. La confiance revint, cependant, un peu après la répression de l'insurrection, et permit au gouvernement :

1° D'émettre, en juillet 1848, sur l'initiative du ministre des finances Goudchaux, un emprunt de près de 200 millions ;

2° De racheter le chemin de fer de Paris à Lyon dont la situation était très embarrassée (août 1848) ;

3° D'accorder six millions de rente aux propriétaires qui s'étaient trouvés atteints par l'abolition de l'esclavage dans les colonies françaises (août 1849) ;

4° De laisser la Dette nationale diminuée de 1.512.788 francs de rente à la fin de décembre 1851.

Cette politique financière était trop prudente pour pouvoir convenir au nouveau régime qu'allait inaugurer Louis-Napoléon. Sans souci des conséquences qni en résulteraient, il se préoccupa surtout, dès le lendemain du Coup d'Etat, d'attirer l'attention publique vers les grands travaux, dont l'activité et le développement allaient procurer au pays un bien-être momentané. L'impulsion qu'il donna aux travaux élaborés ou décidés sous la Législative, en fit remonter toute la responsabilité et les bienfaits à celui que l'on se plaisait à appeler le Sauveur de la société, de sorte que le futur empereur en eut, lui seul, le bénéfice moral.

De l'arrivée au pouvoir de Louis-Napoléon date également la création de deux établissements financiers dont la fortune fut différente : le *Crédit Foncier* et le *Crédit mobilier*.

Le Crédit foncier. — Les premiers essais de crédit foncier en France avaient été faits en 1835 (des établissements de ce genre fonctionnaient en Allemagne depuis 1770) ; d'importantes études avaient été commencées sous la monarchie de Juillet et sous la République, et un projet du gouvernement, présenté à l'Assemblée législative en août 1850, avait été renvoyé à une commission, dont le rapport fut déposé en avril 1851. La question allait donc aboutir, lorsque les préoccupations politiques vinrent absorber l'attention des pouvoirs législatifs et du pays.

Aussitôt après le Coup d'Etat, Louis-Napoléon remit la question à l'ordre du jour et, en décembre 1851, institua une commission qui élabora un projet définitif, devenu la base du décret du 28 février 1852. Le but de ce décret était non de fonder un établissement unique, mais d'encourager la création, sous le contrôle du gouvernement, de sociétés de crédit foncier dans tous les départements où leur utilité serait constatée. La première société de ce genre fut fondée à Paris (décret du 28 mars 1852), d'autres se formèrent dans les grands centres, et leur nombre allait en augmenter lorsqu'on s'aperçut des difficultés que rencontraient ces établissements en province pour le placement de leurs titres. C'est alors que fut rendu le décret du 10 décembre 1852 qui étendit le privilège de la *Banque foncière de Paris* à tous les départements, et institua, sous le titre de *Crédit foncier de France,* une véritable banque nationale de la propriété immobilière.

Le Crédit mobilier. — Au mois de novembre de la même année, avait été créé le *Crédit mobilier*, dont le but était de faire des avances sur valeurs mobilières.

A une époque où la création de ces valeurs avait pris une extension inconnue jusqu'alors, un établissement de ce genre semblait appelé à un brillant avenir. Il n'en fut rien, car la spéculation la plus effrénée présida à ses destinées. Ses actions, émises à 500 francs, furent de suite cotées à la Bourse 1.100, puis 1.400 francs, pour revenir ensuite à 875 ; cela dura ainsi jusqu'en 1856, où les variations furent encore plus nombreuses et plus désordonnées. Aussi tout spéculateur qui opérait sur les actions du *Crédit mobilier* était-il considéré comme voué d'avance au suicide, à la misère, ou bien à une fortune scandaleuse.

La construction des chemins de fer, l'institution des sociétés de crédit, les travaux entrepris par Paris et d'autres villes, donnèrent lieu à la création d'un nombre considérable d'actions et d'obligations dont la mise en circulation fut pour la finance l'occasion de spéculations poussées à outrance. Les valeurs de premier ordre étaient délaissées pour les valeurs de spéculations préconisées par les agioteurs. Des fortunes scandaleuses s'édifièrent, et, par l'éclat et le bruit qu'elles faisaient, attirèrent à la Bourse tous ceux qui, à l'exemple des autres, rêvaient de devenir millionnaires. Comme la Bourse était alors, plus que jamais, le régulateur de la confiance publique, tout adversaire du gouvernement était considéré comme un perturbateur, on pourrait presque dire un trouble-fête, ennemi du bien public. On *faisait des affaires,* on *gagnait de l'argent,* c'était plus qu'il n'en faut pour ceux qui ne savent voir les choses que par leur côté superficiel. Aussi quelle confiance devait inspirer à ceux-là un gouvernement satisfaisant à ce point l'ambition de faire fortune !

D'autres circonstances, en partie indépendantes de l'action gouvernementale, vinrent encore augmenter cette prospérité qui, pendant si longtemps, a donné l'illusion au pays, et fait la force de l'Empire.

« Tout contribuait alors à donner la plus vive impulsion à la vie économique, et l'on peut dire que les années de 1850 à 1857 sont les plus prospères du xxie siècle.

« On venait de découvrir les gîtes aurifères de l'Australie et de la Californie ; le métal arrivait dans l'univers entier, et principalement en Europe, avec une abondance et une régularité jusqu'alors inconnues ; on estime à plus de quatre milliards les importations d'or faites en Europe, de 1848 à 1856.

« L'abondance du signe monétaire — malgré la guerre de Crimée, les sommes considérables qu'elle exigeait, et trois mauvaises récoltes — imprima une activité extraordinaire à l'esprit de spéculation. On vit renaître la fièvre des chemins de fer, toutes les entreprises trouvèrent des capitaux, et le commerce extérieur se développa instantanément.

« Les exportations et les importations réunies de l'Angleterre, qui, en 1848, s'élevaient à 3.625.000.000 de francs, montèrent, en 1857, à 7.475.000.000 de francs ; en France, pendant la même période, le commerce extérieur passa de 1.692.000.000 à 4.338.000.000 de francs [1]. »

Malheureusement, les années 1854, 1855, 1856, avaient été pour l'Europe des années de disette, et la France avait dû exporter son or pour avoir des blés ; en outre, la guerre de Crimée avait absorbé beaucoup de numéraire. L'encaisse de la Banque de France s'en ressentit, et cet établissement, pour maintenir sa position, fut obligé de porter le taux de son escompte à 6 p. 100. La situation embarrassée des compagnies de chemin de fer vint encore accroître les difficultés du moment, dont eurent,

---

1. Léon Say, *Dictionnaire des finances*.

d'ailleurs, à souffrir l'ancien et le nouveau continent.

Mais cette crise de 1857, malgré son intensité, dura trop peu pour avoir eu une répercussion sérieuse sur les finances de l'Etat. Elle ne fut pour rien, ni dans l'aggravation des charges du Trésor, ni dans cette augmentation continuelle de la Dette publique sur laquelle les rapporteurs du budget allaient successivement appeler l'attention de l'Empereur, et dont il faut rechercher ailleurs l'origine :

La guerre de Crimée avait nécessité, en 1854 et 1855, trois emprunts, dépassant 1.538 millions, qui imposèrent à nos budgets une surcharge annuelle de plus de 71 millions ;

La guerre d'Italie fut, en 1859, l'occasion d'un autre emprunt, celui-là de 520 millions, dont 446 furent employés aux dépenses de guerre, et le surplus aux grands travaux d'utilité publique. Cet emprunt créa pour le budget une nouvelle charge annuelle de 25.773.370 francs.

Ces sommes, ajoutées à celles affectées aux dépenses intérieures de 1852 à 1861, forment un total de 2 milliards 851 millions de crédits extraordinaires, c'est-à-dire pris en dehors du budget. Mais le pays ne se rendait pas compte de cet accroissement énorme de la Dette, il ne connaissait des débats du Corps législatif que ce que lui en apprenait un procès-verbal très succint, rédigé par les soins de son président. Quant au Corps législatif, composé exclusivement de députés inféodés à la politique de Napoléon III, il ne se permettait pas de désapprouver les actes du gouvernement.

Cependant, M. Dewinck, rapporteur du budget de 1859, avait demandé que les dépenses fussent diminuées. Mais cela ne pouvait faire l'objet que d'un vœu, puisque, pour obtenir la réduction d'un crédit, le Corps législatif aurait été obligé de rejeter tout le budget d'un ministère, acte d'opposition dont les députés étaient incapables.

Les réclamations devinrent plus pressantes après le décret de novembre 1860 qui autorisa le Sénat et le Corps législatif à voter tous les ans une *adresse* en réponse au *discours de la Couronne*. Ce décret inaugura aussi la division du budget de chaque ministère en *sections*, de façon à laisser au Corps législatif la faculté de rejeter un crédit sans repousser le budget tout entier.

Dans sa première *adresse* à l'Empereur c'est-à-dire en 1861, le Corps législatif appela l'attention du souverain sur la progression constante des crédits extraordinaires. Mais la pente était fatale. Quand un gouvernement peut, sans contrôle effectif, engager des dépenses aussi excessives, et que ces dépenses sont pour lui un élément de force, il ne lui est guère possible de s'arrêter à mi-chemin. Aussi verrons-nous cette augmentation de la Dette progresser jusqu'à la fin du régime.

En 1861, les crédits extraordinaires s'élevaient à 258 millions, en augmentation de 143 millions sur l'année précédente. Au mois de septembre 1861, M. Achille Fould, ministre d'Etat, signala, dans un rapport à l'Empereur, le danger d'une pareille situation, et essaya d'y remédier, en demandant qu'aucune dépense extra-budgétaire ne pût être soumise à la signature du chef de l'Etat qu'après avis du ministre des finances. Mais la mesure fut insuffisante, et les dépenses, dont la guerre du Mexique absorbait une bonne part, montaient toujours.

En 1862, les découverts du Trésor atteignaient presque le milliard ; un emprunt de 314 millions en consolida une partie, créant ainsi au budget une nouvelle charge annuelle de 13,249,339 francs.

« Cinq années ne s'étaient pas écoulées, que l'on dut rouvrir le Grand-Livre, dit M. E. de Bray. La Dette flottante avait repris des proportions exagérées (910 millions) ; la flotte, épuisée par l'expédition du Mexique, était à refaire, de grands travaux publics attendaient leur achèvement, enfin la défaite de l'Autriche à Sadowa, et l'élévation de la Prusse au rang de grande puissance, nécessitaient des armements nouveaux. Les Chambres votèrent, le 1er août 1868, un emprunt de 450 millions qui accrut la dette de 10,514,315 francs de rente[1]. »

Nous verrons plus loin par quel total formidable se chiffre la dette dont la France est redevable à Napoléon III.

L'agriculture. — En 1854 fut promulguée la loi sur le *drainage*, complétée par celle de 1856, autorisant l'Etat à mettre, sous forme de prêt, une somme de cent millions à la disposition de l'agriculture, pour encourager les entreprises de *drainage*.

1. Léon Say, *Dictionnaire des finances.*

Le gouvernement impérial favorisa également l'organisation des concours agricoles.

La législation. — En 1852, une loi sur la *réhabilitation*, qui reçut en 1864 une nouvelle extension, donna aux condamnés le moyen de recouvrer leurs droits perdus.

Une loi de 1855 supprima la *mort civile*. Le condamné à la mort civile était privé de toute capacité de posséder, et sa succession était ouverte : il lui était interdit de se marier, et même le mariage qu'il avait contracté précédemment était dissous. La peine de mort civile suivait la condamnation à la mort *naturelle*, aux travaux forcés à perpétuité, à la déportation.

La loi de 1854 supprima les *bagnes*, et les remplaça par la *transportation* dans les colonies pénitentiaires, à Cayenne d'abord, puis à la Nouvelle-Calédonie.

La loi de 1865 autorisa les juges d'instruction à accorder aux accusés le bénéfice de la liberté provisoire.

Le *Code de justice militaire* fut adouci (1857), et en 1858 les Chambres votèrent le *Code de justice de l'armée de mer.*

Enfin, en 1867, après de violents débats, fut supprimée la *contrainte par corps* pour dettes.

C'est également sous l'Empire que fut créée l'*Assistance judiciaire* (loi du 22 janvier 1861), qui assure aux indigents le concours gratuit d'avoués et d'avocats, et une procédure sans frais devant les tribunaux.

Les institutions de prévoyance. — La fondation de la *Caisse des retraites pour la vieillesse* (1850); le développement des *Sociétés de secours mutuels* (1850-1852) ; l'adoption officielle des crèches et des asiles de première enfance (1852); le service gratuit des médecins cantonaux (1854) ; la fondation des *Asiles du Vésinet et de Vincennes, de Longchênes* près de Lyon, *de la Mothe-Sanguin* près d'Orléans (1855-1868), témoignent suffisamment des efforts de Napoléon III pour s'attirer les sympathies de la population ouvrière.

Les travaux publics. — D'importants travaux furent exécutés en province. A Lyon, de vieux quartiers aux rues étroites firent place à de belles voies bien aérées ; à Marseille, de nouveaux bassins et des quais magnifiques furent construits ; les ports de Dunkerque, du Havre, de Dieppe, de Brest, de Saint-Malo, de Saint-Nazaire et de Bordeaux furent améliorés ou agrandis. La *digue de Cherbourg,* travail colossal, commencé en 1783, souvent interrompu puis repris, fut enfin achevée à la fin de décembre 1853.

La transformation de Paris. — Mais Paris surtout fut bouleversé, et transformé en un chantier permanent. — On commença par le dégagement des abords de l'Hôtel de Ville (décret de 1852). La Tour Saint-Jacques-la-Boucherie était alors entourée d'un dédale de petites rues étroites et sales dont l'agglomération faisait de ce quartier un des plus malsains du centre de la ville. En le faisant disparaître, l'Empire n'avait pas seulement en vue l'assainissement de Paris, mais surtout la création d'une voie stratégique qui, terminée par les travaux entrepris en 1854, entre la rue François-Miron et la place Baudoyer, mettait les Tuileries en communication directe avec le faubourg Saint-Antoine, et permettait à la cavalerie et à l'artillerie d'arriver facilement jusqu'à ce quartier toujours redouté du gouvernement impérial.

Les nombreux chantiers qui furent ouverts à Paris pendant cette période, coïncidant précisément avec l'achèvement des principales lignes de chemins de fer, attirèrent à Paris un grand nombre d'ouvriers des départements qui furent pour la ville une source de revenus très appréciables. Mais d'autre part, cette immigration, jointe à la démolition des quartiers du centre, provoqua une hausse des loyers, et obligea beaucoup de ménages d'ouvriers à aller habiter les localités qui, quoique comprises dans l'enceinte fortifiée de Paris, formaient des communes distinctes. Ces dernières, au nombre de onze, furent, par une loi du 16 juin 1859, annexées à la capitale, ce sont : Auteuil, Passy, Batignolles, Montmartre, la Chapelle, la Villette, Belleville, Charonne, Bercy, Vaugirard, Grenelle. Treize communes se virent en outre enlever la partie de leur territoire qui se trouvait dans le périmètre des fortifications, ce sont celles de Neuilly, Clichy, Saint-Ouen, Aubervilliers, Pantin, le Pré-Saint-Gervais, Saint-Mandé, Bagnolet, Ivry, Gentilly, Montrouge, Vanves et Issy. C'est à cette époque que le nombre des arrondissements de Paris fut élevé de douze à vingt.

Jusqu'en 1852, les Parisiens étaient condamnés à boire exclusivement de l'eau de la Seine ou du canal de l'Ourcq. A cette date, d'importants travaux furent entrepris, d'abord sous la direction de M. Belgrand, puis, à la mort de cet ingénieur distingué, sous la direction de M. Alphand, pour amener à Paris les eaux de la Dhuys et de la Vanne.

Au mois de juin 1852, M. Haussmann, précédemment préfet de la Gironde, fut placé à la tête de l'administration du département de la Seine. En le nommant à ce poste important, Napoléon III avait trouvé un administrateur digne d'un gouvernement comme celui du second Empire, qui, enclin à faire de grands travaux de façon à créer une prospérité factice propre à éblouir et à satisfaire l'ensemble du public, ne se préoccupait guère des moyens financiers à mettre en œuvre, ni des charges qui en résulteraient pendant de longues années pour les contribuables parisiens.

Il n'en serait pas moins injuste de ne pas reconnaître qu'en faisant disparaître les quartiers du vieux Paris, M. Haussmann, grâce à l'initiative et à l'autorité que lui laissa le gouvernement de l'Empire, rendit service à l'hygiène de la ville, et fit de la capitale de la France une des plus belles villes du monde. Pourtant un autre reproche est encore fait à l'administration de M. Haussmann : celui d'avoir, sans discernement, sacrifié, au grand désespoir des archéologues et des amateurs du pittoresque, nombre de maisons et de monuments historiques, pour ne pas faire dévier de sa ligne un boulevard ou une rue.

Parmi les travaux exécutés sous l'Empire, il faut citer : les quartiers de l'Etoile et Monceau, où a été créée, pour ainsi dire, une ville nouvelle ; puis parmi les voies ouvertes : les avenues de l'Impératrice (Bois de Boulogne), de Friedland, de la Reine-Hortense (Hoche), Duperré, Bosquet, de l'Empereur (Trocadéro) Joséphine (Marceau), de l'Alma, d'Iéna, du Roi-du-Rome (Kléber), d'Essling (Carnot), du Prince-Jérôme (Mac-Mahon), de Messine, de Lormières, Philippe-Auguste ; les boulevards Haussmann, Malesherbes, Ornano, Magenta, Sébastopol, de Strasbourg, Péreire, Saint-Marcel, Richard-Lenoir, du Prince-Eugène (Voltaire), Saint-Michel, Arago, Port-Royal et le commencement du boulevard Saint-Germain, les rues du Dix-Décembre (Quatre-Septembre), des Ecoles, Gay-Lussac, Mexico (Massin), Turbigo, de Rennes, de Lyon, Monge. Parmi les promenades : le bois de Boulogne, le bois de Vincennes ; les parcs Monceau, Montsouris et celui des Buttes-Chaumont ; les squares des Innocents, Saint-Jacques, des Arts et Métiers, du Temple, Cluny avec les Thermes romains restaurés. On a construit également les ponts des Invalides (1855), de l'Alma (1856), Saint-Michel (1857), Solférino (1859) ; les églises Saint-Eugène (rue Sainte-Cécile) ; Saint-Jean-Baptiste (rue de Belleville) ; Saint-Bernard (rue Affre) ; Saint-Augustin, (boulevard Malesherbes) ; Saint-François-Xavier (boulevard des Invalides); Saint-Ambroise (boulevard Voltaire) ; La Trinité (chaussée d'Antin) ; les théâtres de la Gaîté, Lyrique (actuellement Opéra-Comique), du Châtelet, du Vaudeville, et l'Opéra. A ajouter à cette longue énumération : la construction des mairies des Ier, IIIe, IVe, VIIe et XIe arrondissements, les Halles Centrales, les Abattoirs de la Villette, et six marchés de quartier ; l'édification de la fontaine Saint-Michel, celle de la place du Théâtre-Français, et enfin celle du square de l'Observatoire.

APPENDICE

> « Il y a des gouvernements frappés de mort dès leur naissance. »
> Napoléon III.
> *(Extrait des : « Pensées napoléoniennes. »)*

Le 18 brumaire an VIII, (9 novembre 1799), le général Bonaparte, à qui le Conseil des Anciens venait de confier la mission de protéger les pouvoirs publics, était appelé à la barre de l'Assemblée pour « *jurer fidélité à la République et à la Constitution de l'an III, et s'opposer de tout son pouvoir au rétablissement de la royauté et à celui de toute espèce de tyrannie* ». Au lieu de prêter ce serment dans sa formule constitutionnelle, le général se contenta de dire : « *Nous voulons une République fondée sur la vraie liberté, sur la liberté civile, sur la représentation nationale ; nous l'aurons, je le jure ; je le jure en mon nom et en celui de mes compagnons d'armes !* »

Le lendemain 19 brumaire, le général Bonaparte faisait envahir la salle où siégeait le Conseil des Cinq-Cents, par deux pelotons de grenadiers précédés de tambours, et expulsait les députés.

Le même jour, le Conseil des Anciens et quelques membres du Conseil des Cinq-Cents (de 25 à 30), votèrent la suppression du Directoire, et la création d'une Commission consulaire exécutive, composée des citoyens Siéyès, Roger Ducos et Bonaparte, qui prendraient le nom de *Consuls de la République française*. Les trois consuls parurent à la barre et prêtèrent le serment de « *fidélité à la République une et indivisible, à la liberté, à l'égalité et au système représentatif* ».

Les trois consuls étaient élus pour dix ans ; mais le Premier Consul avait toute l'autorité.

En 1802, à la suite de la conclusion du Concordat et de la paix d'Amiens, le Conseil d'État prit un arrêté décidant que le peuple français serait consulté sur la nomination de Bonaparte comme *Premier Consul à vie*. Les résultats du plébiscite furent proclamés le 2 août : il y avait eu 3.568.885 *Oui*, et 8.374 *Non*.

En 1804, après le complot (royaliste) de Cadoudal et l'exécution du duc d'Enghien, le Sénat rendit un *sénatus-consulte* (28 floréal an XII), dont le premier article disait : « Le gouvernement de la République est confié à un empereur qui prend le titre d'Empereur des Français ».

L'Empereur prêtait serment de fidélité aux *Constitutions de la République,* mais tous les fonctionnaires, même les simples électeurs, étaient tenus de jurer « obéissance aux Constitutions de l'Empire, et *fidélité à l'Empereur* ».

Le *sénatus-consulte* du 28 floréal an XII

(18 mai 1804) fut soumis à l'acceptation du peuple : 3.572.329 votants répondirent *Oui*, 2.369 *Non*.

L'Empire était fondé.

Toutefois, la République, supprimée de fait, continua d'exister de nom, car Bonaparte n'osa pas abolir tout d'un coup l'étiquette républicaine, il ne la fit disparaître que peu à peu. C'est ainsi que la fête commémorative du 14 juillet fut encore célébrée en l'an XII (1804), après l'établissement de l'Empire, et que la fête anniversaire de la fondation de la République eut lieu pour la dernière fois le 1er vendémiaire an XIII, c'est-à-dire le 22 septembre 1805. Il en fut de même du calendrier républicain qui ne disparut qu'à partir du 1er janvier 1806, et des mots *Constitution de la République* qui restèrent en usage jusqu'en 1806 pour les lois, et jusqu'en 1807 pour les décrets. Quant aux monnaies, toutes celles frappées pendant l'année 1808 portent les mots *République française*.

A ce moment, la France, grisée par le succès des armées impériales, ne songeait plus guère à la République, et Napoléon se sentait assez fort pour en oser abolir le dernier vestige [1].

Cet empire, fondé à la faveur d'un coup de force, et qui pendant si longtemps avait semblé invincible, s'écroula à Waterloo, le 18 juin 1815, dans une lutte suprême, entraînant dans sa chute la France, qui eut à expier chèrement la faute d'avoir remis ses destinées entre les mains d'un soldat heureux.

---

1. F.-A. Aulard, *Quand disparut la première République ? Revue Bleue*, du 15 janvier 1898.

« Dans quel état j'ai laissé la France, et dans quel état je l'ai retrouvée ! » avait dit le général Bonaparte, le 18 brumaire an VIII, à la veille de son coup d'Etat.

L'historien, à son tour, se demande : — Dans quel état se trouvait la France quand le général Bonaparte s'est emparé du pouvoir ? Dans quel état l'empereur Napoléon Ier l'a-t-il laissée, après l'avoir gouvernée pendant quinze ans ?

Quand, au commencement de novembre 1799, le général Bonaparte revint d'Égypte, où il avait laissé son armée en détresse, la France avait perdu les conquêtes de la Convention et du Directoire, sauf *la Suisse,* où Masséna venait de remporter la victoire de Zurich, et *la Hollande,* où Brune venait de battre une armée anglo-russe à Bergen. Nos frontières de 1795 *(Alpes, Rhin, Pyrénées)* étaient donc assurées, et la deuxième coalition (Angleterre, Autriche et Russie) était vaincue.

Ces frontières, qui étaient déjà celles de l'ancienne Gaule, furent perdues pour nous par Napoléon à Waterloo.

Par les traités de 1815, l'Europe voulut rendre impossible une nouvelle agression de la France, et à cet effet nous dépouilla de nos positions stratégiques avancées. Découvrant nos frontières du nord et de l'est, elle nous enleva la principauté de Bouillon, Landau, et Sarrelouis [1], qui appartenaient à la France depuis 1680, et nous ramena en arrière de nos frontières de 1789.

---

1. La ville de Sarrelouis avait été construite par Louis XIV, et fortifiée par Vauban.

M. A. de Vaulabelle, dans son *Histoire des deux Restaurations*, résume ainsi les clauses principales du Traité du 20 novembre 1815 :

« Les frontières de la France seront telles qu'elles se trouvaient en 1790, sauf quelques modifications qui placent en dehors des limites fixées par le traité du 30 mai 1814, les territoires et les places de Philippeville et de Marienbourg ; le duché de Bouillon ; Sarrelouis et le cours de la Sarre ; Landau et tout le territoire situé sur la rive gauche de la Lauter, moins Wissembourg, que partage cette rivière, et qui reste à la France ; plusieurs communes du pays de Gex, avec le territoire nécessaire pour établir une communication entre le canton de Genève et le reste de la Suisse ; toute l'ancienne Savoie. La France renonce, en outre, à tenir garnison dans la principauté de Monaco (article 1er). La population des territoires cédés s'élevait à 534.000 habitants.

« La France renonce à tous ses droits de propriété sur les villes et districts ci-dessus désignés (art. 2).

« Les fortifications de Huningue seront rasées, sans pouvoir jamais être rétablies ni remplacées par d'autres ouvrages, à une distance moindre de trois lieues de la ville de Bâle (art. 3).

« L'indemnité pécuniaire à payer par la France est fixée à 700.000.000 de francs (art. 4).

« Une armée de 150.000 hommes entretenus aux frais de la France, et dont le commandant en chef sera nommé par les puissances alliées, occupera les places de Condé, Valenciennes, Bouchain, Cambrai, le Quesnoy, Maubeuge, Landrecies, Avesnes, Rocroi, Givet, Charlemont, Mézières, Sedan, Montmédy, Thionville, Longwy, Bitche, et la tête de pont du fort Louis. Le *maximum* de cette occupation militaire est fixé à cinq ans ; elle peut finir avant ce terme si, au bout de trois ans, les souverains alliés s'accordent à reconnaître que les motifs qui ont nécessité cette mesure ont cessé d'exister (art. 5).

« Dans tous les pays qui changeront de maître, il sera accordé aux habitants un délai de six ans pour disposer de leurs propriétés, et se retirer où il leur plaira (art. 7). »

Une convention supplémentaire stipula que l'indemnité de 700 millions « sera acquittée *jour par jour*, par portions égales, dans le courant de *cinq années* ».

Pendant les cinq mois que durèrent les négociations, 1.200.000 soldats étrangers couvraient la surface du territoire, s'abandonnant à tous les excès de la violence et de la force, dévorant toutes nos ressources. Cette charge, évaluée à deux millions et demi par jour, nous coûta près de 400 millions ; l'occupation de dix-huit de nos places fortes pendant trois ans, nous en coûta autant.

Le traité de 1815 était une aggravation de celui conclu entre la France et les Alliés, le 30 mai 1814, à la suite de la première invasion, et qui avait laissé à la France ses frontières de 1792, limites que le traité de 1815 lui enleva.

Le traité de 1814 avait été précédé d'une convention (23 avril), que M. de Vaulabelle analyse en ces termes : « Cette convention donnait d'un seul trait de plume, aux Alliés, non seulement toutes les conquêtes, toutes les acquisitions territoriales et maritimes de la République et de l'Empire, mais encore toutes les richesses, toutes les ressources que la France républicaine et la France impériale avaient accumulées depuis vingt-deux ans, hors des frontières de la France de Louis XVI. *Cinquante-trois places fortes ; douze mille six cents bouches à feu*, dont 11.300 en bronze ; des arsenaux pleins d'armes et de munitions ; des fonderies avec un immense matériel ; des ports avec de nombreux bâtiments de guerre du plus haut rang, à flot ou en construction ; des magasins remplis d'effets d'équipement et d'approvisionnements, propriétés exclusivement françaises, résultats de plus de vingt ans de lutte et de travaux, de sacrifices longs et coûteux ».

Mais Napoléon Ier ne nous légua pas seulement la France plus petite qu'il ne l'avait trouvée en 1799. Il lui laissa encore des charges financières considérables, dont le paiement de l'indemnité de guerre (700 millions) exigée par les puissances, et l'entretien des 150.000 hommes qui occupèrent notre malheureux pays pendant trois ans, ne sont qu'une partie.

Napoléon Ier est responsable non seulement de la perte de nos frontières naturelles, mais d'une augmentation de notre Dette publique, de *un milliard neuf cent vingt millions* en capital, représentant pour notre budget une surcharge annuelle de 135.897.483 francs de rente, y compris les charges que les traités de 1814 et de 1815 imposèrent au gouvernement de la Restauration.

Tel fut le résultat des guerres de l'Empire.

« *En présence de Dieu et devant le Peuple français, représenté par l'Assemblée nationale, je jure de rester fidèle à la République démocratique, une et indivisible, et de remplir tous les devoirs que m'impose la Constitution.* »

Telle est la formule du serment que prononça Louis-Napoléon Bonaparte, le 20 décembre 1848.

Trois ans après, le 2 décembre 1851, Louis-Napoléon Bonaparte, violant la Constitution à laquelle il avait si solennellement juré fidélité, s'emparait des pouvoirs publics, emprisonnait les représentants du peuple, et, pendant deux jours, faisait couler le sang dans les rues de la capitale.

Les 20 et 21 décembre suivants, 7.439.216 citoyens français absolvaient Louis-Napoléon Bonaparte, lui donnaient le pouvoir pour dix ans, et l'autorisaient à organiser le *gouvernement de la*

République d'après les bases que l'usurpateur avait eu lui-même le soin d'indiquer.

Les 21 et 22 novembre 1852, 7.824.189 électeurs déclaraient vouloir le rétablissement de la dignité impériale, en faveur de Louis-Napoléon Bonaparte.

C'en était fait. Le deuxième Empire était fondé.

Sans tenir compte de l'expérience faite au commencement du siècle, le peuple français, par deux votes successifs, abandonnait, cette fois encore, entre les mains d'un seul homme, le soin de ses destinées [1].

On a vu plus haut ce qu'a été la politique financière pendant le règne de Napoléon III ; mais, pour que le lecteur puisse avoir une idée exacte de ce que

---

1. Le général Trochu, alors lieutenant-colonel en garnison à Paris, écrivait à sa famille, à la date du 15 décembre 1851, une lettre dans laquelle il résumait de la façon suivante les impressions successives par lesquelles avait passé la bourgeoisie parisienne :

« 1er jour (avant la réussite certaine de l'entreprise), consternation et colère.

« 2e jour (après la réussite), rassérénement.

« 3e jour, retour à une sécurité absolue.

« 4e jour, enthousiasme.

« 5e jour, indignation contre les hommes restés dans l'effroi de l'avenir. La Bourse monte de dix francs, toutes les valeurs industrielles et commerciales suivent le mouvement ascensionnel, l'hydre socialiste est anéantie, vive le Président ! vive l'Empereur ! »

Et le lieutenant-colonel Trochu terminait sa lettre par cette phrase, que les événements devaient si cruellement justifier.

« Aujourd'hui je vous affirme que, à moins que la Providence ne change par quelque faveur spéciale le cours de vos destinées, l'édifice où vous allez vous abriter s'écroulera sur vos têtes, et **vous écrasera.** »

(Cette lettre est extraite des *Mémoires* du général Trochu.)

le second Empire a coûté à la France, il faut mettre en parallèle le chiffre de la Dette publique de la France au moment du Coup d'Etat, et le total des charges que le gouvernement impérial lui a créées.

Au 31 décembre 1851, le montant de la Dette de la France était de..   242.774.478 fr. de rente.

Au 31 décembre 1870, le montant de notre Dette perpétuelle (non compris l'emprunt de 750 millions voté le 12 août 1870 et qui se trouve dans le compte de la guerre franco-allemande) était de.......   363.547.210 fr. de rente.

Soit un accroissement de.................   120.772.732 fr. de rente.

A cette somme vient s'ajouter le total des dépenses occasionnées par les frais et l'indemnité de la guerre de 1870-71, se montant en capital à 8.748.484.318 francs, et en rentes à..   423.631.911 fr.

Ce qui fait que la France doit au second Empire de voir son budget annuel surchargé d'une somme de......   544.404.643 francs.

A la fin du siècle dernier, au 18 brumaire an VIII (9 novembre 1799) la Dette consolidée de la la France était de 920 millions, représentant 40.216.000 francs de rente 5 0/0.

Au 1er janvier 1876, date à laquelle s'arrête le compte de la guerre de 1870-1871, le total de notre dette était de 23 milliards 403 millions 206.933 francs en capital, entraînant le paiement de 747.998.866 francs de rente pour la Dette consolidée, et 277.599.838 francs de rente pour la Dette flottante.

Sur l'ensemble de cette Dette colossale, la plus considérable des Etats européens, près de deux milliards incombent au premier Empire ; environ quatorze milliards au second. Les deux Bonapartes, pour les trente-deux années qu'ont duré leurs gouvernements, ont donc créé à la France une charge *annuelle et perpétuelle de 700 millions de francs*.

Mais les deux empereurs n'ont pas seulement laissé à la France d'écrasantes charges financières : le premier lui a perdu ses frontières de 1795, à Waterloo ; le second une partie de ses frontières de 1815, à Sedan. Ces deux désastres, Waterloo et Sedan, séparés par plus d'un demi-siècle, n'ont pas eu les mêmes conséquences, ni pour la France ni pour l'Europe.

Les traités de 1815 pesèrent surtout sur la France, déjà si épuisée par une longue période de révolutions et de guerres ; il n'en fut pas de même du Traité de Francfort. En effet, la défaite de la France en 1871 a eu cela de particulier, de transformer notre continent en un immense camp retranché où, comme aux temps barbares, chaque peuple s'arme pour se garder contre les convoitises de ses voisins. Les grandes puissances donnent l'exemple, les autres le suivent. Et l'Europe entière, inquiète du lendemain qui peut faire éclater l'orage inévitable, se ruine, et dépense le meilleur de ses forces en armements, pendant que tant d'œuvres plus fécondes et plus dignes d'une époque civilisée sollicitent les efforts de l'homme...

Les nations supportent ainsi les conséquences de la faute qu'elles ont commise en permettant à la Prusse victorieuse d'affirmer à la face du monde ce droit de conquête que l'on croyait aboli entre pays policés, et en la laissant arracher à la France non seulement un lambeau de son territoire, mais deux millions de ses enfants qui avaient déclaré, à une immense majorité, vouloir rester Français.

Et il faut que l'Europe le sache bien, cet état de choses, si préjudiciable à tous les pays, durera tant que cette question ne sera pas définitivement réglée à la satisfaction des deux parties. La France ne peut pas renier son passé et renoncer pour toujours à ceux de ses enfants qui ont été la rançon de sa défaite.

La perte de l'Alsace-Lorraine n'est, du reste, pour la France, pas seulement une question de sentiment, car elle soulève encore un point d'histoire intéressant au premier chef notre sécurité nationale, la possession de ces deux provinces par l'Allemagne constituant pour la France un danger permanent.

En déclarant, au lendemain de Sedan, que l'Allemagne demandait à être protégée contre la France, par l'occupation de l'Alsace et de la Lorraine, M. de Bismarck nous a démontré avec une évidence à laquelle il serait puéril de résister, que la France, de son côté, ne pourra se croire en sûreté que le jour où les Allemands, n'étant plus maîtres de la rive gauche du Rhin, n'auront plus un pied chez elle.

De tous temps la question de la frontière du Rhin a été envisagée de cette manière, même au temps de l'occupation romaine, où Jules César, pour assurer les frontières de la Gaule, dut refouler de l'autre côté du fleuve les Barbares de la Germanie qui étaient venus s'installer de ce côté-ci (113 ans avant notre ère).

Le *Rhin* comme fleuve-frontière n'est donc pas une question nouvelle, quoi qu'en disent certains écrivains à trop courte vue qui prétendent qu'un fleuve ne peut servir de frontière parce qu'il peut être franchi trop facilement. En ce cas, les Vosges non plus ne pourraient servir de frontière, puisque la trouée de Belfort serait une entrée facile à franchir, si la France n'y avait élevé une respectable série d'ouvrages fortifiés.

Mais où serait alors la limite où devrait s'arrêter la France ? — Là où le français n'est plus la langue du peuple, répondront sans hésiter les esprits simplistes. — En ce cas, ne seraient pas français : la Bretagne, où le peuple parle encore le celtique ; le Roussillon, où il parle le catalan comme les habitants du nord-est de l'Espagne ; les pays basques,

21.

où des deux côtés des Pyrénées se parle la même langue. Cette théorie, encore moins que les deux autres, n'est pas soutenable.

Il est donc évident que la question d'Alsace-Lorraine, de même que celle de tous les pays qui gémissent sous le joug étranger, ne peut être raisonnablement résolue que d'une seule manière : laisser les peuples libres d'appartenir à la patrie de leur choix.

Tant que ce principe ne fera pas partie intégrante du *Droit des gens*, les divisions territoriales imaginées par les diplomates, ou créées par la force, resteront des œuvres arbitraires, destinées à crouler le jour où les nations, prenant conscience de la puissance qui réside en elles-mêmes, briseront les barrières factices dans lesquelles on a jusqu'ici réussi à les maintenir.

Ce jour-là seulement, on pourra parler de désarmement général.....

FIN

TABLE DES MATIÈRES

I
LOUIS-NAPOLÉON-BONAPARTE

Pages

Sa jeunesse. — Les échauffourées de Strasbourg et de Boulogne. — La candidature. — L'élection à la présidence de la République. — Le serment de fidélité à la Constitution.   1

II
LA PRÉSIDENCE DE LA RÉPUBLIQUE

L'expédition de Rome. — L'Assemblée législative. — Mutilation du suffrage universel. — La revision de la Constitution. — « Vive l'Empereur ! » — Préparatifs de coup d'Etat.   11

III
LE COUP D'ÉTAT

La résistance. — La mort de Baudin. — Les massacres du Boulevard. — Les commissions mixtes. — Le plébiscite...   25

IV
L'EMPIRE

La dictature. — Le rétablissement de l'Empire. — Le mariage de l'Empereur. — La question des Lieux-Saints..........   44

V
LA GUERRE D'ORIENT

Alliance de la France et de l'Angleterre. — Prise de Bomarsund. — La campagne de Crimée. — Bataille de l'Alma. — Prise de Balaklava. — Bataille d'Inkermann............ 60

VI

SUITE DE LA GUERRE D'ORIENT

Le rêve de Napoléon III. — Alliance du roi de Sardaigne avec l'Angleterre et la France. — Napoléon III à Londres. — Le général Pélissier commandant en chef de l'armée d'Orient. — Le Mamelon-Vert. — Malakoff. — Sébastopol. — Le Congrès de Paris. — La question italienne. — Français et Russes.. 81

VII

LES EMPRUNTS PUBLICS

L'Exposition universelle de 1855. — L'agiotage. — Fin de la législature. — Les élections. — L'attentat d'Orsini. — La loi des *Suspects*... 105

VIII

LA GUERRE D'ITALIE

L'entrevue de Plombières. — La campagne d'Italie. - Les préliminaires de Villafranca. — L'amnistie de 1859. — La cession du comté de Nice et de la Savoie. — Le traité de commerce avec l'Angleterre. — La guerre de Chine. — Augmentation de la Dette publique..................... 123

IX

LA CAMPAGNE DU MEXIQUE

Origine de la guerre. — Convention militaire entre la France, l'Angleterre et l'Espagne. — Occupation de la Vera-Cruz. — Désaccord entre les représentants des puissances alliées. — L'Angleterre et l'Espagne retirent leurs troupes. — La guerre. — L'établissement de la monarchie. — L'archiduc Maximilien d'Autriche empereur du Mexique. — Intervention des Etats-Unis. — La France rappelle ses troupes. —

TABLE DES MATIÈRES

Victoire de Juarez. — Mort de Maximilien. — Les élections législatives de 1863.—Les difficultés financières de la France. 152

X

LA POLITIQUE EXTÉRIEURE DE NAPOLÉON III

L'insurrection de la Pologne. — La question du Slesvig-Holstein. — L'invasion des Duchés. — Le partage entre la Prusse et l'Autriche. — M. de Bismarck à Biarritz. — Rivalité entre la Prusse et l'Autriche. — L'attitude de la France. — La guerre en 1866. — Défaite de l'Autriche. — Dissolution de la Confédération germanique. — Echec de la politique de Napoléon III. — La question du Luxembourg..... 164

XI

L'EMPIRE LIBÉRAL

L'exposition universelle de 1867. — L'attentat contre l'empereur de Russie. — Encore la question italienne. — Garibaldi. — Nouvelle expédition de Rome. — Mentana. — La discussion de la question romaine au Corps législatif. — La nouvelle organisation militaire........................ 195

XII

1870

La candidature Hohenzollern. — L'interpellation Cochery. — Les négociations. — La dépêche d'Ems. — La discussion au Corps législatif (séance du 15 juillet 1870). — La déclaration de guerre (20 juillet 1870). — La question des alliances. — Situation militaire de l'Allemagne. — Situation militaire de la France................................. 204

XIII

LES PREMIÈRES HOSTILITÉS

L'affaire de Sarrebrück. — La surprise de Wissembourg. — La bataille de Wœrth. — Les cuirassiers à Morsbronn et à Frœschwiller. — La bataille de Forbach-Spickeren. — La retraite de l'armée de Mac-Mahon sur Châlons. — Bazaine est nommé commandant en chef de l'armée. — Les batailles de Borny, Rézonville, Mars-la-Tour, Saint-Privat, Gravelotte 228

XIV

SEDAN

Arrivée de l'Empereur au camp de Châlons. — Le conseil de guerre du 17 août. — Le général Trochu et l'Impératrice. — Les hésitations du maréchal de Mac-Mahon. — Opposition du gouvernement à la marche de l'armée sur Paris et au retour de l'Empereur. — La jonction avec l'armée de Metz. — La marche sur Montmédy. — Les Prussiens nous gagnent de vitesse. — La surprise de Beaumont. — La bataille de Sedan. — Bazeilles. — Le général de Wimpfen. — La capitulation. — Napoléon III prisonnier............ 262

XV

APRÈS SEDAN

Chute de l'Empire. — Le gouvernement de la Défense nationale. — La guerre en province. — La capitulation de Strasbourg et de Metz. — Le siège de Paris. — L'armistice. — La reddition de Belfort et de Bitche.................... 291

XVI

L'ASSEMBLÉE NATIONALE

La séance du 1ᵉʳ mars (la déchéance confirmée). — Vote des préliminaires de paix. — La rançon de la France. — Protestation des députés d'Alsace et de Lorraine............... 314

XVII

RÉSUMÉ DE LA POLITIQUE EXTÉRIEURE DU SECOND EMPIRE. 318

XVIII

RÉSULTATS DU RÈGNE DE NAPOLÉON III 326

Appendice... 354

CHATEAUROUX. — Imprimerie et Stéréotypie A. MAJESTÉ ET L. BOURGEOIS.

A LA MÊME SOCIÉTÉ D'ÉDITIONS

ABAUR. — **Contes physiologiques**................	3 50
BERNARDOT (F.). — **Kiriquette**. Grand in-8 de 260 pages, avec nombreuses illustrations dans le texte, de Bennet, cart...	10 »
Broché...	8 »
BIANCHON (Le Dr). — **Nos grands médecins** (illustré).	10 »
— — **Causeries**............................	4 »
BIGEON. — **Suzette**, scènes du Quartier Latin.......	3 50
CONTENT. — **Une spoliation**. 1 vol. in-18.........	3 50
DATIN. — **Une femme fin de siècle**..............	3 50
— — **Sur la plage**............................	3 50
FRANCE (Mme Jeanne). — **Echos d'autrefois**.......	1 50
— — **Abeilles et Frelons**.......	3 50
GARRULUS (Le Dr E.). — **Les Gaités de la médecine**. Volume capable de dérider les fronts les plus soucieux.	4 »
LABONNE (Le Dr Henry), chargé de mission. **L'Islande et l'archipel des Fœroër** (3e édit.) 52 fig.	4 »
LACOUR. — **Chagrins d'amour**....................	3 50
— — **L'Épouse**..............................	3 50
— — **Éva**..................................	3 50
LAUR (P.). — **Le roman de l'humanité**. 1 vol. in-18.	4 »
MALASSEZ (Mme). — **Jacquelin ou le Petit Marchand de fagots**. Cartonné........................	5 »
MONNIOT (A.). — **Souvenirs d'un bleu**, 1 vol. in-18.	3 50
— — **Coqs et corbeaux**, 1 vol. in-18...	3 50
NATTUS (J.). — **Contes graves et légers**, 1 vol. in-18.	3 50
ÉLIA PAROT (deuxième édition). — **Le devoir de demain**. Pensées d'une femme à propos du mouvement néo-chrétien. — Ouvrage adopté par le Conseil municipal de Paris...	2 50
PEROT (G.). — **Rêves et Folies**, poésies..........	3 »
PLÉMEUR (J.). — **Aveuglé**........................	2 50
VIAULT (François). — **Ultramar**, sensations d'Amérique, Antilles — Venezuela — Panama — Pérou — Cordillères — Équateur. — Un vol. in-12 de 250 pages.......	3 50
VATEL. — **Mémoires d'un garçon d'hôtel**.........	3 50
TOULOUSE (Le Dr). — **Émile Zola**................	3 50

Châteauroux. — Typ. et Stéréot. A. Majesté et L. Bouchardeau.

www.ingramcontent.com/pod-product-compliance
Lightning Source LLC
Chambersburg PA
CBHW070439170426
43201CB00010B/1155